高管如何为公司创造高增长

彭剑锋　尚艳玲　主编

北京燕山出版社
BEIJING YANSHAN PRESS

图书在版编目（CIP）数据

高管如何为公司创造高增长 / 彭剑锋，尚艳玲主编
. -- 北京：北京燕山出版社，2021. 7

ISBN 978-7-5402-5856-6

Ⅰ. ①高…　Ⅱ. ①彭… ②尚…　Ⅲ. ①企业领导学
Ⅳ. ①F272. 91

中国版本图书馆 CIP 数据核字（2021）第 135013 号

书　　名： 高管如何为公司创造高增长
作　　者： 彭剑锋　尚艳玲
责任编辑： 满　懿
出版发行： 北京燕山出版社
地　　址： 北京市丰台区东铁匠营苇子坑 138 号 C 座
邮　　编： 100079
电　　话：（010）65240430
印　　刷： 河北宝昌佳彩印刷有限公司
经　　销： 新华书店
规　　格： 170 毫米×240 毫米　16 开本　15 印张　223 千字
版　　次： 2021 年 8 月第 1 版　2021 年 8 月第 1 次印刷
定　　价： 149. 00 元

编委会成员

主　编：彭剑锋　尚艳玲

学术顾问团队（按姓氏笔画排序）

文跃然　包　政　孙健敏　杨　杜　杨伟国
吴春波　张　维　施　炜　黄卫伟

专家作者团队（按姓氏笔画排序）

王祥伍　王智敏　邢　雷　全怀周　孙　波
孙建恒　杨德民　李志华　何　屹　宋杼宸
张小峰　张文锋　张百舸　陈　明　苗兆光
罗　辑　单　敏　朋　震　荆小娟　饶　征
夏惊鸣　高正贤　郭　伟　郭　星　黄健江
彭剑锋　程绍珊

导读

没有成功的企业，只有成长的企业。企业成长是一个漫长的过程，战略则是成长过程能够延续多长的决定性要素，而企业的持续成长则是战略的根本目的。

企业是环境的产物，今天我们所处的世界，是与“黑天鹅”共舞的世界。2020 年初，席卷全球的新型冠状病毒性肺炎（以下简称新冠肺炎）疫情是当代最大的“黑天鹅”事件，它似乎触动了某个机关，让人们看到繁荣表象下的暗流涌动——全球政治和经济的走势正变得不确定，全球市场规则与商业规则正在重构，大国关系正在改变……这些都为我国企业的发展投下了巨大的变数。

我们如何厘清迷思，学会战略性思考，让战略的思维、方法、原则可以衔接我们今天所处的环境，从而找到自己的解决方案，寻找新的成长与繁荣之道？

本书给你答案。

深耕与创变，进化与守恒，混沌与秩序，沉淀与激活，是我们较为推崇的认识论与方法论。在某种意义上，它们既对立，又统一；既可分而治之，又需整体看待。正如禅宗的“不二法门”，既要“不二法门”（即建立整体观），又要在操作时一分为二地动态平衡。

《华夏基石管理评论》的价值主张是“从方法论到行动力”，所以本精选集系列均分为四个篇章：“洞见篇”，提升认知、创新思维、研判环境；“方法篇”，是华夏基石在上千家企业咨询案例中提炼出来的底层逻辑与一般原理；“研讨篇”，实践永远是鲜活的，理论的灵魂也在于一个“活”字，研讨会在于激活思考、民主讨论、群体智慧，用思想启发思想，以观点激发观点；“案例篇”，精选标杆企业的优秀实践，不仅仅提供操作方法，更重要的是提供方法之后的原理——成功实践背后的假设系统与文化内涵。

本书文章主要来自《华夏基石管理评论》杂志 2016—2020 年原创文章精选，以及华夏基石管理评论公众号的编辑文章，也收录了少量华夏基石专家作者团成员发表在其他媒介上的文章。

目录

第一篇　洞见篇

高管如何为公司创造高增长

第一篇　洞见篇

一、大变局时代的战略自信

文/彭剑锋

我们正进入一个宏观大变局的时代，中国的企业家和企业正面临着前所未有的变局压力和转型阵痛。我在企业咨询一线的直接感受是，由于经济下行与消费升级增长乏力，2020 年实体企业的日子确实不好过。实体企业普遍业务量急剧下滑、利润率下降，中小企业出现倒闭潮。民营企业家对未来发展前景迷惘，信心不足。

股市暴跌也使很多民营上市公司面临股权质押导致平仓的风险和债券违约的风险。此外，中美贸易摩擦对中国企业的实质性影响也有所显现，供给侧结构性改革与技术进步加速，这些也都使企业的转型升级压力陡增。因此，国内目前对中国未来的经济发展，弥漫着一种悲观情绪。

但我对中国经济的未来发展仍然持乐观态度，对中国企业的未来仍然充满信心，并坚信：中美正面竞争与冲突，短期会给中国经济和企业带来阵痛，但长期中国必胜。我们既要反对唱衰中国，又要警惕盲目自大。我们必须有战略自信，要坚定地相信：短期阵痛，长期必胜。

中国的战略自信来自哪里？我认为来自以下四个方面：

（一）战略自信来自中华优秀文化的历久弥新

也许我们错过了工业文明，赶上了信息时代的末班车，但在智能文明时代，我们在技术上跟欧美基本是同步的。中国企业将不再输在起跑线上，而是借助契合后工业文明时期所需要的中国先秦优秀文化之思想和智慧，中国企业在数字化与智能文明时代有可能超越欧美企业，实现弯道超车，甚至是变道超车。

中国文化源远流长，博大精深，尤其是中国在先秦时期出现了许多大思想家和智者，如代表儒家思想的孔子、孟子，代表道家思想的老子、庄子，代表法家思想的管子与墨子，还有集汉民族优秀文化之大成者的六祖慧能，都提出了具有全球影响力的思想。

但我们不得不承认，中国先贤们所提出的许多思想是缺乏严密逻辑推理和科学论证的，是经验式、先知先觉的感知式的，是顿悟式的，是比较跳跃的，更注重整体性和系统性而忽略细节和局部，跟工业文明所需要的严谨、科学、细分的思想基础是不太契合的。我认为，这也是工业文明没有产生于中国的原因之一。

从思维和认知模式来看，中国文化一直是多神论、多中心论，而西方国家是一神论、单一中心论；中国是一体化的整体思维，是善恶一体、黑白融合的灰度思维，典型的如《易经》的阴阳一体，而西方国家更多是牛顿式的二元对立思维，是黑白分明的细分思维。

我认为，中国传统优秀文化的思想与认知模式，虽然不具备产生工业文明的文化思想基础，却正好契合了后工业文明时期、数字化与智能化时代所需要的思想理念和文化基础。为什么这么说？原因有以下几个方面：

①数字化与智能化时代，整个世界是一个相互连接交互、你中有我我中有你、跨界融合的整体，整个人类将成为一个休戚与共的命运共同体与生态体。它所需要的不是二元对立思维，不是与自然界斗争的思维，而是追求人与自然的和谐，以开放包容的心态，构建人类命运共同体。而这种思维和智慧在中国先秦文化中就是主流思想，比如孔子提出

的“大道之行也，天下为公”，老子提出的“道法自然”，庄子提出的“天人合一”的整体论，这些都超越了西方二元对立的思维，与智能文明时代所需要的整体思维、生态思维、共同体思维，以及万物互联互通、跨界融合的思维非常契合。

②数字化与智能化时代是多中心与分布式的，而不再是一个单一的中心论。中国传统文化一直是多神论或者无神论，儒、释、道思想相互兼容，多元文化并存，这种文化传统与数字化时代的多中心与分布式思维高度契合。

③后工业文明的生态思维与量子思维，与中国优秀传统文化，尤其是中国禅宗思想不谋而合。我们现在强调生态思维，而道家最早提出了“利他取势”的生态思维、人与自然和谐的思维；我们现在强调“平台化 + 分布式”思维，强调突变、不连续、断点。

禅宗提出的“顿悟”，其实就是突变、不连续；现在我们经常讲“颠覆式创新”，而禅宗的“无念为宗、无相为体、无住为本”，就是强调创新、打破常规、超越经验曲线；我们现在强调工匠精神，而禅宗的“我心即佛”“佛法在世间，不离世间觉”，就是尊重个体力量、人人平等的思想。

中国传统文化里面的“顿悟”与跳跃性思维，自我超越、自我驱动，修炼内心实现人生的自我超脱目的的思维，以及驾驭各种矛盾的思维，与后工业时代量子力学里的态叠加思维、灰度思维其实是高度契合的。

几千年来，中国文化之所以始终保持着生命力，就在于它的开放、包容。中国文化从来不僵化，而是兼收并蓄、博采众家之长，并且与时俱进、历久弥新。

从这个角度讲，我认为工业文明产生在西方有它的思想和方法论的基础，但是在智能文明时代，中国能够实现变道超车，同样是因为我们具备了这样的文化思想基础。我们要重拾中国传统优秀文化，重塑中国文化自信，实现超越。

（二）战略自信来自领导力的超越

在中国，以习近平总书记为代表的国家领导团队倡导的是人类命运共同体的全球治理思维，以及开放、融合的生态领导力思维。换言之，在数字化与智能化时代，人类命运共同体全球治理思维与生态领导力一定会战胜西方二元对立的冷战思维与线性领导力。

西方学者现在研究的悖论领导力、矛盾领导力，其实就是如何在驾驭错综复杂关系时把握好“度”的领导力，我称之为灰度领导力。这种领导力，中国比西方国家更强。未来，我认为是生态思维领导力、灰度领导力和二元线性领导力之争。我坚信，生态思维领导力、灰度领导力一定会战胜二元对立的权威型、霸王型领导力。

（三）战略自信来自领导者的自我批判精神和战略执行力

我们国家还没有这么厉害，我们在自主创新能力方面、产品技术竞争力方面、全球竞争力方面还存在着很大的差距，需要加大技术创新投入，加快补短板；我们必须坚持进一步全面深化改革，要更加开放。同时，中美贸易摩擦使得我们真正认识到需要尊重企业家精神，尤其要尊重民营企业家的创新创业精神。

最近我们看到国家整个政策的导向是更加开放，加大改革开放力度，在这一点上，我们看到了中国共产党人有很强的自我批判精神与战略执行能力。企业中也有一批善于自我批判、自我超越、自强不息的领导团队。我认为，具有自我批判精神的领导团队，与“自大狂”式的领导方式相比是有长期优势的。

（四）战略自信来自工业制造体系和企业家奋斗精神

今天的中国，已不是苏联的体量；今天的时代，也不是里根时代。中国的经济总量已达美国的三分之二，是货真价实的第二大经济体。同时，我们现在已经形成了相对独立而完整的工业制造体系，有 13 亿消费升级的巨量潜在市场，我们经济的活力源泉更在一定程度上刺激和扩大内需。

另外，一直令我感到希望满满的是中国人的勤劳，是融入我们血液里的“天道酬勤”和“天行健，君子以自强不息”的信念。我天天在跟企业家和企业高管打交道，他们中有功成名就、身家百亿的，也有还处于创业生存、成长阶段的，但他们都有一个共同点：努力、勤奋。比如今天是星期六，仍有上千名企业家与企业高管来参加华夏基石的论坛，来学习交流。我认为，在这样一个时代，只要企业家的奋斗精神在，只要我们比别人付出更多、更努力，中国经济就一定会持续健康发展。

二、以量子战略思维定义未来

文/彭剑锋

战略是对未来的预见与选择，是对未来成长的时空布局。在工业文明时代，未来是可测的，消费者需求和市场是相对稳定的，产业的边界是清晰的，企业的成长有迹可循、成长的时空可控。企业可以基于过去推测未来，可以基于现有资源和能力确定成长的方式与速度。因此，经典的原子战略思维是以确定性和可预测性来回答企业的战略命题。企业的战略选择与战略空间布局主要是做加减法，明确决定干什么、不干什么，占有什么、放弃什么。一旦决定了干什么，就聚焦于确定的战略目标，专注于既定产业与业务领域，以非对称性资源配置原则，集中配置资源于战略关键成功要素上，心无旁骛，朝着一个目标“傻干”“傻投入”。因此，**原子时代企业战略成功的逻辑是战略确定和战略专注，而不是战略洞察与动态选择中的战略耐性**。

在基于互联互通的智能文明时代，虽然信息越来越对称，消费者、企业和行业之间的连接越来越紧密，但未来越来越看不清、测不准，一切难以预见：**消费者需求变化加速且日益呈现个性化，颠覆式技术创新与商业模式创新层出不穷，市场瞬息万变，产业边界越来越模糊，企业的成长轨迹无迹可循，成长空间无边界可触，成长模式无标杆可追随**。

未来已来，时空穿越，一切变得不确定！已有的战略思维、理论、方法与模型难以定义与设计未来。在近几年的咨询实践中，尤其是我与众多互联网精英、以创新为驱动力的新生代企业家及正在推动传统企业转型升级的实业企业家进行交流时，深感用**传统的战略思维来应对不确定性、规划创新型企业的未来、推动传统企业的转型升级时，实在难以在同一频道上实现智慧的碰撞与共振**。我数十年积累的传统企业的最优战略实践经验与案例，难以让这些企业家信服和眼前一亮，难以对他们新战略思维的形成有真正的启迪和价值贡献。

只有改变自己，以空杯心态，换一个大脑，用量子战略思维，我们才能发现共同语言并相互脑力激荡。当我们用量子测不准原理、态叠加原理、二象性原理、量子纠缠原理、最低能级原理、能级跃迁原理、量子能量场聚合原理等量子思维去看待不确定的世界，站在未来看未来，超越战略，突破现有资源和能力，在变与不变、确定与不确定中，共同探讨企业的未来及战略选择时，有种脑洞大开的感觉，对未来的战略选择有了全新的思维和框架。

毫无疑问，这是**一个创新思维的时代，一个需要用既更微观的视角又更宏大的语言体系去理解不断变化的新现象、新规律的时代**，而量子战略思维就是一种既宏观又微观到极致的全新的认识未来的视角和语言的体系。那么，量子战略思维的内涵和要点是什么呢？我认为可以从以下几方面去探讨。

（一）战略就是企业家对未来的洞察与信念

工业文明时期，企业的成长有迹可循，原子战略思维更多的是基于过去、基于已有的资源与能力来选择企业的成长方式并设定成长速度，企业所追求的成长曲线是平滑稳定的上升曲线。而在不确定的智能文明时代，**企业的战略成长往往无迹可循，无标杆可追随，企业创新的方向往往是进入无人区**——无人领航，找不到标杆，不知竞争对手是谁，唯有战胜自我、超越竞争，凭借企业家和创新者对未来的洞察与信念，才能在迷雾之中找到方向。

正如软银孙正义所说：当迷茫的时候，只管往远处看，就能看到洪流中的未来。战略洞察与预见的核心是企业领导人对产业趋势的前瞻和感知。战略就是对未来不确定性的选择，战略的选择往往是方向性的、探索性的，甚至是试错性的，而不是来自预先精确的计算与方案制定。**某种意义上，战略不是一种预先的计划设计，战略的原点不是来自战略专家或战略职能部门，而是来自企业家，来自企业家对未来趋势与发展机会的洞察与感知**，来自企业家的发心动念，是一种企业家精神，是一种面向未来的企业家信念、追求与意识流。

所谓意识流，就是企业家对未来发展趋势、机会的先知先觉与共同认知。如互联网及许多新型产业的发展并不是来自预先的设计，而是来自企业家与投资家的意识与共同感知，大家都坚信互联网有未来，未来的世界是互联网的世界，坚信这么做是正确的，而非因为正确才去做。有了这种前瞻性的意识与信念，大家都相信它，资金和人才就会往互联网里涌，一旦能量集聚到一定程度，就会找到商业模式成功的突破口。商业模式一旦成功，更多的资金和人才又会涌入，最终会形成涌流。当无数涌流开始连接、汇集、交互，就会形成波涛汹涌、不可阻挡的洪流与大势，互联网就形成一个全新的产业。而那些先知先觉者、勇于创新投入其中者，如阿里巴巴的马云、腾讯的马化腾等便创造了互联网企业成长的奇迹。用现在的互联网语言来说，他们敢于扑向并抓住了产业发展的风口，成了展翅翱翔的“风口鹰”或会飞的“风口猪”。

在不确定时代，企业家精神是一个社会最稀缺、最宝贵的财富，企业家与知识创新者的自我超越的追求是企业创新成长永不衰竭的源泉，企业员工对未来的共同期望与对战略方向的认可是企业战略执行与战略目标实现的内在动力与可靠保障。在不确定时代，要相信精神的力量，精神文明才是推动人才智慧迸发与企业创新成长的伟大力量。

（二）战略就是对成长路径的动态选择与创新

1. 战略首先要回答企业未来在哪儿成长、增长点在哪里、如何实现增长等问题

在工业文明时代，企业的成长路径和成长方式是可以精准预测和按

模型预先设计的，企业成长的曲线是平滑上升的，企业选择干什么和不干什么，只要决定是与不是，战略选择就是做加减法，是在非此即彼、黑与白之间做出选择。而在不确定时代，我们所面临的是黑白重叠、一片混沌的世界，“黑天鹅”事件频发，一切难以预料，未来难以精准预测和按固化的战略模型进行推演，只能用量子战略思维对未来进行探索，进行多种选择。要以概率性思维，在不断的实践探索中，在创新失败的坚守中提高成功率。因此，它需要的是战略的耐性。正如《黑天鹅在咖啡杯中飞起》一书中指出的：我的商业不成功也别沮丧，未必是我的策略错了，可能是概率造成的，那么我就要进一步去坚持，可能重复几次就会大大降低失败的概率，我可能就会成功。微信就是张小龙被收编之后，还不屈不挠坚持内心的价值追求做出来的决定腾讯未来命运的战略性增长业务。

要依据测不准原理，积极探索多种可能性和开拓更多共生成长路径。任正非最近在与华为研发人员座谈时指出：我们对未来的实现形式可以有多种假设、多种技术方案，随着时间的推移，世界逐步倾向哪一种方案，我们再加大这方面的投入，逐步缩小其他方案的投入，且不必关闭其他方案，可以继续深入研究，失败的项目也培养了人才。他还举例谈道：当年我国核爆就有两种方案——邓稼先方案和王淦昌方案。王淦昌方案在当时的工业条件下实现有困难，中央先批准了邓稼先方案，但王淦昌不仅全力支持邓稼先，而且不气馁，继续研究，后来也成功了，为我国的重型核爆做出贡献。“氢弹之父”于敏，走了不同于别人的热核聚变之路，中国的氢弹也爆炸成功了。美国惊叹：热弹也有第二条道路？因此，任正非告诫华为的高层领导和专家：“**在不定时代，华为要走出过去战略成功的陷阱，要有气量，要容得下不同意见、不同道路**，不要急于将新技术推向市场，我们要有战略耐性，要一直窥测客户需求的方向。”

华夏基石在参与光启颠覆式创新操作系统 1.0 版的起草时，通过与新生代企业家的智慧碰撞也深刻认识到：**作为一个以改变“世界的创新”为使命追求的创新型企业，要构建内在的核心能力优势与颠覆式创新生态优势，必须用量子战略思维指引光启未来的发展方向**。光启颠覆式创新操作系统 1.0 版指出："基于同一个核心技术或核心能力，可衍生很多种不同的可能性及价值体系，以及与此相关的非常具体的产品及其对应的非常具体的市场，我们的责任就是尽可能多地探索可能性，尽可能在多地探索各种产品技术的应用方向及产品市场共生轨道的可能性，并确定这些共生轨道的能级。"**量子战略思维不是简单做加减法，而是要基于核心价值与能力，高度发散思维**，不事先给自己设定框框，不预先给自己确定毫无根据的明确目标和框定成长路径，跳出行业约束的条条框框，在头脑风暴和集体智慧的碰撞中，不排除任何可能的方向。**在实践中去探索可能性并修正、迭代和确定可能的路径，以敏锐的洞察力，能够在最有可能和最有希望的战略方向及项目上及时加大投入**，并在合适的时候收割。

战略靠过去的思维和坐在封闭的环境中依靠沙盘模型去推演出来是极不靠谱的。靠谱的做法恰恰是基于内在价值追求的想象、高手之间的智慧碰撞，在实践探索中基于即时事件对未来的感知与先知先觉，它更需要企业家和决策者贴近市场和客户，去感知变化。"春江水暖鸭先知。"好的战略思维一定来自市场与客户，对未来的预见往往来自不确定的事件感知。

2. 战略还需要回答企业如何实现成长、如何实现增长

量子战略思维的核心是创新，是企业要在持续不断的变革创新中实现裂变式与聚变式增长。**量子战略成长的创新方向主要有四个方面**：一是以满足顾客需求为导向，通过产品技术创新拓展企业战略成长空间，超越竞争，寻求增长；二是通过商业模式创新（创新客户价值、重构客户价值）构建新的商业生态系统，以连接、交互更多的资源，集聚更多的能量，形成战略成长的新势能与发展平台，寻求裂变式与聚变式的新增长；三是通过产业资本与金融资本的融合创新，实体经济与虚拟经济上下融合，产业与产业之间、企业与企业之间、各相关利益体之间跨界融合，形成全新的商业生态簇群或社群，构建商业共生体新空间，形成多维战略发展空间，从而突破战略成长边界，实现超常成长；四是通过内在的组织变革、管理机制与制度创新来激发组织活力，释放人的价值创造潜能来实现组织与人的价值新增长。

在不确定时代，创新往往也是到无人区中去探索，需要更强烈的使命驱动与战略方向的坚定与自信。**量子思维强调信念的力量，强调在茫茫黑夜中明灯的指引，强调在变革中面对错综复杂的量子纠缠**，要坚定信念，正面思维，拥抱变化，用积极的心态去面对困难，挑战自我，**用简单极致的方法去解决矛盾和困难，要勇于突破现有资源和能力局限性，大胆创新变革**，去实现企业成长的裂变和聚变式发展，跃迁式地成长。

在不确定时代，企业的成长并非单一的线性平滑成长，而是以领先的技术创新或颠覆式的客户价值创新与重构，实现企业分裂式与聚变式的成长。正如光启颠覆式创新操作系统所指出："企业的发展方式主要有两种。一种是分主题裂变——我们以核心能力为基础，以满足客户需求为导向，不断创造新的产品和解决方案，由此决定光启的发展道路将是裂变式的增长，从超材料技术、空间技术、光子技术到其他产业，不同的主题将使我们诞生出多个颠覆式创新企业，以此来实现我们的信仰和追求。裂变的目的是确保相应行业的领先竞争优势，确保管理更加有效，确保更多资源的获取途径和方式。分主题裂变的基本原则是'信仰和追求一致，价值导向一致，同时体现它的行业特征'。一种是同主题聚变——我们以已经形成的产品和解决方案为基础，就同一个主题（同一个产业）在各自的领域内搭建大平台，通过自主建设、并购、合作或其他方式，完成与此相关的价值产业链整合，走聚变发展之路，实现产品和市场的发育及扩张。聚变的目的是确保光启在相应主题或相应行业领域的绝对领导地位。"

在量子战略思维中，产品与市场创新的方向遵循的是事物存在的态叠式思维及产品与市场创新的二象性原理。

（1）**所谓态叠式思维，就是既强调"变"，又强调"不变"；既强调打破秩序与结构，又强调重构新秩序与结构；既强调跳出竞争壁垒，又强调新能级和新结构上形成新竞争壁垒**。"变"与"不变"并不排斥，可以相融，能量可以相互转化和聚合，因此企业在变中要守恒，要以变应变，以不变应万变。企业变革成长的不变真理是什么？我认为是价值，是客户价值与人的价值，所有的创新都要回归原点，回归到客户价值创造，回归到对人性与人的价值的尊重。

（2）所谓产品与市场创新的二象性原理，在光启颠覆式创新操作系统中有详细描述：产品或解决方案与客户或者市场需求存在于同一个价值假设和增长假设实现的时段中，是一种共生体状态，我们称为"产品市场共生轨道"。两者同步相互引导、验证、前行或者转向，直至找到产品或解决方案与客户或者市场需求匹配及共生的环境，一起成长并创造价值，因此**创新具有二象性——它既是产品创新也是市场创新，两者相互迭代**，成对出现。它表现为既是一个产品创新问题，也是一个市场创新问题；既是一门科技创新的学问，也是一门商业模式创新的学问。在既没有已知市场也没有已知产品的前提下，技术驱动市场还是市场驱动技术是一个伪命题。在颠覆式创新的过程中，不应将产品或解决方案的完善与对客户或者市场开发的研究割裂开来，所以研发人员与市场人员必须组成创新业务的命运共同体。这样不仅能够加快迭代速度、降低风险，更重要的是能够找到未来发展的正确方向。

二象性原理强调创新时产品设计与市场开发之间的探索关系，两者需要相互影响、相互改变、同步测试、同步进展。因此，基于核心能力的概念设计、核心技术验证、初始产品到迭代后产品，每一个阶段都要求有产品与市场的双向刺激，直到最后找到真正的共生轨道。这里，迭代速度、成本、同步开发、验证和优化是我们强调的关键性元素。我们通过技术创新来降低产品成本，向缩短迭代周期、减少迭代次数要效率，以同步验证和优化保证寻找到正确的产品市场共生轨道，以此来实现对宝贵的时间和资源的最大化利用，消除创新产品的风险。

（三）战略是内在能量释放与外在能量的聚合

（1）企业确定了战略方向、战略成长的方式后，需要进一步思考企业靠什么增长、成长的资源配置原则是什么、增长的策略与路径是什么，等等。原子战略思维首先关注的是企业已有的资源与能力禀赋，致力于打造独特的核心能力优势，在选定的业务与产业领域内遵循聚焦、压强原则，集中配置资源，以非对称性竞争超越竞争对手。量子战略思维首先关注和思考的重点不是你沉淀的资源和核心能力优势，而是你的能量释放与能量聚合的力量，你的能级轨道与能量场优势。互联网与智能文明时代是一个关联、连接、交互大于拥有的时代，资源和人才不必为企业所有，但可以为企业所用。**战略制胜的关键不是你拥有多少资源与能力，而是基于或超越你的资源与能力，你能关联、连接、交互、集聚多少资源与能力，能够吸收多大的宇宙能量与市场能量**，进入什么样的增长的能级轨道，形成或进入多大的能量场（生态圈：生态化与被生态化战略思维），形成或进入什么样的以平台为核心的产业生态体系（平台化与被平台化战略思维）。

对于为数不多的大企业或追求做大的企业而言，企业的战略重心主要是构建产业生态并打造平台化组织管理系统，但能够成为平台及构建产业生态的企业毕竟是塔尖上的少数企业。对于**众多小企业而言，不一定要将做大作为唯一的战略追求，将企业做精、做专、做小、做好并加入某一生态体系或平台也不失为一种明智的战略选择**。如温氏的数万个农场主，OPPO、vivo 的数万家经销商或零售店店主，他们加入温氏和OPPO、vivo 所构建的产业生态并接受平台化管理就能挣钱，成为被生态化、被平台化的独立核算的自主经营体，与生态化或平台化大企业共创共享，也是一种生存之道。

对于产业领袖或追求做大的企业而言，往往需要遵循能级最低原理与能级跃迁原理，突破现有资源和能力局限，以对称资源动机配置原则，重构内在核心能力与产业生态，超越竞争，实现超常新增长。如目前全球领军互联网企业都已构建以平台为核心的生态体系：亚马逊、阿里巴巴等以电商交易平台为核心，向上下游产业延伸，构建云服务体系；谷歌、百度等以搜索平台为核心，做强互联网广告业务，发展人工智能；脸书、腾讯以社交平台为核心，推广数字产品，发展在线生活服务；苹果、小米等以智能手机为核心，开拓手机应用软件市场，开展近场支付业务，以平台为核心的生态战略思维已成趋势。

华为提出要构建内在核心竞争力优势 + 外在生态优势，企业的内在核心竞争力三大驱动要素是基于产品创新的价值驱动（围绕价值创造、价值评价、价值分配三位一体、良性循环）、客户导向（聚焦客户导向、激发组织活力）、人才布局（围绕人才构建组织、配置价值创造资源），以利他文化及利他产业模式构建企业生态体系，借助互联网技术，内部形成“三张网”（企业内部社交网、伙伴社交网和外部社交网络），**这三张社交网络重新定义了企业员工之间、企业与伙伴之间、企业与消费者之间的关系，由“相连”走向“交互”**。

量子战略思维虽然强调思维的发散与战略的动态多选择，强调战略的洞察与耐性，但并不完全拒绝聚焦与专注，而是在动态多选择与迭代中一旦确定了方向，就集中资源于选定的方向，并遵循能级最低与能级跃迁两大原理，坚持对称动机资源配置原则。

（2）能级最低原理，指的是企业要聚焦于能级最低的产品市场轨道。能级最低的产品市场轨道是“在产品设计上适合核心技术优势的发挥，同时又能容忍其劣势的存在；在市场定位上最容易打动客户，且在商业结构上推广阻力最小，同时市场容量尽可能大的产品市场领域。能级最低原理讲的就是选择技术实现相对简单，客户需求及使用动机最强，商业结构最容易扩张，市场容量尽可能大的市场”。为此，光启颠覆式创新操作系统 1.0 版提出了低能级的商业结构特征与超越竞争的策略。

①**暂避正面，主攻侧翼**。不从正面进攻主流市场，而是从被主流市场忽略或无视的边缘市场进入，以功能、属性、便利、便宜的产品或服务方案进入，创造出局部无争的局面，将主流价值网络的客户拉到我们所创造的新的价值网络中。

②**与其更好，不如不同**。我们不用竞争对手的方式去超越竞争对手，不与主流市场的领先者比拼谁的技术更好、成本更低廉，而是选择我们擅长的领域，以我们的优势技术，用不同的营销产品和营销方式进入。

③**巧妙设计，主动构建**。主动构建全新价值网络和商业结构，明确客户红线——永远不与客户竞争。如果发现与客户或者客户内部部门有竞争，就转变策略——或者往上走，做更大级别的产品，把他的客户变成你的客户并跟他去竞争；或者往下走，做一些更低层的东西，成为客户对应部门更低层的供应商。

④**动态变化，敏感反应**。能级具有动态变化性，所有会影响产品应用推广、产品技术实现、商业结构的事件，都有可能直接影响已经确定的能级大小，直接影响这个能级是不是最低的。要养成对能级动态变化的敏感性，对所有影响能级变化的因素都要及时反应，并能做出相应的调整。

（3）能级跃迁原理，指的是在能级最低轨道的市场已取得优势并充分占领的情况下，必须通过构建下一个能级轨道，才能摆脱创新者窘境以保持可持续增长的实践活动。企业将从创新理念、组织机制和资源配置上为“干好一个轨道，同时准备下一个轨道”提供保障，以培育新的产品市场共生轨道，创造新的利基市场。

所谓对称动机资源配置原则，指的是战略的执行力度往往取决于企业资源配置的方向与强度。原子战略思维的资源配置原则主要是依据非对称性资源配置，在既定战略领域压强聚焦配置资源，而**量子战略思维则是在动态战略选择中依据对称动机资源配置原则**。

①**与轨道探索匹配**。要探索产品市场共生轨道，靠空想是想不出来的。一定的产品及市场的初期投入，是探索更加准确的产品市场共生轨道的必要举措。在资源分配时，企业会将探索所需的资源纳入整个预算体系，以不确定性的大小为分配原则进行资源配置，不确定性越大，相对配给的比例就越大，用资源去抵御风险性业务的风险。

②**与客户需求相匹配**。资源有限而需求无限。量子战略思维企业的资源分配，遵循的是以用户需求为中心的资源分配和决策原则。当企业寻找到产品与需求的有效匹配时，寻求的是重视颠覆式产品属性的新市场，验证的是产品属性满足与技术的有效匹配，而非单纯寻找技术上的突破，此时决定资源配置的必定是外部力量，即客户需求。

③**与所处阶段匹配**。产品的发育、产业的成长及团队规模必须与开辟的市场规模及机会相匹配，资源配置不足或者过度配置都是不合理的。以此“对称动机”来决定，企业的资源分配将按核心业务与产值、成长型业务与增长率、新兴业务与里程碑来匹配。

量子世界是一个真实的存在，但我们对量子世界的认识甚少，还没有入门。对这个未知的世界，唯有以颠覆式创新的思维和勇于探索的实践精神去感知它、触摸它，才能逐渐领略其无穷的魅力和力量。我们倡导用量子思维去重新认识企业的战略成长之路，并不是完全否定和抛弃经典战略思维的成功逻辑与方法论（从物理学意义上看，原子本来就包含量子），两者并不是非此即彼的关系，而是你中有我、我中有你、承上启下、跨越时空、破界融合的关系。同时，管理就是实践，没有最优，只有最合适；没有最优战略思维与最优战略设计，只有最优战略实践与最优战略绩效。量子战略思维的价值，还有待于我们在实践中去探索、去挖掘，还需要**管理学者扎根于企业现实，向实践去学习，向优秀的企业家去汲取智慧，而不是沉溺于八股式论文的发表中，浪费时间和社会资源。在不确定时代，我们必须清晰地认识到，实践已走在理论研究的前列**，实践才是我们最伟大的老师，管理学者也需要有企业家精神，对未来要有洞察力，并以足够的最优实践研究耐性，真正为中国企业的成长贡献价值。

最后，还是那句话——无知者无畏。量子战略思维的进一步探索与完善，还需要在创新实践中迭代升华，需要凝聚群体智慧，需要吸收宇宙能量！

三、互联网商业模式及发展趋势

文/施　炜

什么是商业模式？为什么会被称为模式？什么是互联网商业模式？当互联网已成为社会生活中不可或缺的基础性构造，未来的商业模式又是什么样？

（一）什么是商业模式

在市场经济条件下，企业的基本目的、存在理由及宗旨使命是为顾客创造价值，以及自身的持续盈利。为顾客创造哪些价值，如何创造价值，以及企业如何形成收入，这是企业战略及经营管理的核心问题。而商业模式则是对这些问题的回答。

理论界对商业模式的定义众多，但在基本含义和主要构成要素上已达成共识。**概要地说，商业模式是企业创造价值和获取收入的基本逻辑**。从结构上看，商业模式是企业创造的顾客价值和企业收益之间的对称，如图 1－1 所示。

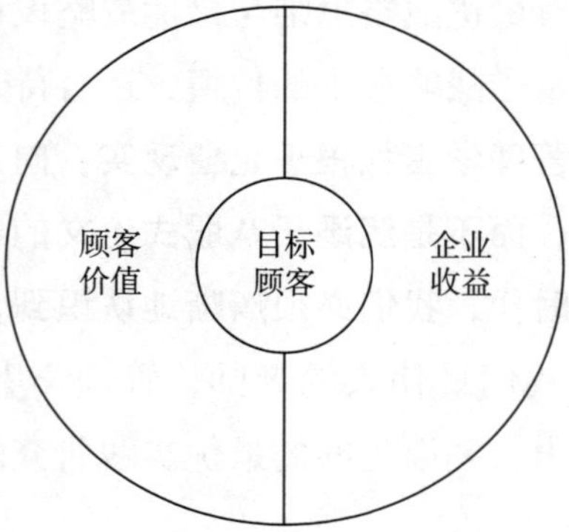

图 1－1　商业模式

所谓对称，是指企业的任何收益，均需以创造顾客价值为前提。企业的顾客价值创造，最终以获取收益为归宿。没有顾客价值支撑的收益是虚浮、短暂、不牢靠的；而不考虑投入产出关系、不考虑收益的顾客价值创造，则是浪漫的童话，是不可持续的。在“价值”和“收益”的对称结构中，显然包括目标市场的选择、顾客价值定位（主张）、价值生成机制、价值链（网）结构、价值链运动，以及收入模式、定价方式、现金流状况、资源安排等多个要素。因此，商业模式是个整体性概念，涵盖了企业业务战略及营销战略的大部分环节和内容。

商业模式之所以称作“模式”，是因为它具有以下特点：

第一，结构化。商业模式内部的若干要素相互关联，彼此作用，构成一个内部契合、协同的整体。

第二，清晰性。商业模式所揭示的企业运行和价值创造的逻辑是清楚而非模糊的，是可概括而非表达不清的。

第三，可复制性。在企业内部，在同等的外部条件下，商业模式可以移植和成倍扩张。

第四，稳定性。作为一种模式，需具备内外部的适应性，必须有较长的稳定期，而不是昙花一现。

好的商业模式除了具备以上特点外，还应具备其他三个特点：一是延展性。好的商业模式提供了顾客价值创新和延伸的较大空间，为业务和收益的多元化创造了条件。二是增强性。好的商业模式一旦运行，就会对关键经营资源（如顾客资源）的获取、占有、保持和拓展产生增强效应，从而使竞争优势不断放大和提升。三是创新性。好的商业模式，往往意味着改变行业竞争规则、打破常规、破坏性创造等。

（二）什么是互联网商业模式

提到互联网商业模式，我们常常会联想到京东的电子商务、阿里巴巴的支付宝、腾讯的微信、新浪的新闻门户网站、携程的旅游服务……林林总总，样式繁多。它们有一个共同的特点，即互联网是其中的结构性要素。也就是说，在企业创造价值、获取收入的体系、流程及途径之中，互联网成为与其他要素相互交融和紧密联系的必不可少的构件。

互联网属于社会基础设施，它为何能成为企业商业模式的组成要素呢？它又是怎样与商业模式“结构”融为一体的呢？这需要分析互联网的功能和属性。

互联网是什么？相对于可触可感的现实世界和物理空间，它是一个虚拟空间。这个空间有两个基本特征：一是浩瀚的信息流集合；二是无限广阔的平台。

在虚拟空间内，社会经济生活的各种信息不断生成、汇集、流转、发散、沉淀和演变，信息规模极大（据说互联网一天产业的信息量大约有 800EB，如果装在 DVD 光盘中要装 1.68 亿张，装在 100TB 的硬盘中要装 80 万个），信息类型和内容无比丰富，信息流转效率极高。同时，信息的链接呈现出无中心、网络状和交互式（互动和反馈）的特征。

互联网的世界是真正的信息“云”世界。它是全社会生产信息、使用信息、分配信息的主要机制和途径，满足了我们对信息广泛性、准确性和快捷性的期望；离开了互联网，任何企业及个人几乎无法有效地传递、获取、处理信息。

由于互联网虚拟空间具有“信息流集成”的属性，因此，它对商业模式的影响发生在两个方向上：第一，原来具有多种有形载体的知识、信息产品（如图书、报纸、唱片、胶片等），直接转化为互联网上的信息形态，而互联网技术亦会催生新的信息形态。例如基于人工智能的一些信息产品，它们给顾客带来全新的体验，这些产品（可统称为“内容”产品）的生产、流通和消费都在互联网上发生和进行，这就是大量音频、视频（包括游戏）等内容网站大量生成的原因。第二，企业价值链的构成要素（商流、物流、信息流）中，将信息流移植到互联网上。换言之，将互联网嵌于企业的价值链及商业模式之中，提高市场信息获取、顾客需求辨识、产品展示、顾客沟通和互动、市场订单回应、内外部价值链衔接等信息流转的效率。目前，传统行业中大量的“价值链”型企业，都在以这种方式吸纳、融合、拥抱互联网。

虚拟空间除了是“信息流集成”之外，它还为我们提供了生存的第二空间，带来了与众不同的体验。由于虚拟空间是无限开放的，也是低门槛的——几乎所有人都可以自由、平等地进入，因此它对所有的企业和个人而言，都是一个展现自我、与他人交往、开发和整合资源、寻找和创造价值空间的平台。这是一个舞台，任何企业和个人都可以置身其上出演各种剧目，它像一首流行歌曲所唱的：“我在这里欢笑，我在这里哭泣；我在这里活着，也在这里死去；我在这里寻找，也在这里失去……”

在这个平台上，各类企业及个人既聚合又分离，形成一个包含多种“部落”在内的虚拟社会。由于互联网天然具有平台属性，因此它为一些企业采取平台型商业模式创造了条件：我搭台，你唱戏；你销售，我服务；只要你愿意来，我就免费。前来唱戏的人越多，平台的集聚效应和外部效应就越大。试想一下，在真实的物理空间里，有哪一个商场能像淘宝那样容纳数以百万计的商家？有哪一个机构能为如此众多的中小型创业者提供机会？又有哪一个软件商店能像“APP STORE”那样提供（并且快速更新）海量应用？

虚拟空间的“信息流集成”和“平台”两种功能和属性，彼此之间是相互关联、作用、影响和增强的。丰沛的信息流及便捷、互动、无限链接的信息流动机制吸引了众多的主体（企业、个人及各种机构）参与；而平台上各类主体的聚集和互动，则会带来巨量信息。“信息”和“平台”两种功能交互在一起，催生了众多社群型、社交型及服务型商业模式。要么以“信息流”要素为必要条件，以“平台”要素为充分条件，如微博、微信、股吧、论坛型商业模式；要么以“平台”要素为必要条件，以“信息流”要素为充分条件，如金融类商业模式（支付宝、网上众筹等）。

（三）未来可能出现哪些商业模式

随着互联网技术的发展，以及互联网人群的扩大，互联网商业模式将不断演变、创新。目前，一些新的互联网商业模式像种子正在孕育，不久的将来，它们将会破土而出、快速生长。

1. 与物联网及产业互联网相关的商业模式

物联网（the Internet of Things）通常被定义为“物物联结的互联网”，即互联网延伸至物体和物理对象，并使之相互通信和信息交换（互联互通）。

物联网是新一代互联网技术和计算机技术的重要发展方向，也是互联网未来应用的主要领域。它将广泛应用于“智能工业、智能农业、智能物流、智能交通、智能电网、智能环保、智能安防、智能医疗、智能家居”等领域（参见工业和信息化部2011年11月28日颁发《物联网“十二五”发展规划》）。**至于与物联网相关的商业模式，除了物联网硬件、软件的开发、制造、销售之外，有一种初见端倪的形态值得关注：基于物联网信息平台的服务运营，例如“智能家居”领域的家庭信息化服务平台、“智能电网”和“智能交通”等领域的信息服务平台等。**

所谓产业互联网，是产业（包括工业、农业、交通、物流等实业领域，主要指工业）和互联网的融合。这一概念和物联网有交集，它通常指产业中企业内部的互联互通（物理系统和信息系统的统一，且自动化、信息化、智能化运行），也指产业中企业之间的互联互通，甚至包括跨产业的互联互通。未来的图景已经可以想象，但其中蕴含的商业模式尚需随着产业互联网的推进、实施而逐步探索和创造。目前，人人所能理解的与产业互联网相关的商业模式，是C2B的定制模式。当顾客需求个性化、市场订单碎片化、产品品种复杂多样、品种切换频繁、新产品推出节奏加快时，基于互联网的柔性、精益制造体系，能够快速、准确并且高效率地做出回应。

2. 与云计算相关的商业模式

云计算（Cloud Computing）是一种基于互联网的计算方式，其目标在于“将计算和存储简化为像公共的水和电一样易用的资源，用户只要连上网络即可方便地使用，按量付费”。云计算极大地提高了全社会信息存储和信息利用、加工的效率，企业及个人无须构建信息中心“就可以在云端平台上运行各种各样的业务系统”。云计算本身就是互联网领域一种新的服务型商业模式，如果对其进行细分，可以分为“云服务”及云计算在其他行业的应用两大类。**就“云服务”而言，通常包括三种模式：一是基础架构“云”；二是平台“云”；三是应用“云”。而这三种“云服务”即为三种商业模式。**目前，亚马逊、谷歌、IBM等巨头互联网在全球范围内分别提供不同层次的“云服务”；我国的阿里巴巴也推出了“阿里云”服务。由于受技术能力的制约，我国企业的“云服务”大都处于“应用（软件）云”的层次，且聚焦在特定的行业和专业领域之内。

利用“云计算”体系，或借鉴“云计算”的结构，在其他行业和领域进行商业模式创新，目前已有不少案例，比较引人注目的是“云教育”和“云医疗”。“云教育”针对全社会教育资源分布不均衡、学生书包过重、学校（教师）与家长互动不够等现实问题，在互联网上汇集教育资源，如名师讲课视频、课本、讲义、习题及辅导资料等，学生通过电脑、手机等终端均可在“云结构状态下在线学习”。同时，借助互联网，实现学校（教师）、学生、家长的实时互动。

“云医疗”的机理和“云教育”有几分类似，也是整合全社会医疗资源（以医生为主），解决医疗资源不均衡的问题；患者可以通过手机、电脑等终端，上传自己的有关健康及体检数据，医生在网上进行远程诊断和治疗。遇到疑难杂症，还可以通过互联网，在全球范围内求助或进行全球会诊。目前，“云教育”（在线教育）和“云医疗”（在线医疗）受到风险资本的青睐和追捧，但要真正形成收入和盈利，可能还要等待较长时间。

3. 与大数据相关的商业模式

无论是自然系统还是社会系统，都产生和沉积了巨量信息和数据。计算机技术的进步，为巨量、动态、非结构数据的分析、利用和管理创造了条件。通过对大数据的分析处理，辨识、梳理、思考商业机会、顾客需求、价值空间及价值创新的方法。与大数据相关的商业模式，最简单的就是拥有大数据的机构（如机场、影院、连锁商场、互联网网站等）出售大数据。互联网领域，数据流量丰沛，且对数据处理的要求迫切，茫茫虚拟世界，顾客的踪迹和特征无法通过直接接触来观察和体认，只能借助于“雁过留声”“踏雪有痕”的数据和信息。**运用大数据分析，有助于更好地了解顾客、提供更为精准的服务：一方面，产品和服务的“长尾”可以变得更“长”（范围经济特征更为明显）；另一方面，与特定顾客的互动可以更为深入持久（例如商品推荐）**。几乎在所有商业领域，基于大数据分析，更为智能、精准、快速的营运模式和价值创造、生成机制将会出现（例如定制化）。运用大数据技术，通过相关分析，对自然和社会领域的复杂系统（如气象、地质、安防、交通、疾病等）将有更为准确和深入的了解，从而可以进行预测、预防（针对灾害）和调控。这将是孕育新商业模式的土壤。

随着大数据技术的广泛应用，相关软件及配套硬件企业将会迎来巨大的发展机遇。由于大数据仍属新鲜事物，具体的商业模式仍有待创造和研究。

4. 与移动终端相关的商业模式

目前，智能移动终端的增长极为迅猛，对其他“终端”（如 PC、电视机等）的替代日益显著。在此背景下，基于移动互联网的商业模式创新将层出不穷。首先，以手机 App 为入口的应用还会增加（若干年前，人们根本不会想到 Uber 这样的革命性产品；类似的东西未来还会出现）。其次，微信平台上的商业模式将更加丰富（电子商务、支付、社交、视频等），尤其是源于信任的社交型电子商务将会有长足的进展。再次，移动终端上的各种平台，如搜索、浏览器、门户网站、应用软件商店等将会在竞争中融合、转化和演变，从而整合出新的业务形态和收入模式。需要指出的是，到了物联网时代，移动终端将成为智能家居、智能汽车及其他生产生活功能系统，如装修、物流、流通、教育、医疗、农业生产服务的控制中心和管理平台。在此背景下，创新性的商业模式必定会层出不穷，并引发金融、商业、娱乐等众多领域的结构性变化。至于具体的商业模式形态，只能在实践的过程中逐步摸索和试验——**商业模式大都不是事先想出来的，都是基于某种顾客需求（顾客的某种"痛点"）、社会生活中的某个问题自然而然、水到渠成生成的。而幸运者则是在正确的地点（存在规模化的需求空间及可整合利用的供应资源）、正确的时间（新的商业模式从不成熟到成熟的转折点上）做了正确的事。**

（四）互联网商业模式创造新的顾客价值

互联网商业模式之所以取得长足进步，是因为它相对传统商业模式在目标顾客选择、顾客价值创造、顾客关系深化方面具有明显的优势。

1. 突破顾客规模的时间、空间和成本限制

在互联网的平台上，在虚拟世界里，每个企业面对的都是打破了地域限制的庞大市场（在物理世界里，没有一个企业或品牌可以无远弗届地接触、服务所有的顾客），面对的都是每年 365 天、每天 24 小时都可能在线，且利用一切碎片化时间的客户。在中国这样一个幅员辽阔、人口众多、网民数量排名世界第一的国度，这是互联网商业模式的重大优势所在。目前，我国互联网使用人群将达到 7 亿，位居全球第一。这样庞大的消费群体，只有互联网才能容纳。每年 11 月 11 日"光棍节"，已成为网上购物者的一场狂欢，一天的交易额能达到数百亿元。如此大的流量，如此壮观的场景，对任何一个实体商场而言都不可能出现。这

是打破顾客空间、时间限制的电子商务奇迹。

随着互联网及信息技术的发展，企业服务客户的成本日益精准，互联网的一个重要特点是边际成本递减，即用户越多甚至趋近零，就使得互联网企业可以服务于数量无限的客户。余额宝的创意者周晓明曾指出，余额宝的成功，是因为服务了传统体系中得不到很好服务的普通人；传统金融并非不愿意服务这些客户，但成本不划算，如果银行物理网点每天接待几千个客户，每人存取几十元钱，成本根本无法支撑。但是，余额宝能以一元钱的最低门槛服务小客户。

2. 精准进行顾客定位

互联网为企业提供了目标市场选择的虚拟环境，大数据技术的发展给企业提供了对顾客精准定位的可能。在互联网浩瀚的数据中，通过数据挖掘技术，可以找到具有共同需求偏好的细分顾客群。1993 年，美国著名杂志《纽约人》（New Yorker）上刊登了一幅漫画，其标题广为人知：在网络上没有人知道你是一条狗。而如今，人们却将其改为了：在网络上谁都知道你是一条狗。大数据技术可以通过人们在互联网上的查询、购物等行为记录及相关言论等信息，判断其性别、职业、年龄、兴趣爱好、需求特征及购物习惯。可以说，人们已经在互联网上无处遁身。

互联网上的垂直电商，就是针对某一特定的客户群体提供服务的。垂直电商凭借着细分的品类特性，可以在营销层面上以精准性和互动性赢得消费者的青睐，使消费者有该方面需求时，第一时间想到该网站。例如，3C 首选京东，图书认准当当网，买儿童用品去红孩子，选化妆品上聚美优品等。这就是定位的作用。目前，互联网上有巨量的小型垂直电商，面向小众群体经营利基产品。

从纵向角度看，企业可以从上至下对所服务的顾客进行细分、细分、再细分。这样，企业面对的顾客就是小众顾客群甚至单个顾客。反过来，企业也可以自下而上，将一个个分散的差异化顾客集合起来。这两种做法殊途同归，都可以运作“长尾”模式及获取“范围经济”。总之，互联网为顾客的“聚”“分”提供了巨大便利性。

3. 改变顾客价值

顾客价值是顾客效用和顾客成本之比，是顾客对其认知到的效用、利益与其付出成本（产品及服务的价格和价格以外的交易成本）进行权衡后的总体评价。互联网商业模式改变顾客价值，也是从价值比值的分子（顾客效用）和分母（顾客成本）两个角度切入的。

（1）**为顾客创造了传统商业模式无法提供的顾客价值和体验**。就电子商务而言，网上商场的一个重要优势在于品种的无限多样。在现实的有形商业形态中，总有许多消费人群和需求量较小的商品得不到展示的机会，因而小众人群的个性化需求得不到满足。而互联网能容纳海量信息，能展示并交易几乎无穷多的产品，从而解决这一问题。从经济学角度看，互联化扩大了市场范围，深化了社会分工，是一种自组织程度较高的市场机制，为供需双方创造了福利。

就互联网金融而言，首先品种众多——从消费类金融服务、供应链金融服务到交易支付、担保服务，以及投资理财服务等，都可以为某些顾客提供一站式的解决方案服务；其次，服务过程便利、快捷、安全。比如“支付宝”及“余额宝”，将支付和理财两大功能无缝对接，满足了顾客金融资产流动性、财富增值、交易高效等多重需求。

（2）**降低顾客成本和代价**。在互联网平台上，消费者可以获得很多免费的产品或服务，无论是信息查询还是地图导航，或者微信通信等，顾客几乎均可零成本获取价值。

（3）**顾客的交易成本降低**。在互联网上，顾客通过其他顾客的评价来获得更多的商品知识和消费体验信息，还可以和商家直接交流得到关于产品的细节，由此可以降低产品的搜寻成本。顾客想得到信息产品，只需借助互联网的终端就可以获得；对于实体产品，顾客可以不去商场，只需在互联网终端上就可以购物，而且还可以享受送货到家的服务。这减少了顾客的时间成本和精力成本。

网上销售的产品，价格通常低于有形的商业形态。由于线上交易比线下交易的流通成本低（节约了商场租金、人员费用，也节约了推广促销支出，更可减少库存损失等），因此同类产品的销售价格往往要低得多。在普通消费者心目中，对网上交易的产品会有“便宜”的定位。

“小米”手机网络销售的成功，证明了电子商务在降低顾客代价方面的巨大优势。

4. 改变与顾客的沟通方式及信息传播方式

顾客价值是一种认知价值，通过与顾客沟通、传播及互动，可以影响顾客对价值的评价。鉴于此，我们把影响顾客价值认知的沟通互动，作为顾客价值创造的一种特殊方式。

如前所述，互联网是信息流的集合。互联网商业模式的顾客沟通及信息传播方式，和传统的单向大众传播有显著的差异，具体内容如下：

第一，借助互联网，与顾客直接建立联系；倾听顾客的意见和建议，建立企业与顾客之间的信息反馈机制；同时，面向特定顾客，实现精准的广告投放。

第二，按照互联网环境下的顾客认知特点，在产品（服务）的形态、名称、价值主张等方面，充分体现“互联网化”——特点鲜明、意义清晰、信息集中、形态有趣等。也就是说，要从便于顾客认知、影响顾客评价的角度，反向考量、设计产品的价值定位、价值组合及诉求焦点。

第三，利用互联网“自媒体”及自组织机制，设计话题，吸引人们广泛参与，引发关注和讨论，高效率、低成本地实现信息传播。

第四，在互联网虚拟空间里，拉长顾客体验的过程，增加顾客体验的细节，提供顾客仿佛身临其境的场景。

第五，创建和管理网上社群，既深化企业与顾客的关系，也深化顾客与顾客的关系，提高社群的“黏度”和“温度”（活跃度），从而使企业与顾客逐渐结为相互融合的共同体。

5. 提高价值链的运行效率

随着互联网的发展，消费者群体的力量将越来越强大。未来的互联网商业模式将会从以 B2C 为主导变为以 C2B 为主导。在此前提下，许多企业——尤其是传统企业——将会借助互联网，优化价值链和价值流的结构，改变价值链（流）的运行模式，提升价值链的运行速度和效率。

具体地说，随着基于规模经济的商业模式的式微，多品种、小批量、顾客定制、快速反应、平台化协作的商业模式将成为主流。在定制式的情形下，客户订单及非标准化的产品品种较多，供应链和生产组织异常复杂。只有通过互联网信息系统，才能解决庞杂的配套物料、部件在时间和空间上的组织和衔接，才能高效率地解决多品种的切换问题，才能使多品种和低成本之间的矛盾得以缓解，尤其是有效地控制复杂生产系统的波动成本。

在互联网技术的支撑下，企业价值流程中研发、供应、制造、销售各环节的衔接将变得更为紧密和平滑，摩擦和断裂将大大减少，它们可以在基于互联网的信息系统平台上实现一体化，这是企业价值流程高速运行的前提和基础。近年来，在令人瞩目的“快时尚”领域，ZARA 等时装品牌每年推出的品种款式达数万种，没有信息平台的支撑是不可想象的。

（五）互联网商业模式改变企业收入模式

前面提到，商业模式是价值和收入的对称结构，在为顾客创造价值的同时，通过一定的图景和方式获取收入，传统的商业模式通常提供的是物质世界的产品和服务，通过出售产品和服务以交易方式获得收入；只有收入大于成本才可能盈利，而在可预见的时间内不能盈利的企业很难生存。**互联网商业模式的收入方式则要复杂、丰富得多，常常出现“羊毛出在猪身上”，甚至“让狗来买单”的奇特现象。**

1. 免费—用户资源—流量变现

美国互联网思想家克里斯·安德森（Chris Anderson）在其著作《免费》中指出：“网络一切免费的特点成就了它产业的奇迹，使它成为有史以来人类知识、经验和表达方式的集大成者……”的确，互联网时代到来后，我们可以不花代价地获得各种价值和服务，而互联网企业或网站则不遗余力地投入资源（俗称“烧钱”），用免费方式运行，让用户关注它们、“黏上”它们、与它们互动。这里面蕴含着怎样的机理和逻辑？

众所周知，互联网提供的产品和服务都是虚拟形态的。随着使用人数的增加，这些产品和服务的成本并不随之增加，新增用户的边际成本等于零。比如网络上的一首流行歌曲，一个人听和一万个人听，所费成本是差不多的。这就使“免费”成为可能。“零边际成本”是免费模式产生和存在的前提及必要条件。

免费降低了用户的使用门槛，无疑有利于扩大用户范围、积累用户资源，而互联网的传播机制，又会产生集聚效应，使用户规模在较短时间内快速增长。当用户积累到一定规模，新的收入模式即会出现：通过延伸性服务和增值服务，实现一定比例的流量变现，即整体用户资源中的小部分用户，愿意为延伸性服务和增值服务付费。

以免费为基础和前提的收入模式，有以下两个关键环节：

首先，依托某种基础性，具有广泛需求的应用和服务（例如搜索、浏览器、微信、新闻门户等），构建用户金字塔宽阔的底部。按照某互联网企业家的说法，只有拥有一个巨量的用户群做基础，才有可能在上面构建一个塔尖收费的金字塔。现在的问题是：“具有广泛需求”“基础性”的互联网应用的服务越来越少了，免费模式的适用性越来越窄。有些企业试图突破虚拟空间的边界，在物理世界内也尝试“免费”（比如免费送电视机、手机等硬件），依靠内容服务获取收入，但这样就不存在用户“零边际成本”的前提了。未来持续的收益能否覆盖、需要多长时间才能覆盖硬件成本，为数不多的实践、实例尚未给出答案。

其次，找到能使流量变现的互联网应用和服务，它们具有需求强度大、使用黏度高的特点。目前，基于个人用户的免费模式下的流量变现图景还很狭窄，除了传统的广告方式外，基本上依赖于电子游戏。未来如何在电子商务（网络购物）、金融服务（支付、信贷、投资、理财等）、社交网络（社交活动）、知识服务（线上教育、知识库）、体验服务（旅游、娱乐）等方面进一步挖掘、拓展变现管道，是京东、腾讯等互联网企业（和一批拥有顾客资源、意在互联网转型的传统企业）需解决的重要问题。

2. 平台收入

在多种多样的商业模式中，平台型是一种基本类型。既有线上虚拟空间内的“平台型”，也有线下物理世界里的“平台型”。这种商业模式的基本特征是“我搭台，你唱戏”；“唱戏者”获取“演出”收入，而“搭台”者则获取平台服务（例如“场地”服务、“观众”服务、“售票”服务等）收入。平台型商业模式中，平台的搭建者和运行管理者，常常面对多个顾客群（多边市场）——“唱戏”的，“看戏”的，围绕“唱戏”“看戏”人群提供多种服务的，并且获得多元收入——多种来源、多种形态。

在互联网上搭建的平台属于虚拟平台。目前，人们熟悉的一些互联网企业（网络）均属于虚拟平台类企业，如淘宝、去哪儿网等。虚拟平台的构建，通常有两种逻辑：一是通过某种基础性、流量型产品或服务，吸引、会聚用户（形成核心用户群），将核心用户资源向其他服务主体开放；二是构建虚拟的交易场所，容纳交易双方及多方，使交易得以实现。

平台型互联网商业模式的收入形式主要有两种：一是服务型收入。例如，一些电子商务平台，如淘宝、天猫、去哪儿网等，收入主要来自为买卖双方提供增值服务。二是分享型收入。即分享平台上的其他服务主体的经营收益。以苹果手机为例，其收入模式属于双重分享：一方面，依托“App STORE”平台，分享软件产品收入；另一方面，通过与电信运营商的选择性合作分享运营商收入（在中国市场，由于运营商的垄断结构及强势地位，苹果手机的分享意图未能实现。在美国市场，苹果手机 2011 年之前与 AT&T 独家合作，后与多家运营商合作，未来则有可能与所有运营商合作）。

“平台”模式和“免费”是有关联的。在吸引、会集核心顾客群时，“免费”常常是重要的途径和手段。当基于核心顾客群吸引其他服务主体、构建平台时，在人们心目中，“免费”是“平台”商业模式的有机组成部分。

3. “云服务” 收入

“云服务”的基本形态是依据“云计算”技术，构建服务范围广泛、信息内容全面、应用功能丰富的信息资源池；用户可以通过各类终端方便、快捷、低成本地获取所需的信息服务；而服务提供者相应获取服务收入。美国的客户关系管理（CRM）提供商 Salesforce，打破传统软件服务商业模式（以项目方式为用户提供解决方案，用户代价大，且项目建设周期长、效率低），为用户提供软件在线租赁服务（用户无须安装软硬件，按需付费：亦可进行二次叠加的、个性化的开发）。这种“云服务”很可能成为未来软件服务的主流。我国用友软件公司，已为国内数以百万计的企业用户提供过财务软件产品和服务，目前已开始将软件“放”到“云”上供用户使用，用友收取一定的使用费。

对一些传统企业来说，“云服务”是其战略转型的重要途径之一。传统企业通常都积累了规模不等的用户资源，同时也有相对稳定的上下游合作伙伴网络。以“云服务”方式服务用户及合作伙伴，不仅可以深化彼此关系，提高相互协同和一体化程度，还有助于构建生态化体系——以信息服务为纽带，吸纳价值网络上众多相关主体参与互动及合作。在此基础上，其他的商业机会也会衍生出来。

到了未来的物联网时代，凡是分布式系统（子系统独立运作，但需统一调度和管理，如农业机械作业、远洋捕鱼作业、施工机械作业、交通物流、分布式能源等领域），在“云计算”结构下，分散的信息可以连接、流动、汇集和共享。由此，“云服务”可以演变为服务众多分布式子系统及分散主体的运营模式：根据汇集的信息，为子系统或分散主体提供线上的调度、指导、监控及线下的补给、救难等服务。

四、未来可实现持续成功的五种企业

文/夏惊鸣

在中国企业转型升级的大背景下，基于企业的增长形态，我们梳理出中国企业进化的五种形态：产业领袖、改造先锋、行业冠军、开荒英雄、敏锐猎手。它们将通过不同的进化路径（增长战略）达到这些形态。

（一）五种类型的企业和其进化路径

1. 产业领袖，进化路径是“延伸重构”

代表企业如西门子、GE、华为、腾讯、阿里巴巴等，都是从一个产品或业务做到领先地位，然后不断延伸，成为一个产业或产业生态的领袖。

2. 改造先锋，进化路径是“变道重构”

这就是所谓的“所有行业都值得重做一遍”的意思。比如淘宝就是“互联网集贸市场”；华樾教育改造了语文的学习方式；海伦司改造了小酒馆行业的玩法；恒昌医药改造了药店药品供应链；乐刻运动改造了健身房行业。

3. 行业冠军，进化路径是“不对称战略”

企业还是在原有的行业，但是能不断精进，成为某个细分市场或某一专注领域的行业冠军。比如苏州的宝时得在电动工具领域甚至超过了德国博世；东莞有一家做芯片卡的企业叫楚天龙，其生产线的自动化程度全球领先，解决了全球其他国家还没有解决的机械手手指的精确运动。

4. 开荒英雄，进化路径是“风口鹰战略”

过去40年里成功的企业大部分都是“风口猪”，简单说，就是没有原创的重大技术，但凭借着海量的机会而获得了一定的人才和资金积累，即所谓阶段性的成功。从2018年开始，这个大机会的窗口可以说关闭了。未来中国，会像美国、日本一样，出现很多重大技术突破的开荒英雄。这些开荒英雄将自己创造风口，不仅自己成为“风口鹰”，还会因为重大技术突破，创造新行业，让其他国家或其他组织享受风口红利。

5. 敏锐猎手，进化路径是“风口猪策略”

那些能捕捉产业大发展机遇，抓住机会实现创业成功的企业，我们称为“风口猪”，他们就像敏锐的猎手一样。未来还需不需要敏锐猎手？当然还需要，永远需要。前面谈到新技术周期红利，很多重大技术面临产业化临界点，一旦突破，就会涌现出很多机会，催生一批“风口猪”企业。

（二）具备进化思维才能养成进化能力

既然是进化，我们必须突破过去的成功路径、成功思维，不然，就可能陷入“成功陷阱”，不仅完成不了进化，还有可能成为温水煮的青蛙。

五种形态的企业在进化时需要具备的思维如下：

①产业领袖。从追随思维向引领思维转变，从经营企业思维向经营产业（生态）思维转变。

产业领袖第一个要转变的思维就是追随思维向引领思维转型。

过去40多年的风口阶段，依靠模仿、价格和市场驱动，很多中国企业抓住了时代的机会，有一些因而成为行业的领军企业。但是，如果这些领军企业没有世界级企业的追求和全球化的经营能力，以及引领整个产业进步的理想，可能就会出现产业整体水平的天花板。

领军型企业仍然要保持领先优势，就必须突破过去的追随者心态，敢于追求、敢于突破，有敢于引领“无人区”的经营思维。

华为就是一个典范。在企业规模还不大时，就追求成为世界级企业，并且不断设定追赶的标杆对象，敢于突破，不断突破。到一定程度，又果断思维转型，从过去强调研发必须有市场成果转向加强基础研究，敢于在“无人区”做引领者。

产业领袖第二个要转变的思维是经营企业思维向经营产业（生态）思维转型。

领军型企业还要转变一个思维，过去的成功主要是靠成本、靠价格，所以对供应链基本是压榨状态。一个产业（生态）领袖，不仅仅是经营企业，提升企业竞争力和盈利能力，还是经营产业（生态），提升产业（生态）竞争力和产业（生态）盈利能力。压榨供应链，供应链的技术进步就受到阻碍。

要做到不压榨供应链，与“追随者走向引领者”思维有关系。引领者，首先意味着有能力提升整个产业（生态）竞争力和整个产业（生态）的盈利能力，这就需要这些领军企业确实承担起产业领袖的能力和角色，而不是只图自己赚钱，却使整个供应链苦不堪言。

②改造先锋。从需求思维向痛点思维转变，从弯道超车思维向变道超车思维转变。

我们以前经常说要从“客户需求”出发，但对于改造先锋来说，更重要的是“痛点思维”。比如打车是一种需求，但打车过程中，人等车、车等人就是一种痛点。服装行业普遍存在供需脱节，整个行业库存严重，那么基于这个痛点，很多商业模式创新产生。各个行业都有痛点，如教育有痛点，就医有痛点，农产品供应链有痛点，健身房、酒吧也有痛点，房地产、钢铁、汽车等行业都有痛点。痛点都源于现实的玩法，改造首先是要改造掉痛点。

弯道超车思维和变道超车思维可以理解为一个意思，但变道超车思维强调程度上的质的变化。弯道超车航道还没变，变道超车，意味着连航道都重新定义了。

变道超车主要来源于我们处在新的时代所带来的机会。如果不是时代的质变，这种机会不多；如果是一个时代的质变，这种变化就变得普遍。归结为一句话：所有的行业要放在互联网时代、物联网时代、智能化时代来重新考虑。

③行业冠军。从机会竞争向能力竞争转变，从职业思维向专业精神转变。

过去在大风口期，机会多，只要抓住了一个机会，基本上都能活。但进入存量期，在红海竞争的企业僧多粥少，如果不是产业领袖，也不是改造先锋，而且还要在这个领域做下去，企业就得从机会竞争走向能力竞争。看谁做得更好，不断替代原有的竞争者，整个产业也走向“僧”与“粥”的相对平衡，这是规律。

首要的是企业要把眼光从过去的生意机会转向事业机会（不是不要机会，机会永远第一，但要选择机会，把战略资源放在战略性机会上），定义自己的领域和定位，明确核心竞争力，做深做透。

企业要选择继续在存量市场里生存，别无他途，只有清晰战略意图，即极致专注，从而具备行业核心优势，进而超越其他竞争企业，从机会竞争走向能力竞争。

对于这类企业来说，要求组织里的人一定要从职业思维走向专业精神，也就是常说的工匠精神，用心、琢磨、精进。摒弃浮躁，专业专注，将一切视为时间和格局的函数——从来没有一夜练成盖世神功的高手。

④开荒英雄。从应试思维向探索精神转变，从保全思维向英雄主义转变。

目前，我们的企业中还缺乏像特斯拉、微软、英特尔、高通这样在全球“无人区”探索的英雄，可能是时机未到，这就需要社会和教育弘扬创新思维。通俗来讲，应试思维就是超越不了答案，超越不了答案的设定者，就难以具备批判性思维和探索精神，而这两者是创新的核心要求。

我们的文化中求稳保全的意识较强，公务员热、央企热、国企热、地产热等现象都是这种意识下的产物，这本身没有对错之分，存在即合理。只是，一个国家要发展、一个时代要进步，必然需要更多的冒险精神和英雄主义。

⑤敏锐猎手。从“游猎思维”向“养殖思维”转变。

过去40年，中国企业的成功有很多经验值得总结，但从批判视角、立足于未来来看，我们也得到一个关键教训：缺乏未来思维。在日子好过的时候，大家就忘了打造自己的核心竞争力。我们国家的企业数量很多，存活下来并且活得不错的企业也很多，但相比数量而言，中国企业成长为具有全球产业竞争力和全球竞争力技术的企业太少！

企业一定要在风口期，打造核心竞争力，建设自己的组织能力。

一般情况下，一个企业的发展规律是：抓到一个增长机会，提供合适的产品和竞争策略，实现从0到1的突破，然后快速发展，很多企业就是在这个节点开始出现分化。

太多企业还是从0到1时期的“游猎思维”，热衷于抓机会，没有确立真正的高远追求，忽视核心竞争力（品牌、技术、系统）和组织能力（人才梯队、管理机制、组织系统、企业文化）的建设，或者不够较真、坚持、做透，当风一过，马上就陷入了困境。

因此，抓住下一个风口的企业要吸取这个教训，在好过的日子里，要确立远大目标，要及时打造核心竞争力和建设组织能力，及时由“游猎思维”转向“养殖思维”，形成养殖能力，没有风口，也能够很好地持续发展。

小结：企业的进化思维归结为三个关键点：

①“**围源点**”。无论是引领思维、变道超车思维、经营能力，还是专业精神、英雄主义，都要紧密围绕着增长机会这个源点，离开了这一点可能会走向歧途。

②**少折腾**。需要学习，但别被所谓的“模式”“密招”带跑了经营本质，回归到定义增长机会，回归到客户价值，认真、坚持、做透，我们就不愁没有未来。

③**多跑动**。深入实际，多跑客户；研究客户，研究竞争对手，研究行业，研究技术趋势，学习标杆；基于客户价值持续改进、创新，我们就一定能蹚出更好的路来。

注：本文根据夏惊鸣在2020年华夏基石新春论坛上的讲话编辑。

五、全球化新挑战下企业如何重构新思维

文/黄元联

2018年以来，国际政治经济领域的“黑天鹅”事件频发。据一份内部报告指出，“世界正处在非常事件和巨大冲突的前夜。不仅仅是中美贸易摩擦，俄美之间的竞争、中东战火重燃、突发事件中的西方选边站、石油输出国的衰落、南海主权的捍卫、‘台独’势力的猖獗……”世界似乎正处于大变革与大冲突的前夜。国际地缘政治形势剑拔弩张，经济贸易争端日趋白热化。中国企业对国际政治经济的态势感知与思考应对能力急待提升。

（一）两种世界观、两种发展观的较量

抗美援朝时期，我军指挥著名上甘岭战役的秦基伟将军说：“上甘岭战役既是敌我双方军力的较量，又是两种世界观、两种价值观、两种思想体系的较量。”

商场如战场，国际政治经济冲突的本质何尝不是两种世界观、两种发展观的较量？

一方面，以美国为首的欧美发达国家，仍然奉行“丛林法则”，占据产业链和国际分工的顶端，向全世界输出工业品和高科技产品，而广大的处于产业链底端的工业化落后国家，只能靠向发达国家输出原材料、能源等初级产品和廉价劳动力来维持运转；另一方面，以中国为代表的新兴工业化国家，倡导“人类命运共同体”意识，提倡在追求本国利益时兼顾他国合理需求，在谋求本国发展中促进各国共同发展，在帮助不发达亚非拉国家建设基础设施、发展经济的同时，合理获取本国利益。

当具备工业体系和工业化能力的新兴国家开始崛起、打破国际低端分工设计，在某些工业品和高科技领域逐步积累并占据世界市场一定份额时，不可避免地触及发达国家的原有的市场地位，于是英、美等国通过政治、经济、金融等手段开始实施打压和遏制，以维护其在世界市场和本土市场的利益。这一点，从 1985 年欧美和日本达成的《广场协议》（导致日本“失去的十年”）及苏联解体事件中都能窥见一斑。

苏联是在老布什担任美国总统、撒切尔夫人担任英国首相时期解体的。1991 年，撒切尔夫人在论及“为何瓦解苏联时”曾经谈道：

苏联是一个对西方世界构成严重威胁的国家。我讲的不是军事威胁。从本质上讲，军事上的威胁并不存在。我们这些国家装备精良，包括核武器。

我指的是经济上的威胁。借助计划政策，加上独特的精神上和物质上的刺激手段相结合，苏联的经济发展指标很高，其国民生产总值增长率过去比我们高出一倍。如果再考虑到苏联丰厚的自然资源，如果加以合理地运营，那么苏联完全有可能将我们挤出世界市场。

因此，我们一直采取行动，旨在削弱苏联经济，制造其内部问题。

“看得见多远的过去，看得见多远的未来。”中国不是苏联，中国的经济体系也比苏联开放得多。但冷战以来，国际政治经济斗争的规律没有变，斗争的本质仍然是对世界市场的竞争与争夺。世界正处于十字路口，“弱肉强食”的丛林法则与“共同发展”的生态法则，以及两种不同的发展观、世界观的矛盾与冲突不断交织进行着。这两种哲学的较量，将从根本上决定世界政治经济的走向。

（二）中国企业面临的全球化挑战

上述两种价值观的矛盾与较量，造成了当今世界政治经济的大变局与大冲突。这种冲突传递到中国企业，也给中国企业的全球化发展带来挑战。这些挑战主要表现在以下几点：

①产业竞争上的“双挤压效应”。从产业格局上看，美国已提出“再工业化”战略，通过降息等手段吸引资本回流美国本土。与此同时，通过高关税遏制“中国制造 2025”产业发展战略，阻止中国高科技产品进入美国市场，让投资中国高科技的资本无利可图，迫使资本逃离中国的高科技产业。另外，由于中国国内房价高企，企业经营成本、用工成本剧增，低端制造已经失去成本优势，跨国公司正在把劳动密集型制造业转移到以越南为代表的一批东南亚国家，企图分流中国制造能力。

②人才竞争上的“双缺失困境”。由于高端制造业回流欧美、低端产业向东南亚转移的产业挤压效应，在国际市场上，中国企业的人才问题面临着“双缺失困境”，即中国高端人才的技术积累缺失，低端人才的成本优势缺失。

高端人才方面，由于受高房价等生活压力的影响，中国高校最优秀的一批毕业生大部分选择了挣快钱的金融、证券、房地产等行业，沉下心做技术、做科研的人才往往收入微薄，因不堪生活压力而选择离职跳槽，这样的高压力生活环境显然不适合对高端科技人才的培养。反观美国，不仅国内物价低廉、生活压力较小，对高科技人才的培养更加重视。早在 2006 年，美国总统布什在其国情咨文中公布一项重要项目，即《美国竞争力计划》，提出知识经济时代教育目标之一是培养具有科学、技术、工程和数学教育（STEM）素养的人才，并称其为全球竞争力的关键。由此，美国在 STEM 教育方面不断加大投入和政策支持（包括移民、教育等多方面政策倾斜），鼓励学生主修科学、技术、工程和数学，培养其理工科素养。

③网络舆论的“黑蝴蝶效应”和“黑洞效应”。混沌学里有个著名的原理“蝴蝶效应”：一只南美洲亚马孙河流域热带雨林中的蝴蝶，偶尔扇动几下翅膀，可以在两周以后引起美国得克萨斯州的一场龙卷风。“蝴蝶效应”在社会生活诸多方面都存在。在社交媒体、网络传播高度发达的今天，一个微小的事件（经常是负面事件和不实报道）通过网络的放大作用，将给原有的系统造成极大破坏和信任危机，这种效应我们称为“黑蝴蝶效应”。“黑洞效应”，是指司机开车驶近隧道时，因隧道内外明暗度差异，使得隧道看起来像一个吸收了所有可见光的黑洞，什么也看不到。而网络舆论上的“黑洞效应”，源于媒体的选择性报道和选择性沉默，以至于大众无法看到另一些事实。

这两种效应经常在中国网络上发生，给不少中国企业和产业造成冲击。以中国奶业为例，“三聚氰胺”事件爆发后，网络媒体大肆渲染报道，中国消费者陷入恐慌，视国产奶粉为毒物，唯恐避之不及，根本看不到中国官方机构公布的牛奶事件已经得到控制的事实（国家市场监督管理总局表示，牛奶事件已得到控制，2008 年 9 月 14 日以后新生产的酸乳、巴氏杀菌乳、灭菌乳等主要品种的液态奶样本的“三聚氰胺”抽样检测中均未检出“三聚氰胺”）。他们咬紧牙关，哪怕付出更高昂的代价，也要通过海淘代购等方式给孩子喝洋奶粉。与此同时，迫于网络舆论压力，中国开放乳业市场，各大洋奶粉品牌纷纷进入中国市场。“黑蝴蝶效应”让洋奶粉顺利打开中国市场，国产奶粉举步维艰，连带上游牧业和养殖业连年亏损，养殖户损失惨重。

故事并未终结。近年来，洋奶粉品牌也被爆出问题。2013 年，奶业巨头新西兰恒天然被检测出肉毒杆菌。2017 年底，外媒爆出法国奶制品巨头 Lactalis 丑闻，旗下包括诺优能（Nutrilon）奶粉在内的多个品牌产品涉及沙门氏菌污染，更为严重的是，该公司连续 12 年未对婴幼儿奶粉进行沙门氏菌检验。2018 年，海淘直邮的多个品牌洋奶粉被爆出造假，涉及爱他美（Aptamil）、诺优能、美素等多个品牌。令人惊奇的是，这些洋品牌的奶业丑闻在中国网络上很少被报道，即使有报道，也会很快蒸发、烟消云散，像黑洞一样不再为公众所知，仿佛从来没有发生过。

除奶业外，对于中国的其他产业和企业，网络舆论的“黑蝴蝶效应”“黑洞效应”也屡见不鲜。比如2017年华为P10手机因为使用不同内存这一并不严重的事件，被媒体迅速放大，网络水军大加鞭挞吐槽，持续了近一年时间也未平息；反观三星、苹果手机的电池爆炸事件，产品事故要严重得多，却很快平息，网络上迅速归于平静。网络上一说虚拟经济冲击实体经济，就归罪于马云和阿里巴巴。事实上，房地产泡沫对实体经济冲击最大，房租成本及其引发的用工成本高企成了企业最大的负担。何况百度、阿里巴巴、腾讯（BAT）三家互联网巨头中，阿里巴巴与实体经济企业关系最为密切。腾讯主营业务是社交和游戏，百度主业是信息搜索，阿里巴巴为实体企业提供了与最终用户沟通交流展示的平台，方便了实体产品的展示、购买及消费者沟通。另外，天猫、淘宝平台每年也投入大量的资金和人力打击假货。网络媒体对这些视而不见，简单地将虚拟经济冲击实体经济归罪于马云和阿里巴巴，显然有失公允。

（三）中国企业的战略思维面临重构

1. 坚持正确的政治方向

面对复杂的国际政治经济环境，各国的竞争越来越呈现出“国家力量＋企业”的联合竞争态势。思科前CEO钱伯斯说：“美国是思科的后院。”中国企业走出去要自强，首先要在政治上保持清醒的态度。华为总裁任正非接受英国广播公司（BBC）采访时说：“我们是一个中国公司，我们肯定是拥护中国共产党的，我们肯定热爱祖国，但是我们不会去危害别的任何国家。”

2013年的换届之年，某位非政府组织（NGO）的女企业家批评中国企业家领袖柳传志先生在时局面前不作为、不出来说话。随后，柳传志先生在央视采访中表态：

联想实际上就是在中国改革的环境中不停地适应环境。当大环境合适，我们就努力发展；当大环境不合适的时候，我们就努力给自己创造一个小环境……我只能服从环境，我从来没有想过说坚决要给环境动个手术什么的，我没有这雄心壮志，也不敢……大的环境改造不了，你就努力去改造小环境，小环境还改造不了，你就好好去适应环境，等待改造的机会。我是一个改革派，之所以到今天还算成功，是因为我不在改革中做牺牲品。

在大是大非面前，柳传志先生以其在中国企业界的权威地位最大限度地保持了中国企业家俱乐部群体的政治正确和政治安全，这一点历史不会忘记。在纷繁复杂的历史关头，拥护党的领导，坚持政治正确，也是对企业家智慧和勇气的考验。

2. 保持全球化的眼光，坚持开放进取

自产业革命以来的资本主义全部发展历史表明，发达国家的企业跨国巨头无一不是以全球市场为目标的。从南半球非洲的好望角到北半球的阿拉斯加，从东半球的爪哇岛到西半球的巴拿马，许多地方都留下了资本主义的冒险和进取精神。几百年来，一批批冒险者走出母国的温柔乡，历经艰险，到世界各地去发掘贸易商机，勘测资源宝藏，为资本主义早期发展积累了巨额财富。反观中国企业，就全球市场而言，中国企业在世界各地被人熟知的不过是华为、中国银联、联想等少数几家企业。尽管当前欧美贸易保护主义抬头，全球市场依然大得很（抛开美国市场不说）。中国企业唯有走出小富即安、偏安国内的舒适区，走向“一带一路”国家、走向世界，才有可能成为全球化时代真正的产业王者。

3. 战略上避免线性思维，做好应对方案

在和平环境里，中国企业的战略思维是线性的、简单的，是今年增长多少、明年再增长多少，从来没有把国际政治经济形势的不确定性放在战略考量的范畴。这种单一的线性思维在波诡云谲的国际局势面前，无疑是脆弱的，因为国际政治经济领域突发的“黑天鹅”事件极有可能将企业经营的一些基本条件和基本假设突然打破，比如爆发战争或贸易战，核心零部件供应中断，底层软件被禁用，等等。针对这一点，唯有及早做好预案，“预则立，不预则废”。早在2012年，华为总裁任正非指出，“华为现在做终端操作系统是出于战略的考虑，如果他们突然断了我们的粮食，Android系统不给我们用了，Windows Phone 8系统也不给我们用了，我们是不是就傻了？……做操作系统和做高端芯片是一样的道理，主要是让别人允许我们用，而不是断了我们的粮食。断了我们的粮食的时候，备份系统要能用得上。”一流企业家的远见和危机意识可见一斑。

4. 跟随国家产业政策，脱虚向实，助推产业升级

日趋紧张的国际局势，必然要求国家更加重视高科技行业和先进制造业。毕竟一旦发生战争，我们无法靠房地产的板砖取胜。因此，脱虚向实、军民融合将成为中国经济发展的新趋势。习近平总书记说：“核心技术受制于人是最大的隐患，而核心技术靠化缘是要不来的，只有自力更生。”可以预见，在众多高科技领域，国产替代的趋势将不可逆转，这将给那些掌握关键技术的中国企业带来更多的产业机会。相反，那些仅靠组装、缺乏核心技术的企业将缺乏后劲和应对激烈竞争的护城河。

5. 强强联合，抱团应对全球化的竞争

全球化时代的竞争，首先是企业技术实力和对供应链掌控能力的较量。为了避免在产业链核心环节受制于人，中国企业应更加注重强强联合、共同发展。例如，京东方与华为合作研发OLED屏幕，打破了日韩生产商在此领域的多年垄断地位，中国液晶屏幕从此不再受制于人。“中兴事件”后，华为撤回对中兴知识产权侵权的诉讼，彼时贴身肉搏的竞争对手，此时雪中送炭。另外，阿里巴巴也第一时间宣布全资收购国内芯片公司，打造“中国芯”。蚂蚁金服支付宝也与华为终端成立联合创新实验室，通过金融支付的联合创新，发挥双方优势，为用户创造更加安全、快捷、创新的支付体验。

6. 应对世界强国的竞争，企业界应积极为国家献计献策

由于贸易保护主义抬头，如今各国的产业竞争越来越呈现出“国家力量+企业”的联合竞争态势，这就要求中国企业界的龙头企业、有影响力的企业家，应该积极为国家产业未来发展、为赢得产业竞争献计献策。产业安全也是国家经济安全的重要部分，有影响力的企业家参

政议政首先应着眼于国家的产业安全。如果不能意识到这一点，无疑将陷入孤立无援的状态，届时"人为刀俎，我为鱼肉"，覆巢之下，安有完卵？国家相关部门在处理这些涉及国际竞争的经济事件时，也应该多听听产业界的意见。进攻是最好的防守，"你打你的，我打我的"。你们制裁我们的企业，我们也可以制裁你们的企业；你挟国家力量来打，我也可以挟国家力量反击。斗争的结果无非是坐在谈判桌前谈判，一味迁就退让，只能自废武功。

7. 依法维护网络舆论，保护产业及企业声誉

近年来，中国网络舆论的怪状并不鲜见。例如，只要涉及中药，网络舆论的基本观点几乎都是中药有毒、中医是伪科学，似乎西药无毒副作用；只要涉及外资品牌的负面报道，都能快速平息，只要涉及中国企业的负面报道，则久难平息。这种网络舆论的"黑蝴蝶效应"和"黑洞效应"频发的直接原因在于，一些资本以流量为投资条件，默许、纵容甚至鼓励不法自媒体酝酿炮制热点事件，或攻击产业，或攻击知名企业的产品和服务，或高层人事变动，以达到造谣诽谤、"妖魔化"中国产业和企业的目的。覆巢之下，安有完卵？一个产业或龙头企业的声誉受损，几乎影响整个产业链上下游。网络舆论就是制空权，失去网络舆论的控制权和疏导权，甚至比失去制空权更可怕。中国现有体制、文化、产业和企业都缺乏基本的网络观点，也严重缺乏自己的网络媒体阵地和支持观点的意见领袖，因此急需在网络战线上构建自己的防导体系和防卫阵地，依法捍卫正当权益，削弱谣言的破坏力。

（四）战略思维重构的目标

沧海横流，方显英雄本色。人人都在谈战略，但说到底，企业战略实施的目的无非是两点：一是应对现实中的问题和挑战；二是引领和塑造现实使之达到企业所期待的未来目标。一个好的战略还应该包含应变之策，即风险评估及应对，应当估计到种种阻力、挫折，并评估危机的后果和制定预案。今天我们检讨战略思维的得失，以及中国企业所做的战略、应变行动和努力，不正是为了未来能达到"全球市场有影响力、

核心技术有保障力、产业链条有掌控力、组织体系有危机感”的良性状态吗？这样的目标也许需要一代人或几代人的奋斗，但今天的所有努力将为未来的不受制于人和全面崛起铺路！

六、中国上轮增长周期的管理教训

文/夏惊鸣

焦虑不仅是今年的新状况，这几年几乎都在谈焦虑问题，但是在2020年，大家对未来的焦虑指数似乎到了峰值。那么，**中国产业到底发生了哪些变局？我们能不能从本质上对中国产业状态有个把握，从而促使内心冷静，不在迷茫和焦虑中浪费时间呢**？

（一）中国产业变局图景

中国经济到底是好还是坏？这不是一个能给出确切答案的问题。有很多企业在生存边缘挣扎，但也有很多企业欣欣向荣。比如我咨询的一个酒吧连锁企业叫海伦司，企业规模不大，销售额几亿元。我们提出咨询费可以不要，用股权来置换。海伦司的董事长却痛快地说：“我们给咨询费，我们有钱。”当然，这样的企业不是一两个。由此可见，一方面，很多企业非常纠结、非常困难；另一方面，还有许多企业还是很有活力、很赚钱的。有人欢喜有人忧。那么，中国的产业图景到底发生了什么变化呢？或者说到底是什么样的状态呢？

2015年，我总结了一个增长形态模型，如图1－2所示，我在思考今天的演讲内容时，突然发觉，这个模型可以很好地解释中国产业变局状态。

这个模型是谈增长的，增长背后其实就是“机会”，所以这个模型的横坐标用机会来表示。机会有两种形式：一种是增量市场机会，也就是市场处于高速增长中；另一种是存量市场机会，也就是我们通常所说的红海。中国于20世纪80年代一直到前几年，三十年的时间基本都是

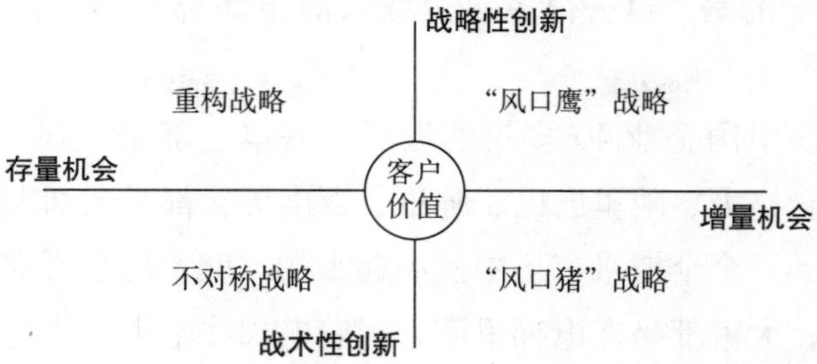

图 1-2　增长形态模型

增量市场，所以做什么都赚钱，造汽车赚钱，卖电视赚钱，卖房子尤其赚钱。但现在为什么很多企业讲钱不好赚了呢？因为很多行业已进入了存量市场，市场成熟了，所以做什么都是红海，这叫存量机会。

横坐标是机会，纵坐标是实现机会的方式。要实现机会的一个本质就是"创新"。创新有两类：一类是战略性创新。比如互联网的发明，锂电池的开发，索尼开发随身听，等等。另一类是战术性创新。简单地讲，就是带不来颠覆性的变化。

以机会和创新为坐标，划分了四个象限，这四个象限分别代表四种不同的增长形态，即"风口猪战略、不对称战略、重构战略、风口鹰战略"。

如何用这个模型来解释中国产业经济的变局呢？如图 1-3 所示。

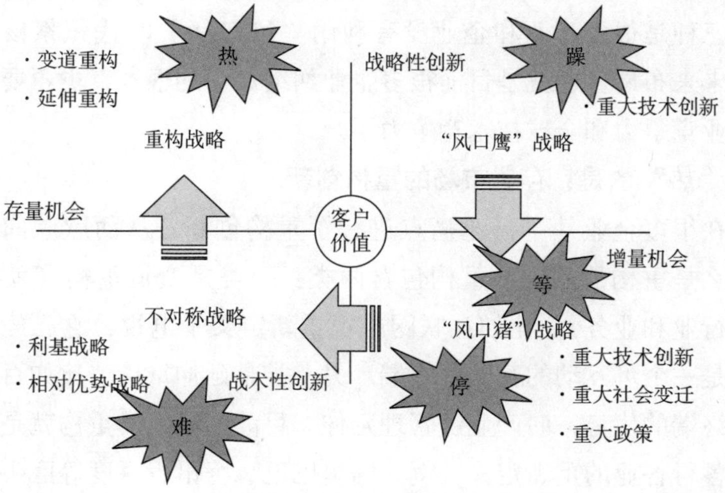

图 1-3　中国产业经济的变局模型

- **“停”的是：过去很多高速增长的市场都饱和了，进入了存量市场**

实际上，中国企业 40 多年的发展，基本上都是“风口猪”。包括华为、美的、格力、阿里巴巴、腾讯、百度等，都是在别人发明了核心技术，产生了一个个增量市场中发展起来的。就像冯仑所讲，这是一个时代的成功，大家都坐在电梯里面，跟着电梯往上走。我把这种增长形态叫作“风口猪”，企业没有核心技术，只是一些战术性创新就能发展。现在的问题是，过去 40 多年绝大多数增量机会的风停了。有些企业非常焦虑，就是因为风停了，增长形态转移到了红海，我们没有了市场增长，汽车零增长，水泥销量在下滑，玻璃销量在下滑，钢铁销量在下滑……市场进入了存量市场，也就是经常说的红海。

- **“难”的是：风停了，绝大多数企业从“风口猪”区域转移到了不对称区域，但不对称的竞争力没有形成**

在增量（风口）市场里面，企业是成批地高歌猛进。风停了之后，出现了三种情况：第一种是有些企业形成了核心能力，业务组合也提前做了布局。对于这些企业来讲，尽管受宏观环境影响，但这种环境可能是机会。比如华为这类企业。第二种就是在存量市场中，进行重构战略创新。各行各业都存在痛点，现在又是互联网时代，很多企业尽管是在存量市场，但它们基于行业痛点进行重构创新，表现出欣欣向荣的生命力。第三种是很多产业和企业没有利用“风口猪”时代积累核心技术和基于未来布局。这就是目前很多企业纠结难受的根本，更不要说形成全球产业竞争力和全球技术竞争力了。

- **“热”的是：存量市场的重构创新**

现在很多企业基于行业痛点进行了重构创新，从而欣欣向荣。那么，什么是重构战略呢？重构包含两类：一类是变道重构（就是重新定义了行业和业务）。比如互联网电视重新定义了电视，它已经不是电视，而是一个可互动的互联网终端。另一类是延伸重构。比如百果园利用原有终端的优势，向产业链管理延伸。目前，最大的重构就是互联网时代对各行各业的重新定义。例如阿里巴巴、腾讯、百度等巨头企业利用原有优势进一步延伸重构；百果园、绝味食品等行业的领先企业也在进行延伸重构。其实还有一类，像海伦司酒吧做酒吧连锁、乐刻运动做健身连锁、恒昌医药做药品及流通、中环地产做二手房中介等，它们在传统的领域进行创新重构新兴企业，这类企业越来越多。它们的欣欣向荣就在于对传统的存量业务进行了战略重构。

我说下海伦司酒吧连锁在一个传统领域如何进行战略重构的。海伦司酒吧于 2018 年做到 160 多家店，排名全球第一，尽管销售额不高，但全球做酒吧连锁的企业，基本上没有发展到几十家、一百多家店的。未来 5 年，他们的目标是 1000 家店。那么，海伦司是如何重构行业玩法的呢？大多数酒吧的一般逻辑是：我要赚钱—要选一个好地方—租金比较贵—酒贵才能赚钱—实在不行，搞点其他产品才能赚钱—希望大家多消费—顾客感受并不好，消费能力受限—顾客流量减少—其实还是不赚钱。海伦司的逻辑是什么？它给顾客提供一个消费得起的自在的社交场所—选对商圈，但不在乎“好”地段，而是真诚地对待顾客，日久见人心，经营商圈的“住客”—不用所谓“金角银边”的选址铁律，甚至可以在二楼、三楼等不显眼的地方—租金费用降低—酒便宜—必须真酒—是否消费没关系—顾客感受良好，消费能力限制减少—顾客越来越多—反而赚钱。它们的会员数量越来越多，本身带有社交属性，活跃度也很高，未来还有很多创新的想象空间。

我举这个例子要说明的是，**很多行业原来的玩法，都可以通过一种新的方式进行重构。在增量时代，大家抓机会就行；在存量时代，要么提前布局建立不对称优势，要么进行重构创新**。

现在的存量市场中，确确实实存在大量的企业进行着重构、创新，就像海伦司是酒吧行业的重构者，乐刻运动是健身连锁行业的重构者。重构的机会很多，因为现在社会的痛点太多了，如看病有痛点，上学有痛点，去酒吧有痛点，去健身有痛点，甚至买药也有痛点。只要是让大家觉得很痛苦的、很烦的事情，就说明原来的模式具有创新的空间，就说明原来的模式具有重构的机会。

- **“躁”的是：新技术周期可能快要来临**

经济中还有一部分看起来是热闹的，甚至说是躁动的，如新能源汽车、虚拟现实（VR）、人工智能等。这些技术这两三年非常火。像VR技术，我初中时在读英语阅读理解题的时候就出现过，已经30多年了，为什么过去不躁动，而这两年这么躁动、这么热闹？核心原因是，过去这些技术离产品化、商业化很远，现在它们产品化、商业化的临界点快要来了。这些新的技术突破，往往是几十万亿美元的市场要重构。新能源汽车技术突破，20多万亿美元的市场，如果VR技术突破，也一定是几十万亿美元的市场。比如VR技术突破会带来什么呢？每一家的电视都会变，投影仪也要变，VR手机也会出现。就人工智能而言，我举一个简单的场景——理发。有句俗语说："理发三天丑。"可以发明一个智能理发头盔，让你每天都能保持最佳状态的头发长度和形态。这些新技术一旦突破，不仅会出现一批造风的"风口鹰"，还会带动一大批"风口猪"。

值得一提的是，5G不是躁动了，而是"风口鹰"实实在在产生了，它就是华为，这是一件了不起的事情。日本产业追赶主要抓住了机械、汽车、电器和电子等产业的弯道超车；韩国主要抓住了产业转移和电器、电子产业的弯道超车。中国呢？主要抓住了5G。还有什么？新能源汽车？生物？人工智能？

总结一下，中国经济的状态到底怎样确实不好给出一个明确的答案，但我们可以通过中国产业变局的图景去理解中国经济变化的逻辑。现在的状态就是绝大多数增量市场的"风"停了，当然还是有许多小风，比如服务业、互联网（泡沫也非常严重）、高铁及政策导致的行业等；大量企业没有积累不对称的核心竞争力，在存量市场中煎熬，有些形成了不对称优势，过得还是不错的。有一部分企业去全球市场找机会，让自己表现出具有不对称竞争力，有的甚至变成了"风口鹰"，比如华为；还有相当一部分企业对存量市场进行了重构，焕发了活力，各行各业都存在重构的机会。同时，我们要看到新技术周期的临界点，应该就在眼前，这个"眼前"到底是一年两年还是三年都不好说，我们只能等，等的不仅仅是更多的"风口鹰"，还有这些"风口鹰"会带动大批的"风口猪"。

（二）这轮增长周期的教训

此前40多年，我们在飞速发展的过程中取得了巨大的成就，成为全球第二大经济体。但成了全球第二，还这么焦虑，问题出在哪儿呢？

尽管我们在高速发展，但缺少具有全球产业竞争力、全球竞争力技术的企业。比如像华为这样的企业太少。因为我们没有全球性核心竞争力，我们才会对未来更加担忧。全球的“温度”稍微一变，我们就会染上“风寒”，甚至是“大病”。**今天我不是讲过去40多年有哪些成功，也不是讲现在的焦虑应该怎么去解决，这没有神招，而是了解这轮发展周期的教训，更有利于正确地看待现在，并正确地走向未来。**

这轮发展周期的关键教训就是——**我们成长出具有全球产业竞争力和全球竞争力技术的企业太少**。

2018年，我们的世界500强公司增加到120家，日本从1995年的顶峰149家降到52家，但我们的世界500强企业基本上是政府垄断型企业，如中国银行、中国工商银行、中国交通银行、中信银行、中国移动、中国联通、中国电信、中国石化、中国石油……“中”字头的企业可以一直念下去。除了航天、基础设施（工程建筑、电力）、高铁等为数极少的几个领域的企业具有全球产业竞争力和全球竞争力技术，其他的基本上是关起门来或依赖资源，或没有占据产业制高点。但是日本的500强企业中，具有全球产业竞争力和全球竞争力技术的企业比比皆是，如丰田、本田、三菱、松下、佳能、索尼。

那么，针对这一教训，我们需要反思的问题是什么呢？

（三）从企业发展规律看产业竞争力形成

一个企业一般的发展规律，如图1-4所示。

1. 追求

一个人或者组织总是有某种追求或者理想的。

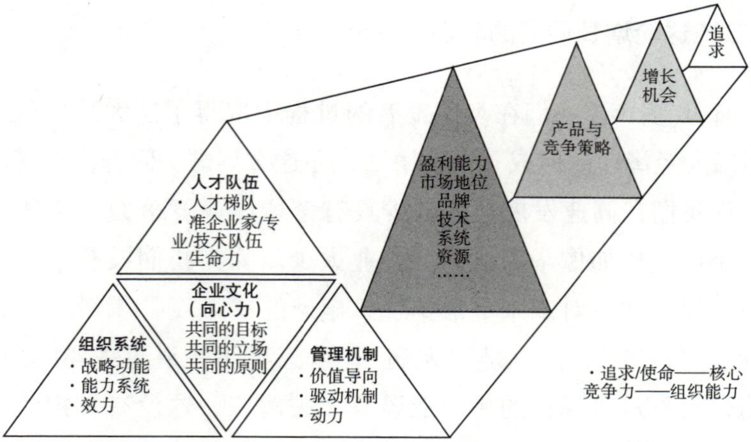

图1-4　企业的发展规律

2. 增长机会/产品与竞争策略

某种追求或理想会驱动对相应的机会比较敏感，然后找到一个增长机会，比如华为与通信设施建设，联想与电脑技术。所有企业都有一个增长机会，通过产品和实施一定的策略，满足客户，实现市场突破和发展，就把这个机会抓住了。值得注意的是，实现0到1的突破，开始赚钱，市场规模达到一定程度时，理想可能会重新定义——赚钱后，发现还可以成为一个可以持续发展的事业。

3. 核心竞争力

再往后发展，除了盈利和规模增长外，它一定要形成核心竞争力。**一个企业的核心竞争力，主要包括四个方面：品牌、技术、系统、资源。一是品牌**。互联网时代形成品牌的时间或者品牌的转移更容易一点，但品牌的壁垒还是很高的。**二是核心技术**。曾经有一种说法是："一流企业卖标准，二流企业卖品牌，三流企业卖技术，四流企业卖产品。"于是，很多企业都跟着参加国家标准制定，以为这样就有了核心竞争力，其实这种理解是错误的。**真正的标准竞争其实也是技术，而且称得上标准竞争的技术一定是一种底层技术和卡口技术**，不用不行，它卖的其实是知识产权，是底层性、卡口性的知识产权，就像英特尔、高通做的那样。**三是复杂系统**。比如零售企业的终端运营系统、供应链系统等；华为的技术研发系统、营销系统和人力资源系统等。如果这个系统具有复杂性，就具有了高壁垒，尤其是系统的形成和运作主要对企业自己的人才或管理要求高，并且系统内知识和经验具有累积性。**四是资源**。你能持续拥有资源或拥有持续的排他性资源，这也是壁垒和核心竞争力。

4. 组织能力

那么，市场地位和核心竞争力是怎么形成的呢？组织能力建设是核心竞争力的前提和保障。**为什么说组织能力建设是核心竞争力的前提和保障呢**？我打个比方，核心竞争力是车的性能，组织能力是造车的能力，如果没有造车能力，如何去打造一辆高性能的车呢？

那么，什么是组织能力呢？**组织能力包含四个方面：人才队伍、管理机制、组织系统和企业文化**。

组织能力的背后首先是人，是人才队伍。有的企业说，我们要打造一个不依赖人、不依靠人的组织，就是所谓的制度流程，就能做到“铁打的营盘流水的兵”。这是一个错误的观念，而且是不可能的。组织能力首先体现在人才队伍上。因为所有的事情都是人干的，所有的制度流程都是人设计的，最后是人去落地的，而且形成梯队很重要，梯队形成就说明这个组织具备了自我新陈代谢、自我成长的条件。人来了之后有没有动力干活，这就是管理机制。有了动力干活，是在什么样的平台干活，比如是在山路上跑，还是在高速公路上跑，这就是组织系统，组织系统不是指组织机构，而是各类能力营盘、能力体系，如 IPD 体系、供应链体系、干部管理体系等。而文化就是经营管理的导向和原则，就是我们在人才梯队、管理机制、组织系统建设和运作中所应遵循或体现的导向和原则。

一个优秀的企业是怎么形成的？**首先，一般是有追求和动机的，一不小心洞察到了一个增长机会，就要抓住这个机会；其次，必须得有产品（服务也是产品）和按照一定的策略去做。机会突破后，企业越来越大，组织也越来越复杂，这个时候，企业有可能开始重新定义自己的理想，要做一番事业了。无论是理想，还是继续活下去，必须不断提升自己的竞争力，形成壁垒，而要解决现实的问题，还是提高壁垒和竞争力，组织能力建设是保障，是前提。**

核心竞争力形成的三个关键是：有机会（产品和竞争策略）、有追求、组织能力建设！

那么，我们就可以推演缺乏全球竞争力企业的关键原因了。

（四）缺乏全球竞争力的关键原因

我们缺乏全球竞争力企业或全球竞争力技术的关键原因，如图 1-5 所示。

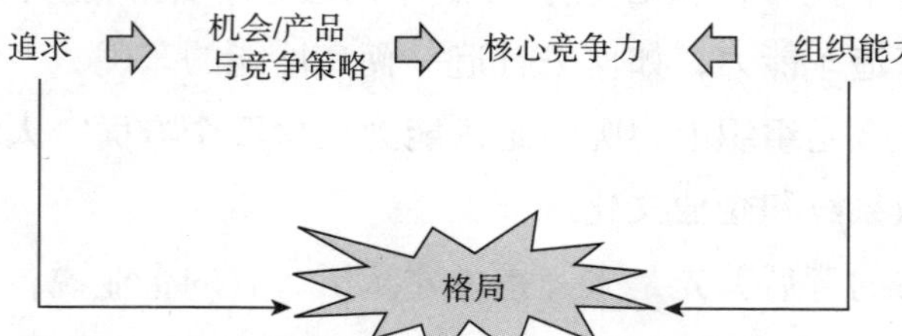

图 1-5　缺乏全球竞争力的关键原因

看看我们有什么。前 40 年，我们有的是机会，通过产品和策略也抓住了机会。这轮周期中，我们缺什么呢？我们缺有核心竞争力的企业。为什么缺呢？那就是追求和组织能力建设的问题了。我们需要反思，从根本上讲，**追求是格局问题，组织能力建设也是格局问题。**因此，**这两个问题的背后都是格局问题。**

● 追求与格局

毫无疑问，不同的追求代表了不同的格局。

日本世界 500 强企业尽管现在数量比我们少得多，但日本具有全球产业竞争力或全球竞争力核心技术的企业比例比我们要高得多。那么，这里的原因是什么呢？很多人讲是体制。从某个角度讲，我们的经济体制有时候比日本和美国还自由。我认为，这种差异背后的主要原因是追求不一样。例如，小松，要打败卡特彼勒；佳能，要击败施乐；丰田喜一郎从美国参观回来以后，发誓要让日本的路上跑满日本人自己造的车。有些企业，以追求眼前的利益最大化为要务，很少有人沉下心来全盘规划，去考虑全球产业竞争力。

现在，有追求的企业家越来越多，这就是第二个周期一个很好的方

面，我相信未来具有全球产业竞争力的企业会越来越多。因此，我们更要深刻理解追求及组织能力建设的意义！

- **组织能力建设与格局**

追求是格局，也就是我们通常所讲的使命型组织。那么，为什么讲组织能力建设也是格局问题？

因为没有追求，谁会去做组织能力建设？这是不是格局？

组织能力建设需要耐得住寂寞，长期认真、坚持、持续改进，没有格局，怎么能做到长期认真、坚持、持续改进？比如很多企业要学华为，我经常说你们根本不用学华为，就学习你们创业时候的经验。你们在创业的时候，是不是以客户为中心，是不是以奋斗者为本，是不是持续艰苦奋斗？**但为什么华为一直是“以客户为中心、以奋斗者为本、持续艰苦奋斗”？而绝大多数企业到后来就没了**？这是因为华为通过不断地组织建设，**把“以客户为中心、以奋斗者为本、持续艰苦奋斗”等精神组织化了**，从而实现了持续性。

没有利益分享的胸怀与格局，持续对人力资本进行高强度、持续投资，怎么能将一个组织建设成为“以客户为中心，激发员工持续奋斗”的组织？这是不是格局决定的？

（五）学习华为具有战略性意义

综上所述，这轮周期我们的教训是缺乏具有全球产业竞争力的企业。在中国，有一个企业具有全球产业竞争力，就是华为！我们看看华为为什么会有全球产业竞争力，**我们就理解了最终的关键是格局！**

前段时间，在华夏基石 e 洞察群里出现了认为“过度神化华为”的观点，也有孙建敏老师的一篇文章《华为是学不了的，谈华为没有意义》（标题党，内容恰恰又是华为的经验）引起争论。我反对这些观点。我们当然是要学习成功的经验，所有的成功都是有规律的，而且背后的规律都是一样的，学习不是复制，学习华为也不是说华为就没有问题。谈华为时，一定是基于一个整体人格，落到每一个人、每一个方面，不可能 100% 的清一色。**更重要的一个问题是，我们一定要从更高**

层面去体会学习华为对中国具有战略性意义。为什么？原因就是如何才能出现更多的具有全球产业竞争力的企业！华为不是谈多了，而是还远远不够；也不是学多了，而是学得也远远不够！

让我们来看看华为成为具有全球产业竞争力的经验，具体内容如下：

第一，敢于追求。成为世界级企业的追求，而且是真实的追求。很多企业是口号，真实的追求一定会落到企业经营管理的每一个角落，如人才标准、技术目标、质量目标、绩效考核等。华为还在民房办公的时候，就大量吸引华中科技大学、清华大学的人才；绩效成果对标世界第一，进步要比他们快。这都是需要极大魄力才能做的，才能坚持的。当然，追求不一定非得要世界级，哪怕把一件事情做到极致，这也是追求，而我们却有太多差不多，太多对付。这是不是格局？

第二，未来思维。未来思维也就是企业的危机感与布局。任正非接受访谈时说了一句话，令我感触很深。他说："今天华为所面临的局面，我们十几年前就已经预见到了。"这句话说明了什么？说明他们有未来思维。很多企业今天的困难不就是因为昨天没有未来思维——赚钱时没去想未来的变化和危机，没能十年如一日地持续建设组织能力、提升竞争力，并及时布局成长和未来业务。这是不是格局？

第三，长期主义。对技术的长期高强度投入，对管理建设的长期坚持与持续优化。这是不是格局？

第四，认真、坚持、做透。华为是把基本逻辑"以客户为中心、以奋斗者为本、持续艰苦奋斗"做透了，也把基础工作做透了。我们听华为的经验，一听就懂，但为什么绝大多数企业做不了？关键在于认真做、坚持做、持续改进，这种水滴石穿的认真、坚持很难。我指导了几次走进华为、走进温氏等活动，他们所讲的没有什么听不懂。学华为没有神秘的方法、神秘的观点，或者神秘的工具，其背后最难的是认真、坚持、做透。我经常讲，**一个企业真正的核心竞争力就是"认真、坚持、做透"。"认真、坚持、做透"，就是一种格局！**

第五，分享胸怀。华为的分享机制和人才管理体系是管理界关注的热点问题。招募优秀人才，分享利益，持续对人才进行投资，这才是真正重视人才。敢于招募优秀人才，持续对人才进行投资，这是一种勇气、自信，也是一种格局。

第六，第五级领导力。主要是谦逊与意志。我把谦逊理解为超越自我更好。任正非总能与时俱进，总是在大是大非方面保持清晰。中国有不少的民营企业家过不了这一关，需要向任正非先生学习超越自我。如果不能超越自我，就不能海纳百川，更不能激发团队，这是很多企业面临的问题。

有了这样的格局，才能够更好地进行组织能力建设，才能打造核心竞争力，才能避免过去的这个周期之内出现今天这样尴尬的局面——120 多家世界 500 强企业，具有全球产业竞争力的居然没有几家。我们应该深刻吸取这个教训。

（六）未来的启示

目前所谓的焦虑期，很多人就像无头的苍蝇一样，到处找秘方，以为学到了这种模式、那种模式，自己的问题就能迎刃而解。没办法的，该来的还是要来的，还是要老老实实研究客户、研究竞争、研究积累能力。机会没有了，就重新定义增长机会；没有新的增长机会，就老老实实聚焦，打造核心竞争力；春风得意或已经达到一定地位的企业，别忘了这轮周期的教训——我们缺少具有全球产业竞争力的企业！这个教训的核心就是“格局”——高远的追求和持续认真的组织能力建设，打造核心竞争力，提前布局，制胜未来。华为给了我们很好的启示——**敢于追求，未来思维，长期主义，认真、坚持、做透，分享胸怀和第五级领导力**。

最后分享一句话：**一切都是格局和时间的函数**。

七、增长放缓或停滞时的成长之痛

文/苗兆光

企业创业成功之后，往往会出现增长放缓或停滞的现象，我们称为成长期。这一时期的成长问题从业务经营方面表现为增长乏力、盈利状态恶化。很多成长型企业因为不能妥善解决这些增长问题，使企业处于经营高风险的运行状态，稍有不慎，甚至会导致破产。

成长型企业经常出现的业务经营方面的问题有以下几种：

（一）“选择困难症”

老业务增长乏力，新业务不知如何选择。

在创业阶段，企业选择市场带有很大的偶然性，很多创业企业通常会选择进入一个利基市场，这类市场通常规模不大，或者被大企业忽视，创业企业也因此能够获得一个竞争、平和的市场环境。企业到了成长期以后，市场容量的不足会抑制企业的增长，成长型企业必须选择新的业务领域以支持企业的增长。而在选择新业务时，很多成长型企业会备受挫折。

Q 企业便是最典型的例子。Q 企业创立于 20 世纪 80 年代晚期，几经尝试后在治疗疼痛的外用贴剂药市场上获得成功，取得 30% ~40% 的市场份额。这是一个被大型药企忽视的市场，其市场总容量大约 8 亿元，与规模庞大的胃药、心血管药市场相比，大型药企更愿意在后者投入大量资源。外用贴剂药市场的竞争也因此平和很多，Q 企业以其疗效显著、用法简单的一款产品建立了良好的口碑，市场份额相当稳固。由于市场容量的限制，Q 企业在发展到 3.5 亿元左右规模时，就再难以增长。为了寻求进一步的增长机会，Q 企业先后进入胃药市场、保健品市场和药浴市场，但都由于种种原因没有成功，数千万元的投资打了水漂，极大地侵蚀了主营业务创造的利润和现金流。

1. 老业务的成功经验该如何复制到新业务上

相对于老业务，新业务所处市场不同、产业环境不同、产业发展阶段不同、竞争状况不同，所需的经营逻辑也存在极大的差异。成长型企业往往对此认识不足、重视不够。

NT 公司在处理这一问题时就走了很多弯路。NT 公司是一家从事进口医疗设备的企业，长期独家代理一种高端医疗器械，经过 10 年的努力，在市场上获得了极大的成功，在高端细分市场上拥有超过

40%的市场份额。近年来，在高端市场趋于饱和的情况下，NT公司决定进入中低端市场。最初，NT公司采用的是和高端市场几乎同样的营销策略，但几年下来毫无起色，原因在于高端市场是以三甲医院为主的大客户，NT公司采用的直销模式和一对一服务方式非常有效；而到了中低端市场，每一个客户的销量都非常低，直销的模式和一对一的服务方式很难行得通。由于为低端市场单独生产的产品和高端产品在质量上存在很大差距，对服务的要求反而更高，面对这种冲突，NT公司在策略选择上纠结了几年，始终在低端市场上没有大的作为。直到下定决心将两种业务分开管理，采用完全不同的模式时，新业务才有了起色。

2. 有了选择自由后，又不知道如何行使这种自由，管理好新机会

企业在创业期间，不仅缺乏资源，还缺少机会，很少有选择的空间，为了活下去，往往只能坚持一个原则，即“只要能赚钱，遇到什么干什么”。

有着中科院背景的联想，在创业之初“先是倒卖电子表、旱冰鞋，还有运动短裤和电冰箱，看到彩色电视机是紧俏商品，又筹划着倒卖彩色电视机”。

度过艰难的创业时期以后，成长型企业拥有的资源量已今非昔比，在机会面前已经有很大的自由空间。**创业时追着机会走，现如今机会总是找上门；创业时为寻找机会殚精竭虑，现如今在机会选择上煞费苦心。**

一位成长型医药企业的创始人曾经在一个月内收到四份投资要约，先是当地政府的一位高官希望他为地方经济出力，投资房地产，并承诺在政策方面给予优惠；一位明星级企业家希望和他共同投资一家新能源企业；一个民族地区的政府官员找上门来，说是投资民族地区将会有极大的税收优惠，建议他到该地区投资原始森林，为未来筹建药材基地做储备；一位跟随他多年的创业元老拟了一份投资建议书，建议他收购一家陷入资金困局的同行。对于这位创始人来说，这些投资机会都充满诱惑，都是以前苦苦寻找而搜索不到的，而企业显然又没有能力四处投资，于是把公司的高管召集起来讨论，连续封闭几天的会议也没有结果，高管们各说各理，难分高下，无法决策。

相当多的成长型企业都难以抵御诱惑，以至于将资源分散到很多领域。也有相当多的成长型企业对企业成长的业务线路认识清醒，选择在核心能力基础之上进行扩张，要么采用市场归核化的战略，要么采用技术归核化的战略。

在这种状态下，成长型企业容易出现的失误是，没有将真正的、导致竞争制胜的要素复制到新业务上。也就是说，没有将有限的资源利用最优化。

（二）“短视症”

经营策略不具有连续性。

成长型企业由于自身资源和能力的限制，往往缺乏对业务完整性的战略规划，经营策略也容易对企业短期的现实需求进行“妥协”。业务短视及经营策略的不连续性，造成企业的增长乏力，长远性战略准备事倍功半。无论是成熟业务还是新业务都会受到这方面的影响，比较突出的表现是，没有达到理想经营规模时就已经增长乏力，所谓“未富先老”，而新业务在这一问题上体现得更加突出。

D 企业在这一问题上就曾有过重大失误。D 公司有着很好的业务基础，在一个市场规模大约为 20 亿元的利基市场取得了稳居前三位的市场份额。2005 年，创业 10 年时，企业在深交所上市，不仅使创业元老们成为千万富翁，企业也拥有了更充沛的可供支配的资金资源。D 公司很快将这些资金投入更大的市场机会上，诸如太阳能、电动汽车和远程医疗市场。单个来看，每个业务都有不错的发展前景，但这些业务之间缺乏内在的一致性，在公司内部难以共享资源，而单独发展，资源量远远不能满足市场竞争的需要，而 D 公司的决策者仍然抱着投机的心理做企业。2010 年，D 公司看到太阳能市场异常火爆，但明显供过于求时，仍然做出赌一把的姿态，抱着捞一把就走的心理贸然进入，结果给公司带来了巨大损失，需要花几年时间来弥补亏损。

（三）“低收益症”

深陷同质化竞争的坑里，业务附加值低，“成天忙于不赚钱”。

在创业时期，很多成长型企业走的是技术模仿或低成本复制的道路。类似的发展道路很容易将成长型企业引入低层次、同质化竞争的漩涡，困扰成长型企业的发展。JL 公司就非常典型。

JL 是一家机械制造公司，在该公司的产品开发过程中，不像一般企业将开发起点定义为“产品概念”，而是定义为“测绘”，言外之意是：不是围绕客户需求设计“产品概念”，而是在市场上寻找国外企业的先进机型，然后派技术人员对这些机型进行详细的“测绘”，将各种技术参数抄袭下来，然后进行工程技术的开发，这种产品开发思路在很多行业的成长型企业中非常普遍。最终结果是造成市场上产品雷同，竞争日益加剧，而主要竞争手段以低价为主，导致产品毛利率持续下降，产品同质化日益严重，在竞争中没有哪个企业有真正意义上的竞争优势，形成恶性循环。产品毛利越低，促使企业降低成本，以保持其盈利水平，并减少技术、市场等关键环节的长期投入；结果进一步促使产品质量下降和产品同质化的产生；没有了足够的产品或服务的“穿透力”，客户满意度日趋降低，客户没有更好的选择结果，只能追求低成本，造成企业毛利率的进一步降低。

这种同质化竞争的结果，导致企业在低盈利状态下运行，甚至在相当长的时间内处于盈亏平衡点的临界状态，很多成长型企业慨叹“成天忙于不赚钱”。在盈利能力无法提升和保持的前提下，经营规模越大，企业的经营风险越高，而且抗风险的能力也在下降，犹如一个巨人，外表虽然强悍，但外强中干，一片树叶就能压倒。

如何摆脱同质化竞争，以为客户提供价值为目标，深入研究客户的真实需求，提供差异化的产品和服务，提高业务的附加值是成长型企业真正做大做强的一个关键命题。

（四）“身体单薄症”

业务结构不合理，不能形成长江后浪推前浪的发展势头。

每项业务都做不到长盛不衰，都要经历培育、成长、成熟、衰退的过程。企业要想永续经营，必须兼顾现在和未来，在现有业务衰退之前成功培育出新业务。

成长型企业需要合理规划业务组合，保持盈利业务、增长业务和培育期业务之间的平衡。

盈利业务。盈利业务是指为企业实实在在带来收入、利润和现金流的业务。这类业务往往是成长型企业赖以起家的业务，企业在此类业务上积累了丰厚的经验和知识，获得了一定的市场地位、稳定的市场份额和忠诚的顾客群。此类业务的风险在于“规模封顶”，经历了多年的发展，市场容量和竞争格局已经相对稳定，企业进一步突破比较难，一旦竞争对手或替代者的市场创新和技术创新颠覆了利基市场的存在，会对此类业务形成直接威胁。

增长业务。增长业务是指企业对关键技术和产品形态的探索已经完成、商业模式已经确立、销售正处于高速放量的业务。此类业务在收入上增长很快，盈利能力渐显，风险在于由于规模扩张的速度较快，现金流经常入不敷出，稍有不慎资金链就会断裂。

培育期业务。培育期业务则属于未来的业务，是指市场机会已经显现，但由于技术、商业模式、规模化等方面的障碍，这些机会还不能转化为现实。培育期业务对企业来说，是完完全全的费用中心，是基于对未来的投资。

成长型企业保持三类业务的平衡是十分必要的。**如果只保留盈利业务而忽略后两类业务，就会陷入“小富即安”的陷阱，不仅丧失进一步发展的机会，此类业务受到的市场威胁会直接转化为企业的生存威胁；如果后两类业务规模过大，超越了盈利业务的“供血能力”，企业的经营就会陷入困境**。

新业务启动过晚或重视不够是成长型企业容易出现的战略失误。在盈利业务衰退之前，完成增长业务或培育期业务向新盈利业务的过渡是业务规划的基点，否则企业就会陷入生存危机。

一家通信设备企业经历了10余年高盈利的好日子，期间虽然也培育了几个新业务，但并未给予足够的重视。有一天忽然发现日子难过起来：通信服务市场增长放缓，运营商开始通过压缩成本来维持盈利水平，在通信设备的采购上越来越苛刻，要求设备供应商的价格每年至少降低15%。这家通信设备企业的盈利水平开始大大降低，而此时几个新业务都还在培育期，不仅难以承担盈利的责任，还需要盈利业务的进一步献血，这家企业的经营因此变得异常困难。

新业务培育过多或规模增长过快以至于超过盈利业务的“供血能力”，同样会威胁成长型企业的生存。几年前风光无限的五谷道场就是规模增长过快进而影响企业生存的一个典型案例。

中旺集团赖以起家的是以“三太子”为主打品牌的低端方便面业务，这一盈利业务支持着中旺集团的利润和现金流。2005 年，中旺集团“高举高打”推出五谷道场非油炸方便面的时候，“三太子”方便面的销售收入在十几亿元。应当说，中旺集团畅想战略有很强的杀伤力，“三太子”已经在低端市场上站稳脚跟，另一品牌“一碗香”主打中端市场，重磅推出五谷道场主攻高端市场。与现有居于统治地位的油炸方便面相比，五谷道场倡导的“非油炸，更健康”的口号显然更符合高端需求的潮流。自 2005 年底开始上市，五谷道场仅用 4 个月时间就在全国范围内销售，不到两年时间，便在北京、吉林、江西、四川、广东建立了 5 个生产基地。由于技术上的准备不足，五谷道场的非油炸方便面在口感上还难以超越油炸方便面，难以凭借产品本身促使消费者持续购买，销量提升只能靠广告引导，依赖“每天往央视砸进 100 万元，总额 1.7 亿元的超级广告”强力拉动。这种“只计成功，不计成本”的巨额投入显然远远超过了现有盈利业务的承受能力，当“员工欠薪”和“拖欠供应商”等问题无法掩盖时，企业的资金链很快断裂，结束了一段民营企业快速扩张的传奇。

（五）“头脑发热症”

对增长方式风险评估不够，盲目扩张。

在中国企业家中，普遍存在着做大的冲动。对于成长型企业的企业家来讲，大企业强大的抗风险能力、做事的从容不迫及对个人声誉的促进都令人羡慕，做大做强因此充满诱惑。同时，因创业成功而建立起来的自信也会促使成长型企业管理层轻易做出做大做强的战略选择。

在做大过程中，往往伴随着很高的风险。对于成长型企业的股东来说，选择做大做强很可能意味着股权的稀释甚至控制权的丧失，大多数从成长型企业走过来的大型企业已经证明了这一点。**成长型企业在进行规模扩张时，通常需要以超越常态的速度增长以响应迅速放量的市场，此时单纯依靠自身的滚动积累很难满足规模扩张的资金需求，往往需要进行战略性融资，而急剧扩张带来的现金流风险增加会削弱企业与资本谈判的能力，从而引发更严重的后果**。汽车巨头丰田在做大过程中就经历了这样的危机。

1935 年，以纺织机为主业的丰田决定进入汽车制造领域。1945 年战后的日本百废待兴，看准机会的丰田急剧扩张，增长迅速，然而不久之后国家金融政策开始紧缩，丰田在资金周转上出现了严重问题。好不容易与银行达成的融资协议，不仅让丰田家族失去了控股权，还不得不应银行的要求裁减人员，大大损害了丰田喜一郎为企业确立的“尽一切力量避免人事裁员”的准则，直接导致丰田管理层信誉受损和丰田喜一郎的辞职。

对成长型企业的员工来说，选择做大做强可能还意味着资金短缺带来报酬结构的改变，华为的成长过程即是最鲜明的实证。

当年华为进入“天地无限，大有可为”的通信设备市场，虽然这是一个蓬勃发展的大市场，但充满了西门子、朗讯这样的跨国巨头。与巨头们相比，华为在技术、人才、资金三方面都处于弱势，为了弥补技术劣势，华为决定广聚人才，制定了“将三大邮电学院相关专业毕业生一网打尽的策略”，为此华为确定了明显高于同行的工资标准。然而，由于资金短缺，这些毕业生的高薪并没有全部拿到手，而是“一半现金，一半白条”，这些白条后来变成华为的股份，员工们与企业共同经历了现金的紧张时期。

这些都不是基于可量化的事实判断，而是基于价值观的选择，考验的是企业管理层持续坚持价值原则的意志和决心。

华为、蒙牛、阿里巴巴、腾讯等一批成功跨越成长阶段的大企业在成功的同时，也为中国成长型企业树立了学习的榜样。遗憾的是，很多企业不具备华为、蒙牛、阿里巴巴、腾讯的基因，比如这些企业从成立时，就在一个“大市场”或者“成长型市场”中活动，战略一旦走上轨道，不需要大的战略转型，就具备了做成大企业的市场条件。而对多数成长型企业来说，创业时进入的行业本身就存在“市场规模封顶”，必须做二次市场选择，“高举高打”往往会极大地增加企业的经营风险。

（六）“拿来成瘾症”

沉溺于模仿式创新，不思创新。

后发优势既是改革开放以来中国经济起飞的一个重要因素，也是中国企业成长的一个重要因素。遇到近似的市场机会或者问题，研究一下发达国家走过的路子，结合国情做部分调整，形成自己的发展模式，我们称为模仿式创新。

中国企业在模仿式创新方面成绩斐然，很多企业因此获得了成功。华为、腾讯、百度、比亚迪的早期成功无不采用类似的策略。

晋江著名体育用品品牌安踏也把这一策略运用得淋漓尽致。从1998 年到2008 年的10 年间，安踏从晋江一个普通的运动鞋制造企业发展成为中国领先的体育运动品牌。在其高速成长阶段，安踏在参照耐克成功经验的基础上，做了两个方面的创新：一是代言人策略及广告覆盖，使企业从低成本加工转变为民族品牌；二是专卖店策略，使企业从服装专柜转变为专卖店或商场店中店，并围绕销售面积优势形成销售策略的基本定位。这种模仿式创新在早期是极其成功的。而后晋江体育运动品牌纷纷效仿，安踏模式演变成晋江模式，品牌数量几乎一夜之间达到几十家。明星代言和广告轰炸几乎占据了 CCTV5 的所有广告时段。同时，各地的专卖一条街迅速兴起，各类品牌疯狂地抢占店铺，而这种跟风和效仿发展到现在，已经使得整个行业进入发展的瓶颈，并使得关店潮和利润负增长随之产生。

第二篇　方法篇

一、增长的逻辑

文/陈　明

有质量的增长一直是发展事业的第一要务，事业合伙人机制一定要实现企业的增长，否则没有意义。

过去土地、资金和劳动是创造价值的三要素，现在知识更重要，可以说，有了知识，就能带来传统的三要素。知识员工的管理是现代社会必须解决的重大命题，它需要治理机制的创新。

事业合伙人机制就是一种重要的创新。它不是分配机制，也不是简单的股权激励。它是一种组织机制，即如何把企业主要的生产力要素组织起来，共识、共担、共创和共享。

华夏基石提炼了事业合伙机制的 32 字价值新主张：志同道合，利他取势；共担共创，增量分享；相互赋能，自动协同；价值核算，动态进退。

关于事业合伙制的内涵，我们有一系列的文章（参见《洞察》杂志总第 48 期）。这里主要探讨实行事业合伙人机制与事业增长的关系，聚焦事业增长，突破事业增长的瓶颈。

（一）增长的边界

1. 市场对增长的影响

产品或服务市场的规模对增长有着深刻的影响，著名经济学家**张五常说经济学就是六个字：需求、成本、竞争**。需求绝大多数时候受成本、竞争的影响。一般来说，低成本能启动大规模需求生成，竞争从某种程度上也能造成需求规模的扩大。当年杜邦公司就是走这个路子，发明一个新材料，只要收回成本后，就授权给几个竞争对手生产，大家一起创造出更巨大的应用市场，很多的市场应用是出乎意料的。

此外，竞争能有效地降低成本。智能苹果手机一开始卖得那么贵，每台手机赚的都是暴利。小米手机看中了这个机会，它价廉物美，促进了智能手机需求市场的大规模出现。**新技术要突破市场，降低成本非常重要，克莱顿·克里斯坦森在《创新者的窘境》一书中也特别强调这一点，他做出了一个量化的结论：新技术要实现对其他技术的颠覆，至少要降 30% 的成本**。

很多新东西一出来就谋求暴利，卖得太贵，因为暴利的诱惑，其他的逐利者很快会跟进。有时供应商的傲慢也导致自己失去市场优势，给了竞争对手和新创企业巨大的机会。当时通信业“七国八制”，国外通信设备巨头非常傲慢，先打款一年后才能提货，并价格昂贵。华为抓住了这个千载难逢的机遇发展起来，并使得自己这个后来者迅速地超越前者，傲慢最终导致了早期垄断者的衰退。**所以，必须告诫那些现在业务正处于鼎盛时期、市场在握的企业，千万不能傲慢，傲慢就是给竞争对手以可乘之机**。

如何判断市场何时启动？这里面需要很多配套体系，它是一个系统工程。比如新能源汽车行业的启动为什么这么慢？因为它需要的配套体系太多了，这些东西要都跟上，产业才能爆发。手机、计算机的产业都是同样的道理，都是一个系统，缺一不可。西方把这叫作广角镜战略。以新能源汽车为例，如果大家都开着它上下班，那么上班前和下班后都是充电的高峰，这对电网容量和充电桩设备的要求就很高，这就要求储能市场具备较高的技术应用水平，这些技术条件都得到很好的解决后，行业的爆发才具备了必要条件。

2. 影响增长的另一个因素是渠道

企业要研究如何借助社会资源，如何构建迅速抵达客户的方式及调整价值流的粗细。

当年我在美的做文化时，跟他们讨论“一个伟大的企业是不是应该帮助供应商也发展起来”的问题。我问他们：有没有供应商是美的培养起来的，供应商也发财了的？后来大家就明确了一点，不能压供应商的钱，到年底美的的财务说这 80 多亿元压 1 个月，我们就能多得多少钱，结果说这话的人被老板骂了，老板要求财务抓紧给供应商付款。

如何对社会资源、销售渠道很好地加以利用？如果销售渠道太细，不能接触到广泛的社会资源，业务发展就很慢，就很难做起来。现在的市场竞争日趋激烈化和多元化，一般的企业如果对产品没有把握，各方面不占优势，就去市场上招商，机会就不多，一般情况下很难做起来。除非你的产品特别好，投放市场后消费者特别喜欢，经销商铺货以后都能赚到钱。

包政老师所说的营销的本质，**从企业到经销商是大规模分销，从经销商到客户是做深度分销，从企业到客户是社区营销**。TCL 请包政老师做咨询，拟定的战略是速度抗击规模，这个战略思想源自日本企业给包政老师带来的启示，如卡西欧以快速竞争超越了夏普，娃哈哈的鼎盛时期也是用速度抢占市场，全国迅速地大规模铺货，让竞争对手无暇应对。

各种营销模式的目的都是为了使价值流迅速地抵达客户，如果做不到这一点，你的规模就做不大，业务规模受限，就不能顺利发展起来。

渠道的变迁使得渠道力量空前增大：传统零售是技术引领生产变革，生产变革引导消费方式变革，新零售则是以消费方式逆向牵引生产的变革。

在移动互联网时代，整个零售领域危机的来源，是技术力量的崛起和新增客户（人口结构的变化）消费习惯及购买力结构的变化，年轻人不再喜欢光顾百货、传统店铺了。

3. 要素市场对增长的影响

要素资源包括原料、人力资源、资金、关键设备、关键资源、关键部件或元器件等。大产量需要具备大规模原料的可得性。比如为什么中国的茶叶市场做不大？一旦强调产地，就意味着市场做不大。产地就是空间的竞争，好茶叶要符合土壤、温度、气候条件等的特定因素，产出一定是有限度的。杭州当地的茶叶出产其实不多，现在要供应全国客户，产能怎么能够达到要求？小罐茶之类的高档茶品现在也很时兴，但如果产能不断扩大，标准控制不住，影响就不好了。

消费和资源之间就存在这种关系：一个好东西出来了，如果大家都想要，都要享受，资源就不够了。

要素资源对增长的制约，另一个突出的例子是三星、英特尔、台积电三家垄断了 EUV 光刻机（极紫外光刻机，荷兰 ASML 公司一年生产的台数有限），尤其是三星公司，它们控制了关键设备，让中国半导体产业落后一大截。这不像别的技术，你可能还有去偷师和赶超的机会，微电子技术你去看也看不会。

制造业的核心竞争力一定包括：设备和工艺。最有竞争力的就是自己能研发生产关键设备，如果没有自己的设备制造技术，那就没戏了。机器人产业现在是日本控制着，它掌握着关键技术。**虽然计算机时代和移动互联网时代日本都没有跟上，但它赚的钱可不少，因为关键元器件技术被它控制住了**。日本人擅长做精密的小东西，精密的元器件就做得很好，精密工艺是它的核心竞争力。

4. 管理能力、风险/不确定性对增长的影响

管理能力实际就是把要素资源组织起来为客户创造价值，实现组织目标。现在企业的经营场景不同了，组织理论也在进步。过去包政老师常讲组织的核心在于效率，在于聚焦。现在，组织的适应性也很重要。

现在企业文化都在面临挑战，大家都在思考：到底应该统一于价值观，还是统一于使命/愿景。价值观过于整齐划一，又该如何适应多变、多元的客观环境呢？

对相对确定的产业，你可以讲价值观的统一，但一定还同时有一批人，他们的价值观不能统一。怎么理解这个不统一？一是行为可以不

同，但要保持一个底线；二是价值观要服从于使命/愿景，用愿景去牵引新的事业。正如彭老师所言，小人物要做大事业的时候到了，如果还抱着整齐划一的价值观，组织可能死得很快。**像阿里巴巴、腾讯这种企业，保持活力是它们制胜的一个重要因素，活力就是适应性**。

（二）如何突破增长瓶颈

我研究增长是把它放在场景中去观察和分析。我把增长战略总结为：外盯机会，内靠优势，聚焦增长，乘胜追击，人才保障，机制驱动，平台赋能。**机会扫描的对象是市场/客户、竞争、渠道、产品，这些是产生机会的地方**。

1. 机会识别是对行业的大形势做出判断

（1）看产业处于什么样的市场

◆ 新兴市场。市场已经启动，风口形成。

◆ 大势市场。市场增长较快，增长率大于国内生产总值（GDP）。

◆ 成熟市场。增长放缓，市场结构基本形成。第一集团军已形成，如现在的汽车市场，增长率小于 GDP，增长已经放缓。如果你没有颠覆性技术，能够将行业的成本降低 30%，就没什么超越的机会了。

◆ 行业出现负增长。资金流出来，一流人才不流入，行业人才也开始释放出来了。谷歌最大的竞争对手是美国国家航空航天局（NASA），一流人才是它们的一个竞争内容，谷歌的使命是用技术来解决人类最为关切的问题，可谓抱负远大；百度的竞争对手却是美团，大家在外卖业务上比拼，这个竞争的境界与谷歌就不是一个等级的，比前者差了很多。

不同的市场，机会点是不同的。

新兴市场。市场刚刚形成，牵引市场，迅速形成规模优势。企业这时的战略应该是拼命争取做全国第一、世界第一，尽全力铺市场，美的早年就是这样的规模战略。随着确定性的增强，优势资源逐步加码，并能快速形成成本竞争力。

大势市场。群雄逐鹿，市场结构还没有形成。实行数一数二战略，以速度/优势或壁垒掌控市场。此时追求市场占有率，快速做大规模，创造资源、机制上的优势等。

成熟市场。市场结构已经形成，出现第一集团军。此时的策略是产品结构优化，创新市场。比如细分市场（场景），这个时候做得越细越好，争取做透一个市场。

对企业家来说，洞察力最重要。洞察力是企业在复杂环境下制胜的法宝，杰出企业家都富有洞察力。马云厉害的地方就是能在机会刚刚出现的时候看清楚大趋势，这时别人还没看清楚，看到了也不相信，如果大家都看清楚了，这个机会肯定就没有了。

宁德时代（CATL）从做小电池到动力电池，它抓住了与宝马公司合作的机会，致力于规模化。CATL 是怎么得到合作机会的？德国人把中国各地做的小电池都买回来做测试，发现其中有一个 CATL 生产的小电池质量最好。宝马的全球采购就派人去找他们，说你们的小电池做得好，希望也能做大电池，CATL 的老板看到了大好的机会，积极表达了合作的意愿。宝马给了他们一个 800 页的产品手册，东莞新能源就在福建宁德大幅投入，招了 2000 多名工程师来研究工艺和设备，对外宣传自己在和宝马合作，吸引全球的华人科学家纷纷前来合作。宁德时代致力于规模化，迅速做大规模，并且全球布局，追求产能全球第一。其中，2017 年研发投入达到销售收入的 8.7%。

宁德时代就这样发展起来了。2014 年成立，现在已经上市了，目前拥有 8000 名工程师，工艺水平高，生产供给稳定。

这说明什么呢？真正的大企业，在低潮时押宝趋势，至少成功经历了一个逆周期发展。

三星公司在半导体行业也进行过逆周期操作：

◆ 20 世纪 80 年代中期，DRAM 芯片价格不断下探，三星继续投资扩大产能，开发更大容量的 DRAM 芯片。1987 年，行业出现转机，美国对日本发起反倾销，DRAM 芯片价格大涨。

◆ 1996—1999 年，全世界的 DRAM 芯片销量呈现负增长，三星却积极投建了 4 个工程，这个策略后来被证明是非常成功的。

市场趋势明显的时候，大家的战略都是趋同的，企业的首席战略官看的书基本是一样的，但洞察力你是学不来的，这是靠实践和思考得到的。常言说“天道酬勤”，但除了勤奋，深入思考对于成功也同样重要。

（2）从竞争的角度识别市场机会

替补战略：

◆ 产业转移。

◆ 替代欧美、日本、韩国等。

◆ 从低端做起。

跟随战略：

◆ 对标。

◆ 全球前三名。

◆ 向中高端进军。

引领战略：

◆ 无人区。

◆ 创造一个新市场/高附加值。

（3）从产品的角度看机会识别

◆ 低端向中高端攀升。

◆ 中高端防止别人逆袭。

低端产品要不要做：

◆ 只要相对的大市场。

◆ 低端市场要覆盖，防止竞争对手从下面向上攻，有时候会出现逆袭。

◆ 低端产品要用低端产品的做法，低端产品要标准、免维护，甚至自我维护。

华为的成长充分说明了从底线攻上来的可行性。当一个行业存在暴利的现象，其实是非常危险的，别人从底下向上进攻时，你要有防御的手段。海康威视公司是中国公司中最早接触到克莱顿·克里斯坦森所说的“创新者窘境”的理论的，它的中低端产品价格比较便宜。所以，企业在渐入佳境后，一定要考虑降低成本的问题，不要以为高枕无忧，别人赶不上了。

（4）从渠道的角度看机会识别

◆ 新趋势。线上与线下相结合，线上只占 20%。

◆ 渠道的崛起。品质升级，做产业链的组织者，从效率到信息密集。现在的最新统计数据是电商渠道占据了 19%，还没有达到令大家真正恐惧的程度，但现在企业经营的做法已经被这个格局改变了，线上和线下要重新解构。天猫、京东、苏宁都在积极布局线下。我到京东小店特意去观察它如何做线下的覆盖，看它怎么推送订单、怎么送货。京东把线上线下都布局好以后（比如你在线上下单，它可以看到你在哪个小店的区域内），就能把它的资源整合起来解决很多问题。这样一来，仓库的周转率就提高了，降低了成本。京东和沃尔玛谈判时，高管团队 3 个月没谈下来，后来刘强东去谈，他别的不多说，重点就说京东将会怎样为消费者降低成本，加快库存的周转率，减少过去的无效搬运，话说完后，1 个小时合作就谈成了。

2. 企业的优势在哪里（外延式增长、内涵式增长）

企业要做战略规划的时候，大家应该先把自己的优势和劣势梳理一遍，面对的市场类型不同，需要具备的优势资源要素也不同，设计自己的优势矩阵，先做好这个定位。**企业要判断一下自己的哪些产品在市场的哪一块区域占据优势，针对性地制定资源配置的规划。**

◆ 现有哪个市场表现出相对优势？

◆ 现有哪个产品在市场中表现好？

◆ 现有哪些客户与我们关系良好？

◆ 现有产品的竞争力如何？

◆ 现有渠道资源如何？

◆ 现有技术资源如何？

◆ 现有工程能力如何？

◆ 现有资源优势如何？

◆ 现有人才优势如何？

◆ 现有盈利能力如何？

◆ 现有关系资源如何？

中国企业很多在早年是搞营销起家的，美的也是这样。家电行业的技术进步比较慢，适合搞规模营销，美的看准了这一点。技术和工程都需要沉淀，靠时间和人才的积累，靠技术和工程取得优势需要比较长的时间。**移动互联网对市场和资源的颠覆在较短时间内就做到了，而对技术和工程的颠覆则需要更长的时间，现在这个过程已经开始了，等于进入了移动互联网时代变革的下半场**。

3. 聚焦增长，乘胜追击

（1）增长的方向

◆ 产品市场。

◆ 某一类市场或地理市场。

◆ 价值链。

◆ 多元化。

钱德勒的大企业定律：数量→区域→价值链→多元化。

钱德勒总结的工业时代的规律能否适应信息时代？新型企业确实取代了市场的某些功能，它自己来协调从原材料生产经由若干生产过程到销售，再到最终消费者的商品和服务流程，并将其一体化，新型组织对生产、营销过程的协调和对企业一些传统功能的替代，是生产率提高的源泉。我觉得他说的是有道理的，以产品规模覆盖区域，把规模做起来，然后再做价值链和多元化，依照这样的增长矩阵能规避一部分风险，步伐比较稳健，工业时代的大企业都是这样做的。

我们可以思考一下电子行业。大家可以看到，**手机业务已经放缓，它们的增长空间压力还是比较大的**。产业史上技术差的企业打败技术好的企业的先例比比皆是。华夏基石与深圳一家企业合作，这个企业有一些技术非常厉害，但技术太厉害了也不行，技术要与市场实现双轮驱动，技术要服从规模。

（2）深淘滩，低作堰（盈利模式）

实际上，暴利会给整个产业带来机会，一旦竞争对手进来，大力降价，你原先的市场地位就被动摇了。深淘滩的意思是要深入挖潜技术和工艺，打好核心产品的基础；低作堰的意思是扩大规模，降低成本，这样竞争对手就不容易打进来了，这是最安全的经营模式。一味追求暴利会给自己带来麻烦，要适时地降价，手机产业就是这样，竞争对手要冲进来的时候，你要做好战略定位，不失时机地实行全面降价，对手就被你打死了。

（3）战略定位

◆ 产品市场做到数一数二。

◆ 某类市场或区域市场做到数一数二。

全覆盖战略：从中高端往下做。

产品升级战略：从低端向上攻。

细分战略：定位某个场景或细分市场。

4. 人才保障，机制驱动

以责任成果的方式把增长落实到组织层面。内部形成一个“任务市场”，针对每一个“任务”明码标价，内部“招标”，每个团队都可以“揭榜”，优先内部团队，可以不拘一格用团队，适当地可以通过外部招募团队（一流机制、一流人才），训战结合，用战功来评价。这就是事业合伙人的模式。

（1）小组织、自驱动、低成本、高回报

◆ 市场压力直接传递的，就可以简化层级，信息最准确。

◆ 根据信息与数据进行修正和调整。

◆ 机会—项目—公司，谁立项，谁负责，做大就独立。

◆ 多用机制，少用管理，管理是有成本的，干好干坏让市场去评价。

一些移动互联网企业并不是没有考核，而是用机制代替了一部分考核。

（2）用机会牵引人才，优质资源和人才必须向机会倾斜

在这些年的咨询实践中，我发现了一个普遍存在的人才误区，就是优质资源和人才都放在了老业务区域。

一些老板为了确保老业务的利润，把人才和高薪酬都放在老业务区域。可是，如果新机会都用水平差的员工去做，你怎么能把握住机会？所以，**创新业务一定要让公司最优秀的人才去做，要舍得放弃一部分老业务，把人才释放出来**。必要的时候，老板必须突围，尤其是企业转型的时候，老板一定要全力推动。

很多公司把优秀人才配置到解决问题中去，问题解决了只能带来正常经营的恢复，对进一步的发展并无助益。**谨记不要为过去而战，成本一定要面向未来，这是张五常的思想，我很受益。**

以下是几个关于转型创新期有关人才的"秘籍"。

◆ **人才从本质上讲是用出来的、打出来的，是实践出来的。**

◆ 放手干，有人兜底。

◆ 必须有历经危机、失败、逆境或高压下备受折磨的经历。

◆ 人需要压力测试。

◆ 关键要看他在边缘化状态如何突围。

◆ 组织结构有利于人才辈出：事业部出人才，打粮食部分出人才，综合岗位（职责范围要宽）也能锻炼人才。

◆ 谨防老板能力太强又精力旺盛，事无巨细都要管，大树底下不长草。

（3）人才管理的关键在于机制

人才管理的关键在于机制，这是我的观点。人才机制要做到以下几点：

考核与评价分离：

◆ 对于基层员工，以考核为主，鼓励英雄主义。

◆ 对于层级高的员工，更重要的是用价值观来评价。

升官与发财分离：

◆ 升官：可以理解成晋升、中长期等利益。

◆ 发财：短期利益为主，达标就拿钱。

华为人才培养的战略导向是在资源上投放高度聚焦战略，在利益分配上倾向于战略贡献。根据当期产粮多少来确定经济贡献，根据对土壤未来肥沃程度的改造来确定战略贡献，两者要兼顾，没有当期贡献就没有薪酬包，没有战略贡献就不能提拔，这就是以战略为导向的分钱机制。比如聚焦于主航道的市场份额、大客户、格局项目、"山头"项目、未来业务等，通过干部的晋升、配股、专项奖等进行重点激励。

在战略性项目或市场、艰苦的地方、"恶战"等去打拼容易得到提拔，这样员工才愿意到新业务、艰苦地区去拼搏，这样的人才机制才是奋斗者文化的具体体现。

人与事分离：

对人的评价：

◆ 灰度。

◆ 宜粗不宜细。

◆ 聚焦人的长处。

◆ 底线思维。

◆ 从众不从贤，这样能保证对人的评价客观公允。

对事的评价：

◆ 复盘。

◆ 宜细不宜粗。

◆ 聚焦改善，高标准严要求。

◆ 做成思维。

◆ 从贤不从众。什么事情都要大家认识一致，那就没有机会了。

（4）人才战略

◆ 准企业家需要决断力，尤其要训练压力场景中的决断力。靠讲课和案例研究是培养不出人才的，训练和考验一定要结合场景。

◆ 责任承担者需要理解力。

◆ 基层需要执行力。

总的来说，中国企业的人才是自我培养为主。我对训战结合的理解是**用兵不养兵，把人才派到前线去打仗**。华为就是这样做的，把战略预备队派到全球去实地作战。训练时制定真正的作战方案，比如要攻打广东市场，先把这个市场的情况摸清楚，然后大家做方案，讨论碰撞，选出最好的方案并付诸实践。

从独木成林到森林的人才驱动。一个企业要真正壮大，一个必备条件是每个层面都人才济济。**中国企业要学美的、万科，这几个企业在接班人文化上都做得很好**。美的培养了很多年轻的人才，在岗的人找不到理由撂挑子，你干不好，马上有人来接替你，变革所需要的人才梯队充足。大部分企业为什么不容易变革？因为没有人才池，人才匮乏，靠老板自己卷起袖子干的企业都搞不大，道理就这么简单。

5. 平台赋能，面向未来，保持活力

在多变的时代，保持组织的活力与张力非常重要，面对机会要兴奋，内部要形成蓬勃向上的文化。华为很重视组织的熵减，奋斗者文化深入人心；阿里巴巴做熵减的方法跟华为不一样，比如马云经常会每隔几年来一次“粗暴不讲理”，销售规模要倍增，资源要减半。下面的人就要按照这个目标去执行，若要目标达成，除了创新别无出路，这就是阿里巴巴的熵减。

把自己的优势“耗散掉”。把利润投向未来，现金不能分太多，华为的做法是折腾干部，用饿狼换饱狼，在最佳的年龄、在最佳的岗位、用最佳的姿势，做出最佳的贡献（黄金10年）。在成功的时候开始变革，苏宁在这一点上做得很好，成功后第二天就谈危机，积极面对未来，革命者永远年轻。

组织要保持开放的、随时拥抱变革的心态，正如吴春波老师强调的，熵减包括：新知识、新成员、简化管理、主动调整、反懈怠。

现在都在讲赋能，**我认为赋能就是两个内容：一是你要把信息传输给对方；二是要进入实战，赋能就是“信息+实战”**。

最后讲一点，企业要为未来投入。一般来说，这个阶段的企业人才开始超强配置，有的岗位好几个萝卜一个坑。绝大多数企业做不大、转型变革做不好的原因就是输在这个点上。**必须强调：在发展过程中要为未来配置资源，成功的增长战略一定是面向未来的**。

中国传统优秀文化的思想与认知模式，虽然不具备产生工业文明的文化思想基础，却正好契合了后工业文明时期、数字化与智能文明时代所需要的思想理念和文化基础。

二、战略产业分析的八个重点

文/施　炜

前情概要：

为什么要分析产业？产业和市场的区别是什么？

1. 为什么要分析产业

产业分析属于企业战略的范畴。企业的战略理论，总的来说有两个流派：一是以美国企业实践为主的竞争结构流派。它的创始人是迈克尔·波特，他的《竞争战略》《竞争优势》在中国有很大的影响。**美国的战略理论认为，一个企业的竞争优势，包括持续的成长，很大程度上取决于其所在的产业的特征**。产业的竞争结构、产业的盈利水平决定了企业的竞争战略和企业的盈利。这种思想对中国的企业家来说是比较合适的，因为它本质上是机会思想，产业就是机会。

二是日本的战略理论流派，也叫能力理论。日本的很多企业认为，产业并不重要，无所谓好的产业还是坏的产业，一个企业的成功，关键取决于有没有内在资源和能力。

事实上，能力和产业机会，在经济发展的不同时期，企业会在这两者之间做出不同的选择，有的时候偏于前者，有的时候偏于后者。但必须承认，产业属性对于企业战略的影响的确很大。新兴的产业，容易孕育出优秀的成长型企业。产业虽然只是企业的一个外生的变量，却是我们战略思考的时候不能够忽略也无法回避的内容。

多年来，我一直参与一些企业的战略制定，经过长时间的沉淀，对如何分析产业逐渐形成了一些自己的想法。

2. 产业和市场的差异是什么

我想把有关定义做一下界定。我们在分析产业的时候，经常使用两个概念——产业或市场。**所谓市场，从理论上来说，就是需求的集合，包括顾客甚至渠道在内；而产业则是供给的集合**。

比如啤酒市场是啤酒的消费者及啤酒需求的集合；啤酒产业，就是啤酒厂家的集合。关于市场和产业，在一般的文章中界定并不是很严格。西方研究市场营销的书在讲到市场的时候，有时也包括产业。比如科特勒在讲美国的汽车市场时，除了包括美国汽车的消费者，也包括汽车产业。

我们常讲要进入哪一个产业，在做产业分析的时候也会包括市场分析。中国人还很喜欢用“行业”这个词，如哪个行业好，哪个行业坏，炒股票的时候要选择哪个行业的板块，等等。其实，行业和产业的意思也差不多。中国人有时候觉得产业大一点，行业小一点，这只是程度上的区分，对于定义没有什么意义。

产业的边界在不同的坐标系下，它的界定都是相对的。站在国务院的角度，农业是产业，工业是产业；站在工业部门的角度，能源是产业，机械加工也是产业；站在能源的角度，煤炭是一个产业，石油是一个产业。产业的界定都是有特定语境的，在语境前提下我们来定义产业的边界，一般来说不会引起混淆。

（一）产业容量（规模）分析

企业家往往首先分析产业最核心的概念——产业容量，即产业规模。**大产业孕育大企业**，这个道理不必多说。我们看看中国进入千亿级的企业，通信设备及消费电子业、家电产业、房地产业、装备制造业等产业中显然大企业多，如华为、海尔、美的、万科、中科重工等。我认为，中国大产业的顺序是这样的，先从消费到装备、能源原材料，再到电子元器件、核心零部件。

产业容量跟市场的容量是相关的。我们说产业容量是从供给角度来说的，比如全中国制造1000万辆汽车，实际上意味着市场有1000万辆的需求。产业容量和市场容量又是互动的，有的情况下是市场在牵引产业，从而达到均衡；有的时候又是产业在推动市场，产业发展了，产能增加了，有了规模经济，价格就降低了，就引发了需求。供给也会创造需求，这是经济学的基本原理。

对产业容量的分析，我们有的时候需要从动态的角度进行，即分析产业在未来会有怎样的发展状况。我们概括了一下，**对产业容量的动态分析往往有以下三个技术角度：**

第一，时间序列分析。以历史数据为依据，比如汽车产业，它的孕育期通常需要多长时间，成长期一直到成熟期分别要多长时间，整个过程在以往的历史数据中都可以得到体现。过去的数据能够在一定程度上说明现在、预示未来。

第二，影响因素分析。分析有哪些因素会影响到未来的产业容量。

比如要分析汽车产业未来的容量，就要考虑石油的供给情况、道路交通状况、消费者的购买力等，如果分析农村汽车，还要分析农业的产业结构等。把影响汽车需求和产业规模的因素都找出来，并逐一分析，我们大体就能够知道未来产业的容量。

第三，产业的生命周期分析。就是判断现在这个产业处于生命周期的哪个阶段，以及生命周期的形态。产品生命周期有孕育、成长、成熟三个阶段，如果是成长阶段，产业规模就会迅速扩大。比如中国的空调，从2001年到2010年，国内空调行业每年的复合增长率都在20%以上，因为空调大量进入中国的家庭，包括农村家庭。不同的产业，它们的生命周期的图形是不一样的，有的产业起来了就不下滑了，有的产业会迅速下滑再起来，呈现不同的形态。准确把握产业什么时候会到一个峰值，什么时候会下来，这对企业的战略制定至关重要。**对产业生命周期曲线的准确把握总能让你找到产业的机会窗。产业的机会窗打开的时间很短暂，一旦抓住了你就起来了，如果抓不住，你可能要等下一个机会窗了**。

（二）产业的平均利润水平

马克思说："资本主义有一个基本规律——利润的平均化。"哪个行业利润高，资本就流入，流入之后行业利润就下来了。也就是说，通过资本的流动，实现了利润的平均化。平均化只是一个结果，不平均是绝对的，而平均是相对的。从静态来看，总是存在高利润行业和低利润行业。**产业的平均利润是产业吸引力的主要标志**。

通用电气在进行行业选择的时候，往往从两个维度考虑：一是产业吸引力；二是自身的竞争力和市场地位。管理学里有一个矩阵叫"通用矩阵"，在这个矩阵里，产业吸引力有几十个指标，第一个指标就是行业的利润。

为什么有些行业利润高，有些行业利润却很低。从趋向来看，**影响行业平均利润的主要因素有两个：**

第一，是不是属于需求细分度高的行业。有一些行业需求细分度很高，需求的个性化程度也就很高，比如时装、餐饮。而水泥产业就不一样了，水泥有国家标准，你修这样的桥，就得用这样的水泥，所以对水泥需求的差异性很小。**而食品需求就有很大的差异，这就意味着价值创新的空间会扩大。如果行业一直在创新，这个行业的毛利率就不会下降，它走的不是规模经济，走的是范围经济、差异化的道路**。反过来，黄沙、石子、钢筋这些东西很难找到价值创新的空间。

第二，生产能力所形成的条件。任何一个行业生产能力的形成都有一些条件，如土地条件、资本条件、设备条件、人才条件，这些条件也可以说是要素。一些行业要形成产能，需要比较长的时间，对要素的要求也比较高，这样的行业通常利润比较难下降。而有一些行业（比如生猪饲养业），产能形成的周期非常短，这也带来了高波动性，生猪产量总是在过剩和短缺中交错。生猪价格高，养猪门槛又很低，农民们都去养猪，就像蛛网理论对这种现象的解释，这个系统就不收敛了。一段时间之后，生猪过剩了，价格下滑，产能再倒过来收敛，农民们一哄而下。这就是生产能力形成条件和产能周期规律的最好体现。

重点提示：影响行业平均利润的主要因素有两个：第一，需求细分度越高，价值创新空间大的产业利润率相对较高；第二，生产能力需要的条件（要素）越多，形成产能的时间较长。简单地说，成本较高的产业利润率也很难下降。

（三）产业的生命周期

类似于人的生命周期存在不同阶段，产业成长也有孕育、导入、成长、成熟、衰退五个成长阶段，不同的阶段有不同的标志。比如**渗透率，它是衡量产业成熟度的标志之一**；1000 个人只有 10 个人使用汽车，渗透率就是 1%。**渗透率越高，说明这个产业越成熟；渗透率越低，说明这个市场的空间越大**。要分析未来手机地图产业有没有成长性，就要计算现在多少部手机中已经装上了导航地图软件。假如中国有 7 亿部手机，其中智能手机占了 1 亿部，而在这些智能手机里，只有 1000 万人装了手机地图，这就说明目前手机市场的渗透率还很低，未来发展的空间就无比大了。证券市场往往用这种方法来计算未来的成长空间。

衡量产业生命阶段还有一个标志，就是产业集中度。产业越成熟，集中度越高。

产业的被替代性。有一些产业是扩张性地替代别的产业，而有一些产业则是被别的产业所替代。如果能被别的产业所替代，很显然，这个产业就衰落了。比如有了智能手机之后，人们对电脑的依赖程度降低了。

（四）产业的竞争格局

产业的容量、产业的利润水平、产业的生命周期，这些都是总体性的概念。下面，我们再看一个结构性的概念——产业的竞争格局。

所谓的竞争格局，就是产业中有哪些企业在参与竞争，它们可以形成怎样的分类。谈到产业竞争格局，一个比较通用的被人熟知的分析模型就是迈克尔·波特的“五种力量竞争结构”。

小资料：迈克尔·波特的“五种力量竞争结构”

迈克尔·波特把一个产业的结构分解为四种力量：一是同业竞争，也就是同行内部竞争。比如笔记本电脑行业的联想和惠普的竞争。二是产业链条的上游也存在着竞争关系。比如联想和英特尔之间，在有合作关系的同时也有竞争关系。三是与下游分销、使用环节存在合作中的竞争关系。四是新进入者与要进入这个行业的其他行业的资本之间的竞争。这样就构成了广义的竞争结构。

如果从同业竞争来看，**人们经常还可以从市场地位角度对竞争结构进行分析**，把行业竞争者分为领导者、挑战者、追随者、补缺者四种角色。这个分类非常重要，你的身份、你的角色决定着你的战略。

可以按战略群组分类。**战略群组的逻辑是“物以类聚，人以群分”，就是把战略相似、相同的归为一个群组**。比如宝马车和奔驰车是一个群组，捷达王和普通桑塔纳是一个群组，长安面的和松花江面的是一个群组。分类能够解决什么问题？解决谁是我的直接对手、谁是我的间接对手的问题。

我常用的分类方法是按照竞争者的战略特征分类，也算是自己的发明。有两个维度：一是规模；二是速度。从这两个战略特征来看竞争者，可以形象地把竞争者分为四种：

- 大象，规模大、速度慢。
- 猫，速度慢、规模小。
- 豹子或者狼，速度快、规模小。
- 老虎或者狮子，速度和力量比较均衡，既有速度也有力量。

把这些战略特征分析清楚之后，也可以找到相应的竞争战略。像猫不能和老虎与狼正面冲突，只能是边缘化地生存，找一个别的竞争者不关注的地方做猫。老虎怎么去打大象？可以速度冲击规模。狼怎么打老虎？可以集中优势兵力，进行不对称竞争……在动物冲突里面，可以看到行业的多种竞争途径和方式。

（五）竞争态势和竞争规则

竞争态势指的是行业内部目前的竞争呈现什么样的特点，而竞争态势的背后则是行业的竞争规则。我们经常说某个行业有着怎样的竞争规则，这种所谓的竞争规则并不是指行业的法律，也不是非要全行业的人写一个什么契约，而是行业里大家都约定俗成的做法。谁不这么做，谁就不能分享行业的好处，谁就要被行业甩出去。

规则里面包括竞争的资格。产业对任何竞争者都提出了资格要求，必须符合什么样的资本条件、技术条件、人才条件、文化条件等。竞争规则中包含行业竞争的焦点，**即行业内到底在围绕着什么进行竞争，在不同的时期焦点是不同的。比如在行业成长的中后期，一定会加剧整合，而加剧整合一定会打价格战，价格是成败的决定性因素，所以这时你非要搞价值竞争，那是愚蠢的。**

行业竞争规则里面还有价值生成方式、价值链和商业模式的一些规定，它们也是任何一个企业创新时不能忽略的东西，因为这是行业的本质。比如饲料企业通常需打通产业链，有色金属冶炼企业往往要有矿山，这是行业价值链的规则。它还包括一些行业的商业模式，比如互联网基本上是免费经济，必须先靠吸引人气，把流量做起来，然后再考虑是做广告还是收钱。竞争规则也不是固定不变的，到一定时候是可以打破的，比如行业中出现了新的价值、新的资格、新的商业模式的时候。

（六）竞争强度

还有一种战略的概念叫竞争强度，强度可以用竞争所投入的资源来测度，也包括采取什么样的竞争方式。家电行业目前是肉搏战，竞争到了最激烈的时候，几个巨头，在农村、乡镇里展开了每个终端的争夺、每个岗位的争夺，已经到了这种程度！家电行业很痛苦，没有办法，谁让它们正好到了产业生命周期的这个阶段呢？产业生命周期发展到短兵相接的时候，企业必须派出特别有战斗力的骄兵悍将，而且企业文化必须是孔武有力的文化，一切怯弱都无济于事。

竞争强度和产业竞争结构之间是有关系的，往往产业高度分散的时候，竞争强度不大。什么时候强度最大？就是产业整合的时候，是产业中若干寡头决战的时候。

（七）产业位置

分析产业的时候，还要分析产业的位置，整个产业是一个大的链条，你的位置属于下游、中游还是上游？

施振荣曾经画过一个微笑曲线，他认为在电子产业里面，要么在上游，核心零部件和软件有技术含量，要么在下游，做品牌、营销、服务，最差的就是中间做组装的，位置决定话语权。中国人辛辛苦苦做钢铁行业，钱都被澳大利亚的矿山企业挣去了。

不同的产业链条，各环节附加值的分布是不一样的。企业进行战略选择时需注意产业的附加值分布特色，并据此进行位置的腾挪。在过去的30年时间内，电子行业的基本游戏规则是水平分工，英特尔做的是芯片，下一个层次就做主机板，再下一个层次做组装，最后一个层次做销售。现在这个规则正在改变，电子行业的水平分工有可能要转变为一定程度的纵向一体化。这个垂直一体化的苗头刚刚出现，主要是因为三星这样的行业领导者将上下游连接起来了。

（八）产业稳定性和产业变革

通常情况下，产业集中度越高则越稳定，但是也不尽然。有的时候，产业集中度很高，但产业也不稳定了，这说明产业稳定性是可以作为一个独立的变量存在的。

什么情况下产业会不稳定呢？有三种情况：第一，行业领导者更替。集中度高，就意味着领导者份额高；行业领导者出了问题，产业就发生了更替，产业就会出现不稳定。第二，消费革命。消费革命往往与代际有关，新一代消费者出现了，这一代消费者对以往的产品形态没什么兴趣。第三，技术革命。彩电行业出现了液晶的LCD、LED的技术革命，照相机行业出现了数码革命，行业的竞争格局随之发生了重大变化。

产业的变革，一方面，产业生产函数的变化，也就是整个产业的要素及要素的组合方式发生了变化，这是熊彼特的定义。**从关键要素看，原来靠的是劳动，现在靠的是知识。关键要素一变化，产业肯定要变革**。从产业的价值形态看，如过去养猪、养鸡的产业，主要的价值都是卖便宜的猪肉和鸡肉。老百姓的需求变了，要吃安全、健康、口感好的猪肉、鸡肉，未来养土猪、养土鸡的大企业马上就出现。另一方面，价值创造方式发生变化，产业系统的输入输出的内部机制发生变化，产业参与者发生变化，这些都属于产业的变革。

三、聚焦战略实践的三大问题

文/夏惊鸣

（一）如何进行战略分析

战略分析的目的不是为了定义优势与劣势，而是为了定义增长的机会。

传统的战略分析有SWOT分析法、竞争分析法等，但是并没有一个明确的指向，这些分析最终要指向定义增长机会，不然，就如我们经常见到的一些头头是道的战略分析，看似洋洋洒洒，却不是以定义增长机会为目的，最终大家都做成了“管理练习作业”。

战略的第一步就是要定义增长机会，所有成功的企业都是抓到了增长机会，也可以说是抓住了风口。联想的成功是抓住了IT业在中国发展的风口，海尔、美的、格力是抓住了中国家电消费的风口，华为是抓住了通信建设的风口。**因此，战略分析就是定义机会，就是定义风口。**

机会和机会主义是两个概念。当然，我们要避免把寻找机会变成机会主义。它的本质在于，做了“风口猪”之后，要迅速将市场突破变成市场优势，然后变成能力优势，锻造品牌、技术、系统能力，让“风口猪”变成“风口鹰”。完成了这样的突破，未来即使看似没有“风”了，企业仍然能够展翅翱翔，自己制造风口，有了真正的产业经营能力。

1. 定义增长：发现增长机会是关键

只要能够对增长机会进行清晰的定义，战略就成功了三分之一。

那么，如何发现增长机会呢？增长机会的来源一般有以下三个方面：

（1）未来的核心趋势

虽然互联网金融模式还在探索完善中，也付出了很多学费（出现一些骗局），但在互联网时代，金融业将是变革最大的产业之一。未来最大的互联网公司很可能是金融公司，未来最大的金融公司很可能是互联网公司。因此，不管互联网金融今天出现了什么情况，我相信互联网金融是一个核心趋势。

（2）行业规则

在互联网时代，商业模式的创新很多都是从行业痛点出发而创新的。比如针对二手车交易的不透明出现了273公司，针对服装业的库存出现了唯品会，等等。

（3）自身的资源和能力

这里的资源和能力不是讲优势劣势，不是讲资源能力对战略的支撑，而是讲能否利用已有的资源和能力进行商业模式的创新。

根据自己能力和资源的商业模式创新应该怎样思考呢？**一个企业，无非是产品和客户两个基本维度，企业所有的经营要素都围绕着这两条线**。我们可以沿着这两条线去逐个分析有哪些机会，说不定会有商业模式的创新。

产品轴线：

- 产品。相同的产品是否有其他领域拓展。
- 产品组合。产品是否有互补品，或进行模组化延伸。
- 产品价值链。在设计、采购、生产、物流、渠道、促销、品牌等环节是否可以独立形成新的商业模式。
- 产业系统。是否可以形成"产业链或产业生态圈"的商业模式。

客户轴线：

- 客户。针对相同的客户是否可以提供其他的产品和服务。
- 客户组合。是否可以形成价值客户和利润客户的组合进行商业模式创新。
- 客户价值链。在客户决策、购买、使用、维修、报废等环节是否可以独立形成新的商业模式。
- 客户系统。是否有为客户提供整体解决方案的商业模式创新机会。

2. 定义客户与客户价值：想清楚围绕客户的一切问题

许多战略不能成功，核心是客户和产品的价值主张没有正确定义。

怎么定义客户和客户价值呢？我还是举一个例子。很多年前的一个互联网物流公司，做了三年始终没有成功。创始人之一过来和我讨论，我的一本书中对这段讨论有记录，摘录如下：

交通运输业是一个上万亿元的产业，公路运输除了汽车折旧、燃料、过路费、维修保养等费用，还有一种隐性成本就是等待与空载。如果能够利用互联网，将货车司机和货源无缝对接，就会大大减少等待与空载。这是一个看起来很美的业务模式，但是甲公司投资了 5000 万元，做了三年，营业收入才 50 万元。这是为什么呢？

“你的客户是谁?”我问。

“货车司机。”那个创始人不假思索地回答。

“你给客户的价值是什么?”我问。

“货源信息。”他答。

“你的货源信息从哪里来?”我问。

“物流公司，”说到这里，他恍然大悟地说，“我的客户应该是物流公司。”

我继续发问：“你给物流公司什么价值，然后它愿意给你提供货源信息?”

他回答不出来。

我继续问：“你们的信息系统对物流公司有很大的价值吗?”

“不是很必要。”他说。

我很愕然，看来这个业务注定是要失败了。

我继续说：“其实，你还有一个客户，那就是政府，这需要将资金和你的信息系统结合起来。你可以作为一个智能物流园区的构建者，将信息系统开放，免费使用。随着城市的不断扩展，原来在郊区的物流园区慢慢成了市区，政府有需求置换土地，另一个可以冠之以智能物流园区的概念，可以满足政府的政绩要求。当然，还有一种就是物流门户免费，积累流量，再做强支付。”

这就是现在所谓的互联网模式。

这个案例可以说明，**很多商业模式之所以看起来很美好，但是很久无法突破和盈利，就在于没有想清楚围绕客户的一系列问题**。

强调一下，再定义价格也是围绕客户与价值思考的关键问题，即收入和成本的问题。

3. 定义渠道和定义能力

（1）渠道在一个企业的市场突破中具有重中之重的作用。很多价值明显的创新企业迟迟不能突破，一个重要原因就是“渠道”（互联网也是一种渠道）问题：推广渠道、分销渠道。很多时候，不是你的产品不够好，是因为客户不知道你的产品有多好；不是不知道你讲你的产品有多好，而是不相信你的产品有多好。分销的本质除了可以拿到你的产品外，还可以做到两点：一是如何让客户知道你的产品有多好；二是如何让客户相信你的产品有多好。分销渠道也是说服客户购买你的产品，这尤其是新企业的一个战略问题。

（2）**定义能力不是为了定义所谓的核心能力，而是定义实现客户为什么选择你**而不是竞争对手的独特价值主张的能力，有可能是短期的。唯一的目的，就是实现客户交易的产品价值主张，即我们应该做哪些事情，才能实现我们的产品价值主张，才能实现客户交易。而核心能力，是在企业成长过程中慢慢积累出来的。

总结：**“定义增长、定义客户、定义价值、定义价格、定义渠道、定义能力”，这是战略分析时的思考逻辑**。

● 回答增长机会是什么。

● 进一步思考清楚客户定位、需求（痛点）、决策方式，痛点决定了产品的价值主张，决策方式决定了渠道策略，这是回答为客户创造什么样的价值和如何让客户知道、信任和拿到我们的价值，渠道不一定是持续成功的关键，但一定是战略突破的核心关键。

● 一定要对成本结构、收入来源、价格/价值，即“钱”如何回来心中有数，这是回答如何赢得利润和现金流（即使是不靠近期的盈利，也要“忽悠”投资资金的未来盈利逻辑）。

● 基于和竞争对手相比的独特性价值主张和壁垒，明确应该突出的能力和业务活动，如组织模式、供应链、设计等，这是回答如何为客户创造价值及客户为什么选择我们而不是竞争对手。

（二）如何进行战略选择

回答增长的问题，选择业务组合。

1. 从机会状态进入战略状态

（1）战略状态与机会状态的不同

我们经常讲，企业有机会状态和战略状态，**机会状态与战略状态最本质的区别在于“选择”**。

以机会状态和战略状态的比较来看一下做战略选择时都在选择什么。

- 机会主义是只要赚钱，基本上不做选择；战略状态往往会根据产业理想进行选择。
- 机会状态时，不会谋求占据产业中的地位；战略状态时，是为了达到产业的某种地位，也就是有产业理想。
- 机会状态时，往往只要赚钱就行，不做机会选择；战略状态时，会围绕着产业理想做机会选择。
- 机会状态时，往往是一个侠客的胜利，只要有老板或者几个资源整合能力强的侠客，企业就赚钱了；战略状态时，是军队的胜利，它需要市场、渠道、研发、生产、供应、物流、质管等协同作战。

企业对待机会必须做出选择，明确产业战略意图，并围绕产业战略意图配置资源，集中力量而不是积聚力量，快速突破，并通过业绩支撑市场优势，进而形成组织优势，建立产业竞争力。

（2）战略选择的4个必须考虑的外部要素

战略选择不是一道数学题，绝不是一个模型能解决的，往往需要靠企业家对产业、市场的商业敏锐性和洞察力。洞察力也往往是一种常识性的、本质性的思考。

那么，我们可以概括出最本质的因素，通过掌握这些本质因素的情况，来对机会进行艺术性决策，这绝不是通过模型，用赋权评分的方法进行选择。以下四个因素非常关键：

选择产业空间，只有大市场才能孕育大企业。如果是想做精做小就另当别论。首先我们要判断，要进入的行业是否深海肥田，否则，你再怎么努力，也不可能成为大企业。

必须选择“成长”。没有成长性的机会，或者无法通过商业模式创新，创造新的成长空间，我们的竞争面临的就是惨烈的红海，而不是任你腾挪的蓝海。这是回答能否“做活”的问题。

必须考虑“壁垒”。进入后，要构建壁垒，赢得竞争，抵御竞争；选择进入，对于具有强大壁垒的行业需要谨慎。这是回答能否“做强”的问题。

形成持续成长。形成核心、成长、未来业务组合，企业的资源需要提供有效支撑，那么投资回收期是一个资源与机会平衡的考虑因素。这是回答能否“做长”的问题。

战略就是应对不确定性，战略也有无限想象的创新空间。战略永远有“其他因素”需要考虑，诸如能否改变规则、创造新模式，或产生业务协同、形成新优势或系统优势。

2. 战略选择的核心：回答增长的问题

（1）选择的是“增长”：规模增长和价值增长

战略是一种选择，核心是要回答“增长在哪里”。战略首要的是寻找增长空间！

首先是规模增长——产业空间，其次是选择价值增长。企业不仅仅需要规模增长，更需要利润增长。那么产业选择，产业价值链的定位选择，不仅仅是要考虑规模增长空间，也要考虑利润空间。

（2）基于未来进行选择

战略是一种选择，是要基于未来进行选择，基于未来产业环境的关键变化给我们带来哪些增长机会，而不是基于眼前，否则，那就不叫战略选择，而是战术选择。

案例：IT 行业的驱动因素是“技术变迁”

IT 的鼻祖是 IBM 公司，最早经营的是以机械为主的打孔机，可以用于公共部门的统计工作，在打孔机领域，IBM 公司是领头羊。但 IBM 公司差点失去了电子管革命，随着真正意义上的第一台电子计算机 ENIAC“出生”在美国马里兰州阿贝丁陆军试炮场，EDSAC、ENIAC 和 UNIVAC 等产品的相继问世，尤其是 1951 年，雷明顿·兰德公司首次在世界上出售商业电脑，凭借先进的 UNIVAC 电脑让 IBM 面临着丧失传统制表机业务的危机，IBM 的小沃森下赌注式地开发更全面、更先进的电子管计算机，奋起超越，一举扭转局势。同时，小沃森尝到了紧跟技术革命的甜头，在晶体管技术革命出现时，他果断地与过去电子管计算机产品决裂，全面向晶体管计算机转型，成就了计算机行业的蓝色巨人。

这个时期的计算机是以大型机为主。但当芯片业和集成电路的进一步发展，电脑的微型化出现了可能，苹果公司异军突起，微型电脑数以百万计地销售，眼看 IBM 丧失了微型电脑时代，IBM 为打破苹果公司“垄断性”的优势，放弃电脑行业软硬件都自己设计生产的封闭系统，采取开放式平台策略，比如 CPU 芯片由英特尔提供，操作系统由微软提供等。在 1981 年，IBM 个人电脑一问世，便迅速攻城略地，随着乔布斯出走，苹果一落千丈，另一个 IT 业的明星——当时在小型商用机和打字机等办公自动化设备发展迅猛的王安电脑公司，由于故步自封，没有跟上个人电脑的时代浪潮也宣布破产。

IBM 个人电脑开放式平台的策略虽然击败了异军突起的苹果电脑，但也出现了一个新事物——兼容机，催生了一大批电脑制造商如惠普、康柏、戴尔、索尼、富士通、三星、华硕、联想等。在 IBM 个人电脑市场份额不断下降的情况下，IBM 逆潮流而动，又回到封闭系统，让 IBM 彻底丧失了个人电脑的主导地位。在 1991 年至 1993 年连续三年产生从未有过的亏损，并且是巨额亏损，三年 150 亿美元，处于破产的边缘。而郭士纳敏锐洞察到“电子商务”时代的到来对商业模式的重构——整体解决方案的提供商，让 IBM 起死回生。

而网络时代的到来，除了老牌英特尔、微软、IBM 等公司外，出现了百花齐放的局面，如高通、思科、SUN、SAP、甲骨文、Google、百度、腾讯、脸谱公司……

未来还有什么变化，未来还会出现什么样的公司呢？

3. 战略选择的基础：业务选择

（1）业务的种类：老母鸡、小母鸡、公鸡、小鸡

我们可以把业务分成以下几类：

- **老母鸡**：已经比较成熟的主业，具有一定规模和盈利能力，就像下蛋的老母鸡。这也就是前面所说的主业——打粮食的根据地。
- **小母鸡**：业务开始启动，有盈利能力，但是规模较小。但如果买的是宠物鸡就是长不大，或者饲养不当，中途夭折，就成问题了。
- **公鸡**：业务已经运作，规模可能大，也可能小，问题是不盈利，就是不下蛋，当然公鸡也可能还是有价值的，比如打打鸣，为公司带来规模的声誉或者融资的便利，但是喂养的成本大于价值的话，就有可能变成投资的黑洞了。

- **小鸡**：看起来未来很美好，你可以描绘它的未来是一只非常勤奋下蛋的老母鸡，问题是这是未来，但也有可能他是一只公鸡，吃的是饲料，但就是不下蛋，可以打打鸣而已。这是一些盈利模式还不是很清晰的梦想业务。

企业进行业务选择实质上是要形成可持续发展的业务组合，**上面提到的老母鸡、小母鸡和小鸡是一种业务组合的表达，对应的是我们通常讲的现金业务、成长业务和未来业务**。

（2）业务组合时要注意两个关键问题

业务选择完成后，实质是形成了业务组合，但业务组合有两个经常忽视的问题：

①主业一定要有规模性盈利能力

如果没有形成有规模性盈利能力的业务，就等于没有主业，没有主业就像没有根据地，企业是“流寇主义”。在此时，如果受机会的诱惑，没有集中力量形成一个主业——有规模的盈利能力，就大肆扩张，等于还没有迈开第一步，就要迈第二步了。这个时候，企业发展的问题首要是培育主业的问题。

如果一个企业分析自己的业务，要么规模很小，要么盈利能力比较差，那么这个时候多元化发展的主要任务应该是选择主业，集中力量，将问题和瘦狗型业务（小母鸡、公鸡）转化为金牛或明星业务，形成自己的核心业务老母鸡。如果不能尽快形成老母鸡，根本就谈不上成功的多元化。

②不要把未来业务当成长性业务

这是一个较容易发生问题的领域。成长性业务是指盈利模式很明确，“利润怎么回来”看得很清楚，并处于成长阶段，容易做活、做大，只要倾注资源，开拓进取，经营规模和盈利会不断扩展，企业针对这类业务，应该有决心，用全力；而未来业务是听起来很有前途，好像是代表了未来的方向，但是盈利模式还不明确，怎么盈利还看不清楚，或者目前根本不具备盈利条件（客户接受慢、市场规模小、生产成本高、使用的条件需要系统配套等）。

生物能源行业看起来很美好，代表着未来，如果把它当成成长业务，投入几个亿、数十亿，除非是国家搞基础研究，或是像IBM这样的企业发展到一定程度后有能力和动力去做基础研究，如果我们不是IBM这样的企业，砸进去之后，会出现什么景象呢？资金配置到了梦里，却没有路径回来，企业很可能就处于现金流危机。

所以，**全力以赴的一定是需求和盈利是看得见的，尽管不是什么都清晰，我们不能把梦当未来**。

（三）如何形成战略行动

1. 穿透性思考：想透特定业务成功的逻辑

要做到穿透性思考，就要抓住三个方面：回答问题、成功逻辑、关键事实。

（1）回答问题

我们思考任何问题，都是要去实现一定的目的。比如我们思考企业战略就是要回答三大问题——增长点在哪里（战略方向）、如何实现增长（战略逻辑）、如何将增长的责任分解下去（战略行动）。

资料：战略核心回答三个问题

1. 增长点在哪里

增长点在哪里其实就是业务选择，业务的组合战略。很多企业困难就在于增长领域没有得到明确的回答，如果增长点得到明确回答，战略也就想清楚了一半。这里的增长点是指深入实际、深刻洞察、真正想透的增长点，真实的增长点，而不是似是而非，一些概念、一些方向的伪增长点。

2. 如何实现增长

如何实现增长，这实际上是我们经常讲的商业模式问题。如果要实现增长，就一定要想清楚：客户到底是谁？谁最愿意和最容易发生购买？客户到底有什么痛点和需求？提供什么样的价值？客户为什么选择我们而不是竞争对手？我们的定位（价值主张）是什么？核心竞争力是什么？赢得发展和竞争的关键策略是什么？关键的举措是什么？等等。别一想到商业模式就觉得很复杂，本质上就是回答这些问题。

有很多企业经常会讲：我们的战略很清楚，是下面执行力不行。我认为，说这句话，往往是因为所谓清晰的战略只是一个方向、一些概念或所谓的模式，似是而非，战略没有真正想透。客户是谁？客户到底有什么痛点？客户是如何做决策的？竞争格局到底是什么样的？有哪些竞品？这些竞品到底有何优势劣势？……很多深入实际的细节都没有搞清楚。

战略既是方向，也是细节，往往我们要在细节和实际中，才能看清真正的方向。因此大家就要多思考一下，是不是战略没有想透，没想透就不容易达成战略共识，没有战略共识就不容易形成战略行动力。

当然，这个想透并不是面面俱到，而是真正抓到了增长的本质和客户购买的本质。

3. 如何将增长的责任分解下去

如何将增长的责任分解下去，就是战略解码、战略管理或目标管理。张三、李四、王麻子分别攻什么山头，公司才能实现总的山头，这要清晰。当然，下面的四梁八柱，真正的目标是什么，有些时候也不清晰，原因往往是前面如何实现增长没有真正想透。

（2）成功逻辑

战略上需要回答的那些问题，本身就是我们思考如何实现增长的成功逻辑。我们总结出来的业务定位和商业逻辑，就是实现增长的成功逻辑。

吉家集团的发展就是洞悉了如何实现增长的成功逻辑：国内狗粮渠道主要在线上—电商企业的玩法竞价排名—必须爆款，才能成本低、价格低，流量才高—产品创新，改小包装，降低尝试成本；产品创新，将分品类狗粮变成通用狗粮—同时要舍得投入费用进行推广—剩下的还得注意如何提高点击率和转化率—网上店铺设计等。

(3) 关键事实

第一，我们要定义什么是事实。比如有人讲，客户不满意我们的服务，这是不是事实？这是观点。不满意我们什么服务？——这才是事实。

比如健身行业，消费者最不满意的是健身教练推销健身卡，健身教练最不满意的是公司要他们去推销健身卡。如果我们不把事实研究到这种程度，就没有办法做出判断。

第二，要对事实进行本质（规律）归纳，又要回到观点。吉家集团的目标客户群是什么样的呢？事实是一二线城市白领、家庭主妇和老年人。基于这些事实，你怎么做判断？如果判断不出，那么我们就要进一步对事实背后的本质（规律）进行归纳。我们要进一步追问：为什么是这几类人？这几类人的共同特性是什么？共同特点在于他们是养狗新手，对品牌的追求度不大。

第三，追问事实细节很重要。我们要能够做出清晰的判断，需要不断地追问，直到找出具象的事实依据。这样一来，用户就更具象了。所以，**战略有时候就是细节，太多人谈战略都过于抽象，抽象使得做判断的基础似是而非，那么结论自然也似是而非**。

2. 打造战略行动力的基础：找到真问题达成共识

某企业战略转型的系统分析示例，如图 2－1 所示。

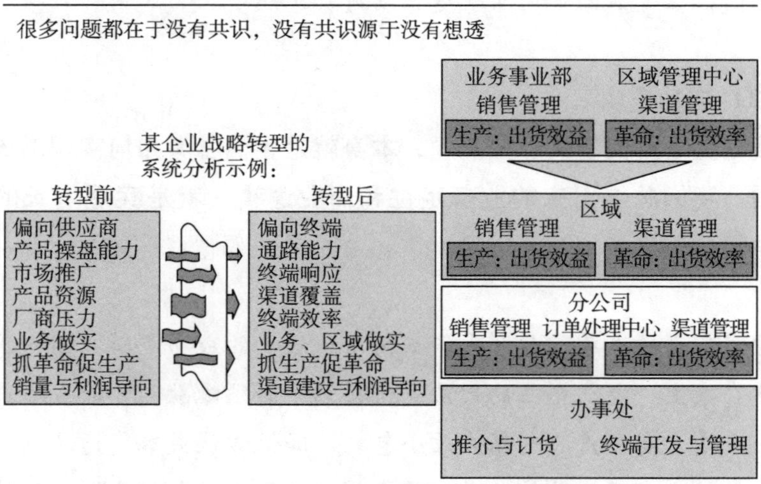

图 2－1　某企业战略转型的系统分析示例

（1）找到真问题

我们看到的问题往往不一定是真正的问题。比如有人说我们职责不清，这是不是真正的问题？如果这么说，你根本无法判断问题出在哪里，因为职责不清有可能是部门职责规划确实出了问题，但也有可能是领导方式造成的——有的领导喜欢不分权责、随意指派，导致下属责权混乱。当然，这是一个简单的问题，当企业出现难以解决的、纠结的问题时，往往更复杂，想透真问题和系统性原因才能解决共识问题。我用一个案例来说明。

案例：效益下滑是员工激励出了问题吗

有一家芯片公司，三年前正处于亏损状态，公司员工不断流失。因此，企业认为是激励出了问题，逻辑是：激励出了问题—人员流失—产品不成功—效益下滑。所以，企业希望通过我们帮助其构建事业合伙人机制。

但是，当我了解了这个企业的情况之后发现，所谓的激励机制不过是个伪命题。因为企业家很有格局，舍得分钱，而且期权、限制性股票等措施都在做，问题的关键是没有实现增长，股价也是直线下跌。这样一来，期权、限制性股票都成了镜花水月。你们是不是认为事业合伙人是一个你不知道的神奇模式，一搞之后大家就斗志昂扬？

事业合伙人不是不搞，关键问题是要把为什么没有增长的问题想透，然后达成共识，这样才能解决问题。所以，后面我们达成共识，先做顶层设计，把为什么没有实现持续增长的问题想明白，然后再做事业合伙人和绩效管理机制。先告诉大家结果，当年实现了盈亏平衡，第二年实现了大幅度盈利，“想透增长、达成共识”是直接原因。当然，有一个基础是行业处于不错的状况，而且企业家和团队还是很不错的。

（2）“战略行动力不足”现象的背后

还是上面这家芯片公司的案例，我们怎么帮他们找到背后的真问题？

①产品失效（或者说是战略行动力不足）的背后是组织失效。增长体现在产品失效上，比如企业经常出现交付延迟，甚至发生版本问题

等低级错误，我们首先可以定义为组织失效，没有人对产品负责。但是，看组织结构是非常专业的，矩阵的组织模式，产品经理制、项目经理制都很健全。那么，问题出在哪里呢？

②组织失效是由战略失效引起的。什么是战略失效？芯片往往需要几千万元到上亿元的投资，一个企业的资源是有限的，因而一年芯片产品投资的数量也是有限制的。从这个角度看，这个企业最多可以做十个芯片，但实际上他们可能做了几十个，实行的是“芯海战术”。可以想象，当资源匹配不上时，“芯海战术”只会导致组织失效，从而不了了之。

③战略失效其实是文化失效，文化失效是最底层原因。为什么会用“芯海战术”？难道是公司不会产品战略管理工具？事实上，该公司产品规划做得非常专业，问题出在大家不是“**以客户为中心**”，没有把下列问题“**深入实际**”研究透：客户是谁？客户的需求和痛点是什么？客户的用户是谁？用户的需求和痛点是什么？用户的技术和应用发展趋势是什么？有哪些竞争对手？竞争对手有哪些竞品？优势、劣势是什么？未来的想法是什么？……做产品规划时，心中可能没底，那就多做几个芯片，总有一个芯片做对，于是就产生了“芯海战术”。那么，为什么大家不“以客户为中心，深入实际”呢？原来公司从老板开始，都过于和善，没有较真、必达目标的习惯。其实知道有问题，但是太过和善，不去较真，许多事情就不了了之，如图2-2所示。

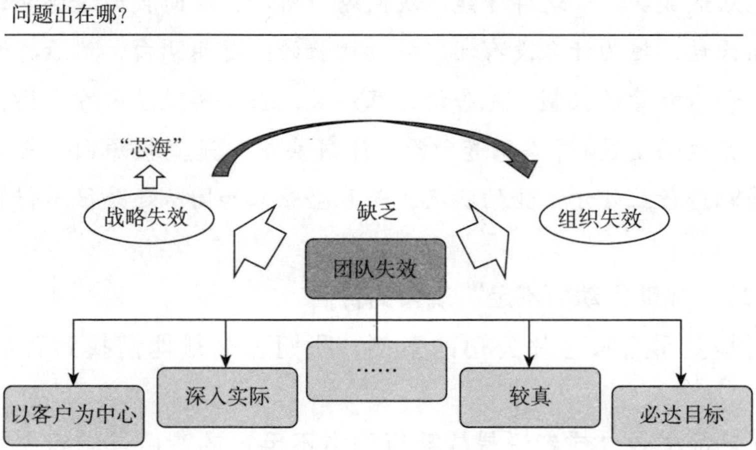

图2-2 文化失效

(3) 战略执行力不强、协同性不够往往缘于系统性原因，而不是某一个原因

企业经常出现协同问题，我们经常听到“内部协调比外部协调还难”，企业认为：员工协同意识不强，协同文化不行。果真是这样吗？

根据我们在企业里的调查和分析：执行力、协同问题的背后往往是系统性因素。比如协同性差有可能是战略上的原因。战略没想透，没有达成共识，各行其是，相互冲突；也有可能出在组织协同方面，如组织模式不合适造成责任割裂，或者组织内缺乏应有的协同部门或没有有效运作，如委员会、产品经理制、项目制、铁三角组织等；也有可能是机制协同方面的问题，如“铁路警察各管一段”，比如销售人员对收入负责，什么合同都接，客户提出个性化需求，即使有通用件可以解决，但销售人员没有动力去沟通，研发就抱怨影响交付期和成本。

最后才是行动协同（文化协同）——大家以下游为客户，协同于为客户创造价值，协同于争夺市场，如图 2 – 3 所示。

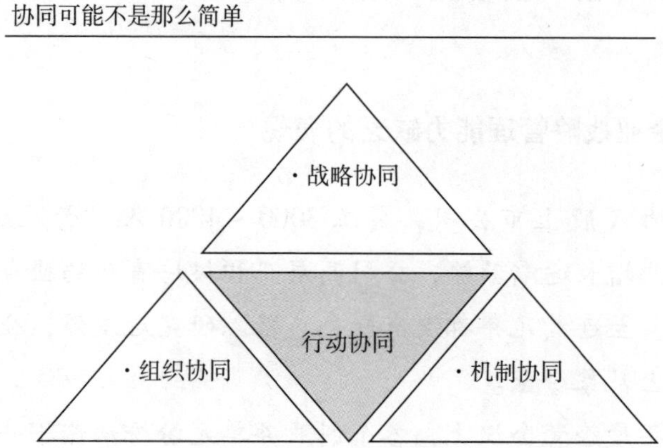

图 2 – 3　行动协同

小结：战略行动力是结果，而在结果之前是共识，共识的后面是“想透”。想透则要求找到真问题，系统性地解决真问题，而不是头痛医头、脚痛医脚，修修补补、小打小闹，如图 2 – 4 所示。

- 没有共识就没有真正的行动力
- 共识的前提是“想透”
- “想透”的关键在于“系统”和“本质”
  - –我们看到的问题往往不是真正的问题
  - –纠结的问题往往没有理解本质
  - –纠结的问题往往是系统的
- 务虚就是务实
  - –思考/参与/讨论—想透（系统/本质）—共识—团队建设—战略行动

图 2 –4　如何形成战略行动

四、卓越企业应具备战略管理能力

文/黄元联

许多企业并不缺乏正确的战略，甚至同行业的几个头部企业都在相同的赛道和方向上竞争。随着时间的推移，只有少数企业获得成功，大多数企业停滞不前。造成这种结果的原因有很多，关键在于战略管理能力的差别。

（一）企业战略管理能力缺乏的表现

N 公司为 A 股上市公司，员工 3000 ~ 4000 人，营收近 200 亿元。近年来，主业增长逐渐放缓，公司高层正积极培育新的业务增长点，但收效甚微，甚至连续几年都没有起色。跟踪研究后发现，公司在新业务的战略管理上乱象纷呈。

比如在年度经营会议上，各个新业务单元纷纷承诺下一年度的业绩目标，有的甚至有意扩大，公司管理层似乎为了提振士气也默许了。但年度目标制定以后新业务诸单元的发展就像断了线的风筝，飘到哪儿是哪儿。只是在需要资源支持时向公司申请费用，做一些特定事项的说明和汇报。公司对新业务既缺乏对战略的策略研讨和指导，也缺乏持续的战略绩效管理，每个季度甚至半年度也没有相关部门对业绩进行评估，只是到了年底根据经营数据做一汇报。

公司也会根据业绩、工作态度、勤勉程度、忠诚度等对新业务各个负责人进行年终述职评定，或留任或调整，但大部分职级、薪酬等没有什么变化。

年复一年，新业务在业绩增长方面绝大多数都不能令人满意，有些成了发展缓慢的鸡肋，有些被解散或撤并，甚至一些在后来看起来具有前瞻性、布局很早的业务和资产，与那些专注发展的同行企业相比，简直天上地下，连老板都高呼可惜……

这是一个典型案例，从管理咨询的角度，此案例不禁让人反思如下命题：

①从战略管理角度看，新业务不能说完全处于无管理状态，但很明显在战略管理的系统性方面存在严重不足，一定缺失了某些重要环节。那么，系统化的战略管理体系应该是什么样子？

②从组织职能角度看，新业务持续低水平发展与该公司的组织能力不足肯定有关，这些组织部门在战略管理中的角色和职责是什么？

③从战略本身角度看，新业务发展是否必要？新业务和外界同行公司相比竞争优势何在？新业务与主营业务之间不同的经营管理特点是否造成N公司走进“创新陷阱”？为何有的公司能够驾驭这种不同，有的却不能？

④从更深角度看，该公司“说到做不到”文化为何能够长期存在？是否与该公司长期奉行的低薪酬水平的人力资源政策有关？答案几乎是肯定的。

上述问题涉及战略管理、组织职能、企业文化、人力资源等方面，更多的思考留给读者。

这些问题在当今中国许多百亿级企业中都存在，中国人民大学教授、华为公司高级管理顾问吴春波先生在《华为战略有特色没秘密》一文中指出：很多公司喜欢讲战略，很多公司的战略数量比企业的岁数都要大，老板没事儿老制定战略，制定一个战略再推翻前一个战略，然后再制定一个新战略，因为制定一个战略真的很“轻松”，几个人开个会，多喝杯咖啡，多抽一支烟，一个“伟大的战略”就横空出世了。

有一个统计，全世界所有的组织中，90%的组织战略都以失败告终，没有落地。没有落地就是缺少战略承接、战略衡量、战略分解、战略实施，人们经常是把重点放在制定战略上，而不是构建实施机制。

信息大爆炸时代，大的战略已经无密可保。面对未来的不确定性，战略方向只需大致正确（任正非语）。从长期观点看，企业的较量归根结底是战略管理能力的较量。

（二）四步骤构建系统化的战略管理体系

战略（Strategy）一词来源于希腊语“strategos”，意为军事将领、地方行政长官。后引申为军事将领指挥军队作战的谋略，进而演化为一种从全局角度出发或者具有全局意义的策略和规划。

对企业经营管理而言，对企业战略的思考十分重要。企业战略的制定，首先是基于对未来客户需求、技术创新及政策演进等因素的假设。战略管理的价值在于基于这些假设以机制、流程来步步为营实现企业的发展目标。

华夏基石认为，系统的、科学的战略管理包括以下内容：

①战略洞察。关于战略洞察能力，西方战略家克劳塞维茨在其传世作品《战争论》中将其比喻成“黑暗中发现一线微光的慧眼”。他说：“面对战争中的不可预见性，优秀的指挥员必备两大要素：第一，即便在最黑暗的时刻，也具有能够发现一线微光的慧眼；第二，敢于跟随这一线微光前进。”华为强调作战主官一定要有战略的洞察能力、决断能力，一定要有坚强的意志和自我牺牲精神。两者异曲同工，精神内核高度一致。

战略洞察能力首先表现为战略方向感。华为总裁任正非在与索尼CEO对话时指出：“第一点应该是要有方向感，包括客户需求的方向感、未来技术创新的方向感。当然，技术创新实际也是客户需求，未来的客户需求。不断调整方向，方向要大致正确。方向并不一定要求绝对正确，绝对正确的方向是不存在的，太机械教条。”

战略洞察能力来自人的大脑。需要不同智慧的战略研讨，需要组织中不同大脑的思想碰撞，也要吸收外部思想精华。华为要求作战组织要保证一定比例的基层人员参与决策。最高层司令部的“战略决策”，允许少量新员工参加；再下一层级叫“战役决策”，如区域性决策、产品决策等，不仅是新员工，低职级员工也要占有一定比例，要让一些优秀的“二等兵”早日参与最高决策。

谷歌公司内部有个“谷歌演讲（Talks at Google）”项目，通过邀请政治人物、作家、科学家、商业领袖、演员、政治思想家等名人来谷歌演讲，启迪谷歌员工的思想，其中包括奥巴马、克林顿、索罗斯、《权力的游戏》的作者海瑞克·史密斯、乔姆斯基、贝克汉姆等。谷歌认为：“这些来访者及其对话将创造出一种氛围，一种持久涌动的创造力和激情，同时给了员工一个摆脱日常工作，重塑自己想象力的出口。”（中信版《重新定义团队：谷歌如何工作》）

除了探索战略方向，战略洞察还包括商业机会的识别、业务组合与商业模式设计。机会识别既要面向未来也要面向现实，既要敢于投入又要敢于“舍弃”，要结合企业的竞争优势进行业务组合和商业模式设计。

②战略管理中的目标规划。目标规划包括产品的里程碑管理、市场目标规划及财务目标规划。许多公司的战略无法落地，主要原因在于产品开发没有进行里程碑管理，也没有市场目标，就好比作战队伍没有枪炮和攻击目标，其结果自然无法令人满意。

③战略管理需要实施保障。战略的实现需要一系列步步为营的行动和必要的资源保障，要有行动计划，也要有行动策略或关键措施，同时也需要人、财、物资源的匹配。华为的“压强原则”强调以高于竞争对手的强度配置资源，一旦发现战略机会点，千军万马压上去，这就是华为在许多领域能够后来居上的关键原因，也是华为取得成功的战略保障。譬如华为通信，3G 跟随—4G 追平—5G 领先；华为手机业务 2014 年 Mate7 发布之前何谓华为手机—2018 年 Mate20 安卓机皇一机难求—2019 年 MateX 巴展发布全球领先。

④战略的绩效管理。根据战略的牵引设立各组织的绩效标准，并由此分解到团队或个人，由此进行绩效考核和绩效管理。正所谓“千斤

重担人人挑一挑，个个头上有指标”，这个指标源于战略分解，源于战略中心型组织的绩效管理要求，如图 2－5 所示 。

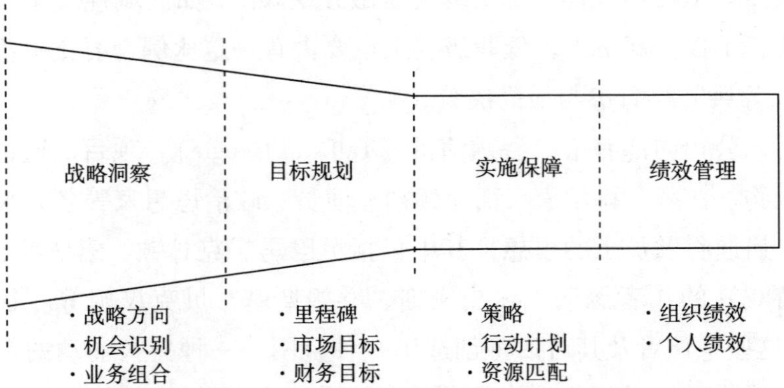

图 2－5　华夏基石战略管理模型

好的战略管理有 B 计划，还要有定力

许多中国企业的战略思维是单一的线性思维，即今年增长多少明年再增长多少，不曾把诸多不确定性因素放在战略考量的范畴。这种单一的线性思维在当今复杂的政治经济形势面前是脆弱的，一些突发的“黑天鹅”事件极有可能将企业经营的一些基本条件和基本假设打破，比如战争、瘟疫、地震、贸易战、产业链危机（核心零部件供应中断、底层软件被禁用），等等。

好的战略管理应该包括应变之策，即对各种重大风险的评估，应当估计到种种外界阻力和挫折，评估可能的严重后果，并制定预案，即 B 计划。“凡事预则立，不预则废。”华为公司有团队专门负责制定各种场景下的应急预案，包括战争、瘟疫、地震、动乱等场景，平日里组织演练，以便灾害发生时能够迅速启动预案，公司各部门也能按照预案的设计快速集结、快速响应。

早在 2012 年华为总裁任正非就指出：“华为现在做终端操作系统是出于战略的考虑，如果他们突然断了我们的粮食，Android 系统不给我用了，Windows Phone 8 系统也不给我用了，我们是不是就傻了？……我们做操作系统，和做高端芯片是一样的道理，主要是让别人允许我们用，而不是断了我们的粮食。断了我们粮食的时候，备份系统要能用得上。”

这些话说于2012年，企业家的远见和危机意识可见一斑。

此外，战略管理本质上考验的是企业的战略定力。战略定力决定企业是否能够聚焦，是否能够持续投入，从而集中优势资源、优势兵力向战略机会点进攻。华为讲“针尖战略”“力出一孔”即为此意。

五、数字经济时代的战略管理新思路

文/张百舸

全球第四次工业革命的来临让中国的工业经济迎来巨大的机遇和挑战，数码科技（DT）时代已然来临。在DT时代，企业战略管理需要怎样的新思路，如图2－6所示？

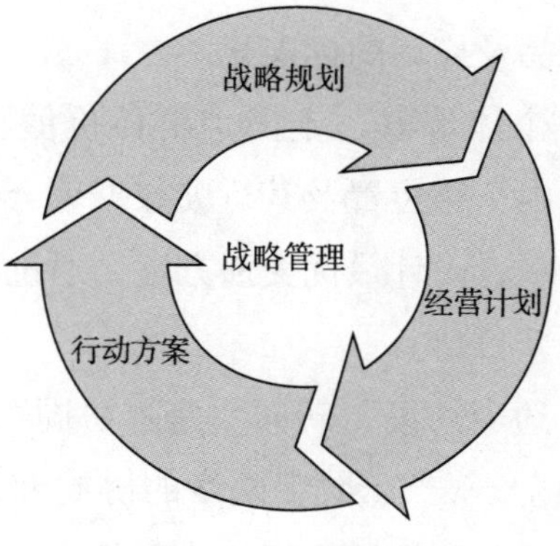

图2－6　战略管理

（一）靠近“场景”的业务团队

海康威视每年做战略规划，上百人聚集一起，向未来看三年，借鉴华为BLM模型，推出商业计划，重在执行过程。战略不是三年、五年乃至更长期的战略规划，以及业务计划或经营计划，不是束之高阁的一套严谨的文本，不是停留在领导层大脑中的思想，“站得高不一定看得远”。战略是一种思维、一套工具、一组行动，小到几个月的项目都可能涉及战略管理，华为就是这样做的，腾讯张小龙的微信团队也是这样做战略管理的，而不是听命于马化腾来自最高层的指挥。

在物联网数字经济时代，战略是一种共识，站得近才看得清、看得远。也就是说，那些最靠近“场景”的技术相关人员，才是做战略的主体，这和传统企业对战略管理的认知是不一样的。

（二）数字化时代的商业逻辑变化点

产品层面。从“交易价值”走向“使用价值”，这就回归到德鲁克提出的“使用价值”。在数字化时代，产品的使用才是价值创造和获取的开始。类似于安防行业，客户更强调集成和运营，小米的销售也打破了过去的离散型销售，转向连续型销售。

市场层面。从“大众市场”走向“人人市场”，即数据和算法可以实现产品标准化和体验个性化的完美组合。对于企业而言，平台开发很重要，要注重实现产品及应用的标准化。

客户层面。从“个体价值”走向“群体价值”。以智慧交通为例，车联网可以使某区域内车辆位置及其行驶数据聚合在一起，使驾驶者能够对交通状况了如指掌，设计最优交通方案，通过叠加客户关系，企业得以实现客户运营的新价值。

行业层面。从“边界约束”转向“跨界协同”，即数据和智能技术像“黏合剂”，通过场景触点、数字网络的协同和智能算法的调度，将散落的资源串联起来，共同发挥作用。边界的约束正在滑落，这就是数字经济的特点，滴滴、大疆的成功也说明了这点，又如百度在做无人电动车，小米做了电视，华为也要做电视了。

对于数字经济时代的企业而言，战略管理是这样的：

工业化时代的企业战略思维更多是“站在现在看未来”，属于线性思维或指数思维；是抱持经验主义的战略思维；数字化时代企业的战略思维应该是“站在未来看现在”，要有产品与服务的场景思维和指数型的增长思维，客户需求才是企业增长的根源和动力。这是一个非连续型的增长战略，如果仅依据我们现有的能力去设计企业的战略，而不是像马云、马化腾那样去洞察和布局未来，是无法在物联网数字经济时代占据上风的，一定要“站在未来看现在”。

也就是说，工业化时代的企业战略往往是市场细分、差异化等传统战略管理模式，依托于企业内部的资源能力；而数字化时代，客户需求才是企业增长的根本来源。数字化时代不是简单的自动化、虚拟化和信息化，而是整个商业和战略逻辑的变化，更强调企业“聚集要素”的能力，其背后是企业对“商业环境和客户需求”的理解能力。

摩尔定律所带来的指数性增长战略思维，适用于信息技术产业的成倍增长模式，但仍然是基于技术驱动的线性思维。

（三）增长管理是 DT 时代企业战略管理的核心

杰克·韦尔奇曾说，战略其实很简单，只要选定一个方向，然后尽力贯彻执行即可，但现实是企业高层的想法与经理层的行动往往是割裂的，华为轮值 CEO 郭平说“企业战略就是选择定位”，波特认为企业战略就是“选择不做什么”。关于战略的概念层出不穷，包括数字经济时代的管理就是管理增长，不是管理能力和组织，这个观点我非常赞同。

那么，如何定义增长？物联网数字经济的风险非常大，同时机遇也很大，我的看法是，如果企业在这个时代要想打造核心竞争力，在技术、产品、商业、数据四个方面必须获得优势。

20 世纪 90 年代末期，查尔斯·法恩提出了“暂时优势”的概念，认为保持优势的时间越来越短，企业需要调整自己的战略时间，适应行业的“时钟速度”，这一点与物联网企业“唯快不破”的成长理念十分吻合。哈梅尔（Hamel）和普拉哈拉德（Prahalad）认为，非常成功的公司的战略中至关重要的组成部分是“战略意图（Strategy Intend）”，这是追求思维，即对在其努力的领域中达到领导地位的不懈追求（《竞争大未来》）。小松公司（Komatsu）的意图是“围攻卡特彼勒（美国的工程机械行业巨头）”，中国歌尔声学、IBM、3M 公司取得卓越成就的共同特点是它们拥有“大胆的、危险的、雄心勃勃的目标”，正如美的、长虹在家电行业增长乏力的前提下仍制定雄心勃勃的增长计划那样，“制定雄心勃勃目标的一个巨大优点是永不满足于现状”。

那么，企业战略管理的本质到底是什么？我发现，有些企业将战略管理的本质定位于如何打造企业核心竞争力，即通过对标，寻找能力“短板”，制订能力提升计划。我认为这有些失之偏颇，企业战略管理的本质是管理增长，即要有高质量的超速增长。所谓超速，即复合增长率必须高于行业平均水平或对标企业的复合增长率，然后据此来审视并推动企业内部的一系列经营管理活动。

（四）“技术 - 产品 - 商业 - 数据”四位一体的“全栈”能力

我认为，普拉哈拉德的战略意图思想非常适合现代企业的战略管理，我一直在思考，为什么像华为、谷歌、脸书、苹果、美的、阿里巴巴、海康威视、歌尔声学这样的公司，能在较短的时期内一跃成为规模巨大的企业，而有些同类型企业的经营规模却长年踟蹰不前呢？原因是前者从不放弃雄心勃勃的战略追求，而且内部都有一种增长管理机制。按过去的经验评判，企业规模大不一定意味着很强，但对于物联网企业来讲，规模扩张是产业发展的需求，因为物联网产业具有“赢者通吃”的行业特性，尤其是对于致力于垂直行业应用的企业，在风险大且门槛高的物联网领域，要致力于打造“技术 - 产品 - 商业 - 数据”四位一体的“全栈”能力。

DT 时代“一横多纵”理论诠释：

技术：企业所处的安防、通信安全、智能交通等垂直行业所需要的技术，都属于非关键性技术应用，即行业对技术的精准率要求不高以安防行业的人脸识别技术为例，客户并不会特别在意识别度是 95% 还是 97%，在意的是企业有没有这项技术。

产品：即可商用化产品，处于产业价值链的关键环节，有一定的技术壁垒或时间壁垒，就是常讲的关键中间件，类似物联网企业的无线模组等。

商业：即企业要具备较强的市场能力，对垂直市场有深邃的洞察，有较为庞大的行业客户资源，有成熟的商业模式和大量成功的行业解决方案，类似于安防行业的系统集成工程模式、PPP（政府和社会资本合作）项目的SPV（特殊目的载体，特殊项目公司）运营模式等。

数据：即企业有大量的行业客户数据积淀，具备依托数据开展专业运营的能力。

华夏基石在对海康威视的研究中发现，虽然海康威视在人脸识别等AI技术方面无法超越BAT，但因其具备“技术－产品－商业－数据”四位一体的“全栈”能力，在安防垂直行业的客户能力、技术及产品的商用化能力非常强。我们在调研中发现，很多DT企业都不具备全栈能力，它们或者销售强，或者技术强，如商汤、旷视等独角兽企业。华夏基石认为若缺乏技术或产品，依靠单纯市场能力或系统集成能力，无法形成持久竞争优势，只能成为销售商或工程商，或仅具备单纯的技术或产品能力，又将面临庞大的研发投入和巨大的市场风险，也难以为继。

六、战略执行力差？先解决“脱节”顽疾

文/苗兆光

（一）起个大早，赶个晚集：执行为何总与战略“脱节”

成长型企业的企业家最经常抱怨的是战略意图得不到贯彻和落实。很多时候，他们比竞争对手更早看到市场机会，但总是“起个大早，赶个晚集”，新想法习惯性落空。

影响战略执行的首要因素是战略意志不统一，缺乏必要的战略共识，在执行中不坚决。对成长型企业来说，战略共识与创业时期相比显得尤为重要，具体如下：

①成长型企业的规模已远非创业企业所能比，企业大部分资源分散在各层级的管理人员或业务骨干手里，大量影响企业整体业绩的重要决策不再由领导人做出，一个中层管理人员甚至是普通技术骨干的决策都

可能决定企业的整体绩效。**如果没有明确的事业理论做指导，决策统一性必然大打折扣**。

②随着企业规模的扩大和业务管理复杂度的提高，单个企业成员逐渐被固定在专业领域，难以获得全面信息进而洞察企业全貌。但这些企业成员会依据自己掌握的内外部环境信息做出判断并形成自己的假设系统。**如果个体的假设系统不能统一于企业领导人的事业理论，对企业领导人的决策意图把握势必会出现偏差，从而造成执行力的衰减**。

③成长型企业拥有的资源和应对环境的能力已今非昔比，战略自由度大大增加，需要有与创业期不同的事业理论。**企业领导人在调整事业理论时，如果仍然沿用创业时期的习惯，不对事业理论进行外化和谋求更大范围内的共识，会发生领导人新的事业理论已经形成了，而企业成员的理解还停留在原有的事业理论上**，从而造成“战略意志”不统一、战略与执行“脱节”的局面。即“战略在天上，执行在地上；老板在天上飞，员工在地上走”。

案例：华为的解决之道——战略共识

华为就非常擅长内部的战略共识。为了使得各项业务战略在落地过程中不偏离预定的方向和目标，每到战略制定周期开始时，华为便会组织红军和蓝军两支队伍，进行内部辩论。红军作为正方，制定业务战略和落地措施；蓝军作为反方，对红军制定的业务战略进行批驳，寻找战略的逻辑漏洞，直到战略本身找不出瑕疵为止。在辩论过程中，与战略相关的各职能部门、员工作为听众，听取正反双方的辩论过程和具体战略计划措施，同步思考。这种战略的研讨方式，使得战略本身得以充分论证；更重要的是在战略规划开始，就形成业务负责部门与相关研发、生产、销售及各专业职能部门的战略组织共识。战略制定完毕后，战略文本已经不重要了，因为涉及战略成败的各关键环节、要素及各部门需要承担的关键责任已经完全清晰，执行力得以充分保证。

（二）效率低下，反应迟钝：后台为何与市场“脱节”

随着经营规模的增长，大多数成长型企业都会经历效率的降低和市场前后台的“脱节”。这种“脱节”主要表现在：

研发与销售“脱节”：销售部门经常抱怨，研发部门闭门造车，开发出来的东西根本不符合市场的要求；研发部门则抱怨，销售部门短视，不能理解产品拓展的意图，同时从来也没有说清市场到底需要什么。

生产与销售“脱节”：销售部门经常抱怨产品交付不及时、产品质量不好、产品成本过高造成无市场价格优势；生产部门则抱怨，销售部门总是以交付、质量、成本问题为借口推脱自身销售能力欠缺的责任。同时，销售预测从来就不准确，造成生产疲于应付，并产生大量库存。

职能部门与销售部门的“脱节”：销售部门经常抱怨，后台管理部门（人力、行政、财务等）就像“衙门”，官僚主义严重，经常下发各类无法执行的所谓管理规定，不但起不到促进工作改善的效果，反而浪费销售部门大量的精力；后台管理部门则抱怨销售部门不能理解公司各项管理规定的意图，并且江湖作风和山头作风严重，阻碍公司管理水平的提升。

前后台“脱节”是成长型企业发展中几乎难以绕开的通病，这种“脱节”要求成长型企业必须处理好以下三个问题：

（1）如何将客户的需求贯穿于主要价值创造过程，尤其是产品创新过程、生产交付过程等主要价值创造过程。

（2）如何使得前台营销部门认可各专业职能部门在其专业领域的权威性和专家地位，并在寻求专业职能部门帮助的过程中，提升效率、降低风险。

（3）如何加强各专业职能部门的“服务意识”而不仅仅是“管理意识”，通过为“内部客户”创造价值实现自身的专业价值。

案例：华为的解决之道——以市场为中心的组织变革

华为在解决这一问题的过程中，曾提出从以技术为中心转向以市场为中心的组织变革。任正非明确要求“缩短流程、提高效率，减少协调，使公司实现有效增长，以及现金流的自我循环”。

为此任正非曾设想精简集团内部管理机关，将机关干部和员工压到一线，为一线人员服务。后来发现问题并不在这里，机关人员压到一线后仍然以总部自居，反而会干扰一线的正常工作，增加一线人员的负担。

问题的本质是如何建立“拉动”的流程，使得总部各职能部门根据一线需求进行工作，而不是被行政指令“推动”进行工作。为此，华为公司在不改变专业部门设置的前提下，建立了以客户经理、解决方案专家、交付专家三人小组为核心的作战单元“铁三角”，打破部门壁垒，形成以项目为中心的虚拟团队运作模式。客户经理负责前台客户沟通和需求识别；解决方案专家负责技术支持及产品、服务方案制定；交付专家负责协调内部各部门，保证产品和服务的交付、成本和质量。

所有工作策略和资源调动遵循“让听得见炮声的人来决策”的原则，而不是行政领导决策。每个“铁三角”在其权限范围内，直接向后台专业职能部门“呼唤炮火”，并承担“炮火”的成本，对最终经营结果承担责任。这种组织模式和经营机制是华为快速扩张的根本保障。

（三）管理僵化，误区重重：管理如何支撑经营

企业天然有着“规范化”的内生需求，伴随着企业的成长，大量的管理方法、工具和制度被引入成长型企业，同时也引入大企业的职业经理人来推动各项管理职能的发育。

在制度、方法、工具的引入过程中，成长型企业最容易出现的失误是生吞活剥，不能与企业业务的内在逻辑和管理基础形成有机的统一，导致管理效率不仅没有提升，反而日益僵化。经营规模没有量变，却过早患上“大企业病”。

成长型企业出现这一问题的根源在于“对管理知识的误用”。德鲁克曾明确说过：“管理不是科学，而是一门学科；管理不在于知而在于行，衡量管理的唯一标准是有效。”

任何管理方法都有其特定的应用情境，为了解决特定的经营问题而产生，是否有效，取决于所要实现的目标和条件。借用丰田生产方式创始人大野耐一的话：“我从来不知道什么是丰田模式，丰田模式只是后

来专家和学者们的总结和提炼；我对丰田的所有贡献来源于对现场问题的分析和解决。”

中国企业中出现的IPD热潮就是管理误区的典型例子。自从华为通过引入IBM的IPD（集成产品开发）的思想、流程提升了内部协同效率，取得了成功之后，IPD成为各企业争相效仿的成功模式，甚至有些企业以引入IPD作为企业规范化管理的标志。但实际情况是，大部分企业不但没有提升产品创新过程的效率，反而使得内部疲于应付。流程文件一大堆，忙于撰写各种文件，却没时间深入分析关键技术环节；评审过程一大堆，忙于使得评审过程符合流程规定，产品性能与质量仍然无法提升；设置部门一大堆（开发、测试、中试等），却只有形式上的保证，没有实际内容的保证，浪费了大量费用和人才资源。

其实，典型研发管理模式分为三类：项目管理模式、专业技术平台模式、集成开发模式（IPD）。三种模式本身没有对错和先进落后之分，对于不同行业、不同企业发展阶段、不同核心能力的企业应根据自身的实际情况进行选择。

盲目追求先进的管理方法，只能越来越偏离原本问题的解决路径，并引发新的管理问题。事实上，**如何使得各项管理工作具有战略价值和市场价值，而不是仅仅指向所谓的管理规范化，应当成为成长型企业思考管理的出发点**。只有建立战略思维导向和问题思维导向，才能真正把握问题产生的原因，找到解决的路径和应该采用的方法。

七、成长迷茫，三项经营核心要素再思考

文/苗兆光

回归原点观照现实：度过艰难的创业时期以后，企业拥有的资源量已今非昔比，在机会面前已经有较大的自由空间，但是，最大劣势依然是资源的有限和能力的不足。所以，明确企业核心、约束企业边界对中间型企业来说至关重要。相当多的中间型企业都难以抵御诱惑，以至于将资源分散到很多领域。

（一）回归事业理论：是否达成公司共识

德鲁克在《管理》中曾指出统一事业理论对企业的重要性：企业如果不能以统一的事业理论为基础，就不能合理地进行投入，并必然造成资源的分散；如果不是以统一的事业理论为基础，就不能合理地检查和修订管理人员应当承担的责任；如果不能与事业理论的要求相比较，就无法确定是否进行某项决策。企业领导人需要在分析企业的生存环境和内外部资源的基础上，明确企业的事业理论，对企业的战略和业务做出明确的定义，并让企业成员知晓和理解。

案例：陈老板很烦

陈老板最近很烦，直接原因是寄予厚望的几个新业务一直没有起色，而行业内的竞争对手势头很猛，甚至几个小公司也在迅速成长。不仅如此，公司赖以起家的业务也受到了挑战：产品更新和成本控制已明显落后于竞争对手，市场份额停滞不前，毛利水平大大降低。如果持续下去，公司将失去对几个新业务的“供血能力”，资金流会出大问题。新的财务年度马上就要开始了，陈老板决定和高管们就现有的业务问题和未来发展的策略和目标深入沟通一次，但结果是，除了高管们混乱的讨论之外毫无结果，最后还是等着老板自己来拍板。

陈老板十五年前率领七八个技术青年开始创业，走过了一切成长企业几乎都要走过的艰辛道路。创业过程中，陈老板豁达乐观、坚毅果敢的性格帮助创业团队多次从倒闭的边缘上走出来，陈老板本人也在不断试错中培养了对市场机会敏锐的判断能力，得到了团队成员的信任和拥护。

所以，陈老板在企业内拥有绝对权威，关于销售订单、生产排成、原料采购的决策几乎都是由陈老板一人做出。对于陈老板的决策，创业成员们都会不折不扣地执行，有不同的意见会直接和陈老板沟通，陈老板也乐意听取并把这些意见吸收到决策中来。

策略、目标之类的决策，陈老板已经拍板了很多年，但最近几年屡屡出现较大偏差，目标总是完不成，几个回合下来，陈老板有些拿不准，不敢自己决策了。有心把决策权放下去，却无法容忍高管们挑战自己确定的战略；不放下去，又觉得力不从心。

与业绩上的压力相比，陈老板感到更大的压力还在管理上。上市以来，公司人员规模扩大了好几倍，从上市前的一二百人猛增到一千多人，中层管理人员都上百人了，这些管理人员多数是上市后通过猎头公司招聘来的职业经理人。对于这些用高薪挖来的职业经理人，陈老板的感觉是执行力差，不仅不能领会自己的意图，还喜欢自行其是，公然议论公司战略不合理，挑战老板的权威。更严重的是，创业元老们似乎也受到了传染，开始怀疑老板的战略了。

这怎能不让陈老板烦躁纠结呢？

陈老板遇到的问题其实比较普遍，公司跨过创业阶段的机会成长期后，在向战略成长期（简单说就是从单一业务向多业务发展，从创业团队向组织化发展，我们也习惯称之为中间型企业）转变的过程中，陈老板和公司其他高管人员之间还没有就事业理论达成共识。事业理论是企业战略的核心，事业理论上的分歧影响到了战略意志的统一，外在表现为“执行力衰减”。

构建事业理论，具体来说，企业需要回答以下问题：

- 关于企业发展的基本方针是什么？
- 企业的目标是基于做大做强还是做小做精？
- 企业的业务边界是什么？
- 应该依据什么来选择机会？
- 如何规避企业的风险？
- 什么样的业务组合是最可持续的？

统一事业理论的必要性在企业创业阶段并不突出，具体内容如下：

首先，创业企业在规模上都很小，企业领导人的管理幅度能够顾及企业的主要资源，往往包办了销售、生产、研发、采购等企业关键价值环节的主要决策，企业内除了老板一个决策者，其他人都是执行者。因此，老板外化事业理论的必要性并不突出。

其次，在创业阶段，创业成员对企业的重要活动参与程度通常很高，创业成员很容易理解老板的决策意图，经过短时期的磨合，创业成员们总是能够领会到老板的“事业理论”。

最后，由于拥有的资源非常有限，创业期业务选择空间非常小，事业理论相对简单，基本可以概括为“活下去就是硬道理，逮着老虎吃老虎，捉着兔子吃兔子”，决策往往都是在“要么活着，要么死去”二选一的情况下做出的，很容易被创业成员接受和理解。

但从创业期的机会成长向战略成长转变时，明确事业理论并为企业成员知晓、共识和理解变得尤为重要。原因是，这一阶段，企业的规模已远非创业企业所能比，企业大部分资源分散在各层级的管理人员或业务骨干手里，大量影响企业整体业绩的重要决策不再由领导人做出，一个中层管理人员甚至是普通技术骨干的决策都可能决定企业的整体绩效，如果没有明确的事业理论做指导，决策统一性必然大打折扣。

另外，企业的战略自由度大大增强，需要与创业期不同的事业理论，企业领导人在调整事业理论时，如果不对事业理论进行外化和谋求更大范围内的共识，就会出现企业的“战略意志”不统一、战略与执行“脱节”的局面，所谓“战略在天上，执行在地上；老板在天上飞，员工在地上走”。

（二）回归经营原点：做大做强 OR 做小做精

1. 明确战略基本思想

选择做大做强还是做小做精关系到中间型企业从机会成长向战略成长转变的基本指导思想，几乎所有关乎战略的决策都以此为基础，比如：

（1）企业增长的基本政策是以利润为核心还是以市场份额为核心？对于选择做大做强的企业，市场份额和规模扩张显然需要优先考虑，为此企业必须以最优势资源的能力极限为边界进行扩张，以规模和市场地位来整合其他短缺的资源；对于选择做小做精的中间型企业来说，利润和净现金流则是策略的核心，只要有足够的利润和现金储备，这些企业总能及时捕捉到突如其来的市场机会。

（2）企业应当选择什么样的市场机会？只有大市场才能孕育大企业，很难想象一群基于小市场的业务能组合成一个大企业，对于立足于做大做强的企业来说，必须着眼于大市场大机会来规划自己的业务；而对于立足于做小做精的企业来说，被市场领先者忽视的利基市场才是现实的选择。

（3）企业应当确定什么样的组织与人力资源政策？大企业是以高度专业化的分工为基础的，人才的职业规划也需要引向专业化；而小企业则更需要“多面手”，多样化技能是其人力资源管理的基点。选择做大做强的企业在规模扩张过程中既要应对从外部引入大量专业化人才给企业原有的文化和秩序带来的冲击，又要克服创业期形成的固有人才结构和伦理次序对组织扩张造成的障碍，扩张的过程充满风险；选择做小做精的企业则相对平稳，几乎可以沿用创业期形成的组织和用人逻辑。

2. 理性抵抗做大做强的诱惑

对于中间型企业的管理人员来说，大企业强大的抗风险能力、做事的从容不迫及对个人声誉的促进都令人羡慕，做大做强因此充满诱惑。同时，因创业成功而建立起来的自信也会促使中间型企业管理层轻易做出做大做强的战略选择。很多中间型企业都是在做大做强道路上受到极大挫折以后选择做小做精道路的。

案例：Q企业的做大做强尝试

创立于20世纪80年代晚期的Q企业，几经尝试后在治疗疼痛的外用贴剂药市场上获得成功，取得30%～40%的市场份额。Q企业以其疗效显著、用法简单的一款产品建立了良好的口碑，市场份额相当稳固。

2000年左右，Q企业开始提出做大做强的战略，先后进入胃药市场、保健品市场和药浴市场，但都没有成功，数千万元投资打了水漂，几年中主营业务创造的利润和净现金流几乎被消耗殆尽。2003年，Q企业放弃了做大做强的战略，确立了“做精外用贴剂业务，有控制地进入成药市场，寻求在区域上的突破”的新战略。七年过去了，Q企业的收入规模依然维持在3亿~4亿元，但由于对市场的精耕细作及内部管理精细化，企业的盈利水平始终维持在25%左右。2009年，企业在创业板上市，以其稳健的经营和高盈利水平备受青睐。

做小做精战略的最大风险在于利基市场的丧失。利基市场的基础是存在需求明确的细分市场，而相邻市场上的大企业因为成本关系难以进入，但利基市场不是一成不变的，其他企业在技术、市场、经营方式等方面的创新随时可能威胁到利基市场的存在。

3. 业务与政策体系缺乏一致性

规划业务时强调做大做强，在制定业务政策时走的却是做小做精的路子，这往往是制约中间型企业扩张的最大障碍。前面提到的Q企业就在这方面犯过错误，2000年Q企业提出做大做强的战略，进入保健品领域，一方面为保健品业务制定了进入行业前三的目标；另一方面又制定了严格的预算控制体系，要求新业务在短期内实现盈利，具备自我发展的能力，Q企业对新业务的政策显然与做大做强的目标出入很大，对于像保健品这样的市场，需要有品牌的投入、队伍的培养及渠道的积累，这些都需要大量的投入，只有突破必要的规模，才能摊低这些投入的成本，实现盈利。在突破行业最小规模之前，需要集中投入，也是企业做大做强战略必须承受的风险，然而Q企业的管理层无法容忍高投入的风险，坚持执行当前盈亏平衡的政策，以至于保健品业务用了三年也没有突破最小规模，始终处于亏损状态，最后不得不放弃。

（三）回归核心：避免资源分散

1. 坚守核心的必要

度过艰难的创业时期以后，企业拥有的资源量已今非昔比，在机会面前已经有较大的自由空间，但是最大的劣势依然是资源的有限和能力的不足。所以，明确企业核心、约束企业边界对中间型企业来说至关重要。

相当多的中间型企业都难以抵御诱惑，以至于将资源分散到很多

领域。

2. 是归核化而不是多元化或者专业化

一提到“回归核心”，很多中间型企业的管理人员会想到多元化与专业化之争，陷入孰优孰劣的争论。问题的实质不在于多元化还是专业化，而在于有无明确的战略核心，在于企业各业务之间、各功能模块之间能否围绕战略核心进行有效协同，在于当企业在集中配置资源时能否促进不同业务之间、不同功能模块之间形成 1 + 1 > 2 的效果，能否大大降低企业整体资源配置成本。

作为协同的基础，战略核心的内涵显然和企业规模相关。年销售额近 3000 亿美元的丰田汽车将核心业务定义为“创造移动空间”，业务范围不仅覆盖轿车、卡车、客车及其零部件，还涉及通信传播、航空器、航天器等领域，但都与“移动空间”息息相关。丰田甚至进入白薯粉业务，似乎与“移动空间”毫无关系，但如果弄明白丰田“利用白薯中分离的淀粉制造可分解性塑料，利用白薯中提炼出的氢气制作燃料电池”，便会清楚丰田是在“新能源的移动空间”领域布局。

中间型企业在确定战略核心时，通常有两种选择，要么统一市场，要么统一技术。

3. 统一市场的归核化

统一市场是指围绕目标顾客的特定需求搭建业务。方太就是以市场为核心扩张的典型例子。方太最早以生产销售燃气灶点火枪为主，在单一产品上非常成功，被誉为“世界点火枪大王”，1996 年全面向抽油烟机业务转型成功后，又陆续推出灶具、消毒柜、集成厨房等系列厨房用具，之后进一步推出整体厨房服务、嵌入式厨电产品，几乎每一款产品推出之后都受到顾客的青睐，奠定了企业在中高端厨电市场上的领先地位，业绩持续快速增长，即便是在经济形势严峻、家电行业整体态势不好的 2008 年，方太仍然保持着 15% 的销售增长率。

支持企业战略核心的市场必须是顾客认定的市场，符合一般顾客的认知习惯，不仅要聚焦特定的目标顾客群，还要聚焦目标顾客认为相关联的需求。方太的管理层对此就有清醒的认识，当意识到消费者将电磁炉理解为“小家电而不是厨电”、饮水机主要用在办公室和客厅的时候，方太就果断地放弃了这两个业务。

以市场为基础的战略核心必须建立在企业与顾客的关系上，而不是渠道或其他环节上，维系企业与顾客关系的，是在满足顾客需求的过程中形成的信誉与信任，其他任何力量和资源都不能成为维系顾客关系的基础。

4. 统一技术的归核化

这里说的技术不仅包括产品开发技术，还包括工程制造技术和有效率的管理方式等技能。

稻盛和夫创办的第一家世界500强企业京都陶瓷便是这类企业的成功范例。京瓷以生产电视机显像管用的绝缘陶瓷部件起家，企业随着电视机的普及一路增长，在精密陶瓷技术和结晶技术方面积累了丰厚的能力。有一次，稻盛和夫在参观汽车企业时发现，汽车企业车床使用的超硬合金刀片在提高切削速度之后，产生的热量会损伤刀片，磨损严重。与此相反，陶瓷刀片耐热而不易磨损，京瓷很快开发出了车床用陶瓷刀具，并取得成功。同样，在了解到医疗领域“原有以金属或塑料为主要成分的人工骨容易引起化学与排斥反应”之后，京瓷迅速研制出适合人体的生物陶瓷，用以制造人工骨头和关节。

核心技术是企业在某些方面已经具备的关键技能和特长，表明企业“擅长解决哪类问题”，中间型企业确定的核心技术应当明确而具体，而不能笼统地定义成大而化之的学科。

一家通信设备企业就用“电力电子技术”来形容自己的核心技术，其实，被现有工业广泛采用的技术，无不源于“电力电子技术和化学技术”，如果把核心技术定义在如此宽泛的层面上，业务的分散在所难免。更严重的是，企业很有可能进入并非擅长的领域，饱尝失败之苦。

（四）回归现实：把握现实业务与未来业务的平衡

1. 保持业务平衡的必要

每项业务都做不到长盛不衰，都要经历培育、成长、成熟、衰退的过程，企业要想永续经营，必须兼顾现在和未来，在现有业务衰退之前，成功培育出新业务。中间型企业需要合理规划业务组合，保持盈利业务、增长业务和培育期业务之间的平衡。

中间型企业保持三类业务的平衡是十分必要的，如果只保留盈利业务而忽略后两类业务，就会陷入“小富即安”的陷阱，不仅丧失进一步发展的机会，此类业务受到的市场威胁还会直接转化为企业的生存威胁；如果后两类业务过大，超越了盈利业务的“供血能力”，企业的经营就会陷入困境。

2. 避免新业务启动过晚的危机

新业务启动过晚或重视不够是中间型企业容易出现的战略失误。在盈利业务衰退之前完成增长业务或培育期业务向新盈利业务的过渡是业务规划的基点，否则企业就会陷入生存危机。

一家通信设备企业经历了10余年高盈利的好日子，这期间虽然也培育了几个新业务，但并未给予足够的重视，有一天忽然发现日子难过起来：通信服务市场增长放缓，运营商开始通过压缩成本来维持盈利水平，在通信设备的采购上越来越苛刻，要求设备供应商的价格每年至少降低15%，这家通信设备企业的盈利水平大大降低，而此时几个新业务都还在培育期，不仅难以承担盈利的责任，还需要盈利业务的进一步献血，这家企业经营因此变得异常困难。

3. 避开过度增长的陷阱

新业务培育过多或规模增长过快以致超过盈利业务的“供血能力”同样会威胁中间型企业的生存。

几年前风光无限的五谷道场方便面，是规模增长过快进而影响企业生存的另一个典型案例，值得关注分析。

八、“风口”下的四种战略新路径

文/夏惊鸣

增长点就是机会，所以“风口论”是正确的，所有的发展都要机会，找机会并不就等于机会主义。围绕增长的四种战略转型：做“风

口猪”，找大势；“风口鹰”，造大势；在“红海”中定义“蓝海”；把相对优势发挥到极致。

这两年，许多企业尤其是传统企业常说的一句话是“以前干什么都赚钱，现在干什么都不赚钱”，这是为什么？下一步又该如何发展？又该如何思考战略增长呢？

首先来看什么是战略？我认为弄清楚企业战略主要回答三个问题：第一，企业增长点在哪里？战略首要是实现增长，如果不清楚增长点在哪里，企业的人力配置、财务资源配置、技术、市场等工作也都没了方向。增长点是战略的原点和方向，想明白了这个问题，其他的工作就是技术性问题，而寻找增长点就是我们通常讲的业务分析和业务选择。第二，怎么实现增长？这是商业模式问题，其中最核心的是战略定位和竞争策略。第三，增长的责任如何分解？这就是我们通常讲的战略地图、战略解码与目标分解、战略绩效评估与激励。这三个问题形成了一个战略管理闭环。

思考战略时不能忘了原点和方向——增长，很多企业战略思考之所以出了问题，就是因为离开了这个战略本质。所谓战略转型，本质上是寻找新的战略增长点。而战略转型创新路径的核心，就是如何思考增长。

增长点，其实就是机会。曾有人批评雷军是机会主义者，因为他讲“风口论”。我认为，“风口论”是正确的，因为机会并不等于机会主义，所有的发展都要有机会，企业家的核心功能恰恰就是去寻找或创造机会。

机会有两种形式：一种是增量市场，也就是市场处于高速增长中，做什么都赚钱；另一种很多行业已进入了存量市场，市场成熟了，所以很多企业感到钱不好赚，这叫存量机会。要实现机会的一个本质就是“创新”。创新有两类：一类是突破性创新，也叫战略创新，比如互联网的发明等；另一类是战术性创新，即不是原创性的创新。**根据不同类型的机会和创新，就有了四种不同的战略增长模式，即“风口鹰”战略、“风口猪”战略、重构战略、不对称战略。**

（一）“风口鹰”战略造大势

当增长机会遇到战略性创新，这是“风口鹰”战略。所谓“鹰”就是有能力，可以自己造风，不必跟着大势走。

这里涉及两点：一是突破性的技术创新；二是重大的社会转型。重大的技术创新如电的发明、互联网的发明等。重大社会转型如零售业态从邮购到百货，到超级市场再到连锁超级市场、电商等，当然社会转型有技术力量的推动。

一个突破性技术的例子是新能源汽车行业，这个一直在亏、依靠补贴生存的行业，却被认为可能会颠覆传统汽车。传统汽车零部件有成千上万个，发动机、离合器、变速箱、传动轴等。电动车有什么？就是电池、电控、电机，动力直接传送到轮胎，所以非常简单。那么，新能源汽车的核心在哪里？电池。但现在电池还存在每年衰减、充电时间长、安全性等问题。于是有科学家研制出了固体电池，它续航里程高、能量密度高、体积小、不衰减，而且充电时间非常短且没有安全问题。不过，这种用石墨烯材料做电极的电池，需要单层石墨烯，如今单层石墨烯还无法工业化。一旦单层石墨烯实现工业化，传统汽车将被全面颠覆。

这样便可以理解乐视为什么要做电动汽车，尽管乐视还存在节奏问题，但电动汽车非常简单，和传统汽车不一样。

所以，“风口鹰”战略关键是要有核心技术，或者是在社会大变迁中对商业模式进行战略的创新，创造一个增量市场。

（二）“风口猪”战略找大势

“风口猪”战略的核心是什么？找大势。你不一定要有核心能力，但可以判断有哪些能力可以造出势来，顺着大势走，主动融入大势，就能抓住发展的机会，这就是我们经常讲的“傍大款、伴大船”。

如何找大势呢？第一条路，跟随重大技术突破，因为一个核心技术突破会引领一个产业，比如新能源电池真的突破了，电动汽车未来就是常态。第二条路，跟随重大社会变迁，如互联网时代。第三条路，重大的政策，比如“一带一路”。

找大势为什么提到“一带一路”呢？因为“跟党走”是很多企业的成功之路。温氏集团董事长温鹏程总结成功经验时，重要的一条就是“跟党走”。温鹏程董事长认真阅读人民代表大会工作报告，报告说要搞环保，他就抓环保了，对畜牧设备进行改造，符合环保的要求。没过两年，很多零散的、不符合环保要求的养猪场被停产，而温氏抓住了这个机会。

曾读过一本书叫《美国世纪》，总结美国的成功来自四个红利：土地红利、战争红利、全球化红利和创新红利、知识红利。现在中国也在极力推动全球化，该如何理解“一带一路”的全球化红利呢？以康师傅为例，康师傅的老板原是在台湾地区做粮油生意的，一次他来大陆，在火车上吃方便面，有人问他：“你吃的什么东西这么香？”就这么一句话，他脑洞大开，认为到大陆来投资方便面会很赚钱。于是乎，康师傅就发展起来了。这其实谈的是机会！

中国企业，一方面需要找新的增长点；另一方面未来一定会面临全球化竞争，所以中国企业要确立新的领导思维——世界级企业领导力思维、全球化企业领导力思维、产业领导力思维、思想领导力思维、使命领导力思维，世界级与全球化是摆在中国很多企业面前的课题。

（三）重构战略：在“红海”中定义“蓝海”

重构战略，就是存量机会，但有战略性创新。怎么重构？要么沿着产品这条线去思考，比如产品环节，重新定义产品，或把产品卖给不同的客户；产品模组，是指沿着原有的产品进行延伸，进行模块化或者组合化；产品价值链，如设计、采购、生产、销售、服务、废品回收等，是否存在某个环节进行战略创新，形成新的商业模式；产业系统，整合全产业价值链进行战略创新。要么沿着客户这条线去思考。但所有的战略创新要回归到客户需求，而不是为了概念而概念，为了模式而模式。

通过两个案例，可以说明重构战略的思维方法。

最典型的就是乐视。十年前，大家认为电视是一个没落的产业，认为电视会被电脑替代，但现在，乐视把电视做出前途来了。这就是重新定义产品，其实乐视做的不是电视。

虽然乐视没有实现自己的梦，但“新思维”即得以延续。假如有1000万个家庭用这样的电视，就等于是1000万个家庭的推广渠道和分销渠道，从某个角度讲，电视公司其实是个渠道公司。比如开关电视时展示的付费广告，比如某电视剧中演员的裙子，点一下，厂家和价格就出来了，再点一下就可以购买。于是电视就变成了一个可互动的互联网终端。现在的电视可能是个家庭视频门诊，也可能是个家庭电影院，甚至可能是家庭的视频图书馆、视频培训教室等。可见，重新定义产品就产生了新的战略，在存量市场找到了全新的机会。

再看另一个案例——绝味食品。

绝味食品简单理解就是卖卤味鸭脖子的。2005年成立，2012年做到了20亿元。如今绝味在连锁卤味休闲食品的市场进行了重构。

以前的绝味是一个终端连锁企业，在全国开了1万多家店，集中生产，进行配送。那么比如精武鸭脖等，就是绝味的竞争对手。现在绝味投资它们，绝味专门找这种中小的轻食品公司进行投资，然后让它们共享绝味的冷链食品供应链，这是共赢，因为小公司自己做冷链供应链一定是亏的，但不做这个冷链系统对它的产品质量是有影响的，未来是生存不下去的。绝味去投资它们，又提供资金和冷链供应链服务，它们求之不得。所以，绝味变成了一个供应链公司。

乐视重新定义产品和产品组合进行战略重构，绝味在产品价值链中把供应链独立出来，实现了战略重构。可见，在存量市场中，我们也可以进行战略创新，有可能产生重大的战略增长。

（四）不对称战略：把相对优势做成绝对优势

不对称战略中，既是存量市场，又没有重大创新，怎么办？

不对称战略有两种：一种就是利基战略，即定义细分市场，围绕目标客户，找准痛点做透。OPPO就是典型案例；另一种叫相对优势战略，就是利用一切可以利用的优势，赢得竞争。比如深圳科创新源新材料公司，为包括华为、中兴、爱立信通信设备供应商提供光纤接头处的密封橡胶。以前这个市场一直被美国3M公司垄断，尽管科创的产品性能还可以，但一直无法大卖。但在2009年金融危机之后，国家要加大投资，华为和中兴跟3M公司沟通，希望能备些库存，但3M公司否决了，坚持按订单生产。此时科创立即抓住机会，表示企业需要多少就生产多少。于是，华为、中兴加大了在科创新源的采购量。如今科创的市场占有率达到了50%多。

主做汽摩配件和通用机械的重庆润通集团，与日本企业存在竞争，当客户提出修改要求时，日本企业非常傲慢，认为自己的东西是最好的，不肯修改，而这家企业反应迅速，把以客户为中心的战略做到极致。

相对优势战略，就是找一切可能的相对优势，把它做透，赢得竞争。有人认为这也是战略？当然，因为认真、坚持、做透本身就是核心竞争力，因为99.99%的企业做不到，你能做到，这就是你的竞争力。

高管如何为公司创造高增长

第三篇　研讨篇

一、不确定性增大的环境下，如何做出满意决策

文/苗兆光　王祥伍　冯树玉　陈　明

苗兆光：除了基于价值和事实，还有哪些决策依据

管理学中的关于决策的经典理论认为，组织决策有两个前提，或者说依据：一个是价值前提，另一个是事实前提。什么是事实前提？比如市场决策，最重要的是分析市场的现状发生了什么变化，这个变化带来什么结果，依据这些事实做出决策。什么是价值前提？就是当事实不清晰或事实依据不充分时，就用价值观来判断。价值观是从使命、愿景、目标里演绎出来的，遇到事实不清的时候，按照价值原则做出选择。这是赫伯特·西蒙关于决策的经典理论。

案例：基于价值和事实做出的决策为何错了

在现实中我遇到过一家企业的实际案例，我们用×企业来代称，我是这家企业的管理顾问。2015 年的一天晚上，×企业的老板娘给我打电话说有一件紧急的事发生，要开一个电话会议做决策。参加电话会议的有老板娘、老板和×企业的一位主管风投业务的副总裁。事情是这样

的，老板娘去美国出差时，发现美国分公司的总经理自己在外面成立了一个公司做电商业务，通过电商沟道销售×企业的产品。同时还经营国内主要竞争对手的产品，销售额增长很快。经过调查，老板娘发现不仅分公司的总经理在做电商，副总经理也在做电商，而分公司的总体业绩下降。

美国分公司在×企业的地位非常高。×企业在国内的业务没做起来之前，主要依靠美国业务，可以说先有美国业务才有本土市场。那几年，×企业的业绩在下滑，又发现了这个问题，老板娘非常生气，召开电话会议时做出决定：撤掉美国分公司总经理职务，但保留股权。

老板娘做出决策后，与会的几个人都没有反驳。因为根据价值决策，分公司总经理在履行职务时却私自发展自己的业务，客观上损害了公司的利益，存在某种程度上的渎职行为；根据事实决策，美国业绩在下滑，这是一个核心事实。另外还有两个事实：一是当时美国分公司的氛围很差，有员工举报一位副总经常把库存降价卖给代理商，但其实代理商就是他自己，就是利用职务之便，把公司的产品降价卖给自己转卖获得私利。二是当时×企业刚刚上市，暂时没有融资需求，高管们的原始股票又都不用解套，所以如果花两年时间重新调整美国分公司的班子，即便分公司业绩下降也不用担心，重整后，业绩反而可以好起来。所以，无论根据事实判断还是价值判断，都有理由做出那样的决策。

但是，现在回过头来看，发现这个决策是错的，至少不是最优决策。其一，美国业务这两年始终没有更大起色，比预期结果差很多；其二，美国分公司总经理当时做的电商业务实际上代表着趋势，电商业务现在已经超过了公司的主渠道业务。

就当时的情况来看，那位总经理确实有很大的错误，比如她只顾打理自己的公司，不再开拓新客户，有两个老客户也被竞争对手收购，导致业绩急剧下滑。但×企业的机制也有问题，这家企业创业时给员工的工资很低，很多员工都自己开公司或通过代理业务等方式挣钱，像那位总经理一样。而且时间长了，公司的“老人”都要走光了。后来公司调整治理机构，与员工合资办公司，×企业占股51%，把员工变成经销商，持有一定比例的股份。所以，如果当时的决策是把那位分公司总经理留下来，变成公司的电商业务经销商，可能花很少钱，甚至不花钱，既可以解决分公司总经理个人利益和公司利益平衡的问题，又能把电商纳入公司，不至于后来花很高的成本去找那位总经理谈公司入股电商业务的事。

但在当时，这些影响是看不清的。我觉得，在实践中提出了一个关于决策的新命题：在不确定的环境下，即事实不明确（不清楚这件事情将来会产生什么样的结果）、价值不清楚时，依据什么做决策？

决策要依据趋势

我在读《人类简史》的时候，突然产生一个想法。人从猿变成人，开始直立行走，现在来看是人类进化史上的一大步，但当时看不出来。为什么？第一，人的脑袋变大了，消耗能量多了，原来占身体很小的一部分，后来占到25%左右，相对应的是体力降低了，打不过其他动物。第二，妇女的骨盆小了，生育困难了，不能等到完全发育就得生下来，婴儿变得很弱，要抚养很长时间。

假如当时人类有一个决策者，会不会决定人类继续往这个方向走？如果这个决策者不是上帝，是职业经理人、总经理，他会不会这么决定？因为从摆在眼前的事实来看，从爬行到直立行走带来的好处并不大，甚至还带来了伤害。

后来，人类是通过组织化、社会化，把从动物变成人从而变弱的那部分能力缺陷解决了。但是，在很长一段时间内问题没有解决时，为什么人类还要沿着这个方向进化呢？我理解，实际上是人有一股原始冲动，即看得更远、够到更高（够到高处东西）的愿望，这个愿望使得每个个体都有站起来直立行走的愿望，这是约束不住的。对群体来讲，可能会有灭绝的风险，但对个体来讲，一定会产生这种结果。

回到决策的问题，决策究竟依据什么？当价值不明、事实有害时，或依据事实判断和价值判断（当环境发生变化，价值观也要调整）都不足以支撑决策时，我认为需要依据趋势。

趋势是什么？人性是需要释放的，这就是趋势。从古到今，是一个不断释放的过程，每一次历史进步都是对人性的释放、对自由的释放，总体来说，释放的方向是自由，企业其实也一样。从“福特制”到“丰田制”，再到现在的互联网企业，趋势的力量是我们不可忽视的，如表3－1所示。

表3－1　福特制与丰田制的比较

	福特制	丰田制
活动范围	范围小，多数公司定位在国内	范围大，一般为全球范围，注重合作
生产方式	大批量、少品种、集中化生产方式	小批量、多品种、分散化生产方式
产品特征	注重共性、数量，成本与数量成反比	注重个性、服务，成本与数量无关或很小
管理模式	严格、细化管理；高度集权	以人为本，知识管理，信息和知识共享
创新模式	靠一个创新获得长时间的垄断利润	不断创新，视创新为机遇
价值来源	从数量上获得价值	从协作中获得价值
供应链	以制造为中心	以客户价值增量为中心

王祥伍：决策的底层依据是价值观

决策的背后，其实是价值观。决策者做出决策的底层支撑，是他们的价值观，只不过他们自己常常意识不到这个问题。

中国人喜欢从道德判断出发来处理事情。在×企业的老板娘看来，我对你（美国分公司总经理）这么好，这么信任，给股票、给资源，你却违反职业道德（以公司的品牌、资源和产品赚自己的钱）。从这件事出发就归到人的问题上，这件事有问题，那就是人的品格、道德有问题。但美国人一般会从利益系统考虑。同样是这个案例，他们可能会考虑他为什么这么干？他们会想，是不是我的利益分配机制出了问题，这是其背后的基本假设。不轻易去谈人性的问题。如果是从利益机制出发，可能当事实发生后，就不会先由结果出发讨论那位总经理的职业水准和道德问题了，而是会考虑是什么情境逼她这么做。如股票分配是不是有问题？其他指标是不是太苛刻？等等。事实证明，是因为利益分配机制，使得能干的人觉得付出和收入不对等。刚才也说了，想办法谋个人利益，或者选择离开的，在×公司不是一两个人，而且都是有能力的人。对利益的诉求就是人性。

中国人做决策时喜欢“上纲上线”，动不动就进行道德判断、价值判断，以“君子”的标准来要求人，却往往忽略背后的利益分配体系问题，所以总是很难触及问题实质。包括中国企业的现代公司治理体制建设始终不成功，我认为背后的、底层的原因还在于价值假设系统的问题。简而言之，一是“先君子后小人”，把每个人都设想成“君子”，回避人性。人性不是恶的，也不是善的，人性是逐利的，是要自保的。人的本性是先求自保，再保身边的人，这是生物进化的基本机制，也是现代人最基本的伦理原则。二是“和为贵”。哪怕是憋出内伤，牢骚满腹，暗地里较劲，也要维持表面上的一团和气。

所谓东方管理哲学，有很多优点，但如果说缺陷，我认为最大的缺陷就在于不敢直面人性。无论是国家治理、公司治理，还是家族治理，如果基于一个与真实人性不符的假设，那么不管再怎样建体系、建法则、建道德、建规范，都治不了根本问题，且陷入做表面建设的死循环。

华为、美的这些公司之所以能够在众多民营企业中突围出来，我认为就是在利益分配上敢于直面人性，坦然面对利益的问题。

回到这个案例来看，也给我们一个启示：高层决策一般重在出政策、出制度，而不是做具体决策。因为作为企业权威、高层，尤其是企业的一把手、二把手，一旦做出决策，就相当于盖棺定论了，事情很难再有转圜的余地。

在电影《费城风云》中，在来自各洲的代表围绕《联邦条例》修改案争论不休时，三天的会议中，作为会议主席的华盛顿共发言三次。第一次是第一天时致答谢词，第二次是关于会议记录的保存问题，第三次也是唯一一次实质性发言，是对戈勒姆的一项动议（最关键的一条）表示附议，在这唯一实质性的发言中，华盛顿说，他的处境限制了他发表自己的见解，表达自己的情绪。但现在已到最后关头，大家都希望这个方案遭到的反对越少越好。因此，他认为应该采纳刚才这个建议。华盛顿一言九鼎，戈勒姆的动议被一致通过，《联邦条例》修改案获得通过。只要说赞成哪一方或者不赞成哪一方，大家马上就不再辩论了；如果争论实在僵持不下，他就提出暂时休会，因为不能无限制讨论。低调审慎，不轻易赞成或反对，引导讨论，把控局面，最后关头顺应大势做出决定，这是我在这部电影中看到的华盛顿的领导力。

最后，回到管理学范畴。在机制能解决的情况下，人更倾向于机制，而不倾向于管理，这是人性。因为机制是人人有决策权，它跟成本有关系，跟人性有关系，跟自由有关系。机制定好以后，大家都是自由决策。但是，一说管理，就有了权威，必须在权威下做一些你不愿意做的事情。所以机制赋予人们基于规则进行自由选择的权利。

每个人参与一个组织，都有自己的利益目的，或发家致富，或谋求资源，这是人所共需，也是公司治理的基本假设。我认为人性的第一善是自保自利自立，如果做不到自保自利自立，上对不起“上帝”，下对不起父母家人。第二善就是自利自立的同时不要伤害别人，更高一点的要求就是利他。“仁者爱人”“达人利己”。这是人性，也是现代商业的基本法则。企业第一“善”是活着，第二“善”是不伤害他人（员工、社会等相关利益方）地活着，第三“善”是在创造价值中谋求持续地活下去。

冯树玉：感性决策带来事实风险

决策要依据已经发生的事实，但决策可能带来的风险也是一种事实依据，做决策时要充分考虑到事实风险。

业内有一句话叫“不理性不决策”，即当决策人有情绪时，尽量不要做决策。冲动时做决策，可能当时处理得很痛快，把别人也吓了一跳，但对整个企业的伤害往往是深刻的。基于感性做出的决策会带来风险也是事实。

以×企业的案例来看，那位总经理曾经是创业元老，已经掌握了美国分公司的客户资源、客户关系、销售渠道等，这些都是无形资产，也是这个决策将带来的风险。有了这个事实或者价值观前提，如果不从根源上解决问题，而是就一事论一事，那么此类问题无法得到彻底解决。换句话说，决策时如果不考虑这个决策可能带来的风险，企业将难以承受这个决策结果。在这个案例中，这个事实就是：那位总经理在美国这么多年，她对美国市场的理解是最深的，对美国相关部门的人脉关系是掌握最多的，她离开以后，对×企业的伤害很大。

大多数企业在发展过程中都会遇到这个问题。即一些人刚开始加盟一个组织，大多是因为自己的资源和能力不够，要依托于这个组织来生存，在企业慢慢发展的过程中，组织中的人也在积累自己的资源、能力和人脉。如果一些人眼光独到、敢于冒险，有做一番事业的欲望，有企业家精神，那么他就可能会利用与企业共同成长过程中所积累的资源另建平台，和×企业的这位分公司总经理一样。

这种情况在企业中比较普遍，它其实提出一个新的问题，即在企业发展过程中，在企业领导团队形成过程中，随着原有的业务和新业务的发展，怎么有效配置团队人员，让一些人到新业务领域发展企业家精神，而不是游离于组织之外再去成立一个团队呢？

华为提出，“力出一孔，利出一孔”。给经营团队工资、奖金、股票、期权，但要求你不能在职责范围之外再去想自己怎么赚钱。实际上，华为吃过这方面的亏，曾经有一些高管利用职务之便谋取个人私利。华为吃过亏后，才提出来“利出一孔”。任正非绝对是人性大师，他对人性的理解和掌控，在我认识的企业家里是排第一位的。他心里很清楚，华为那些有管理能力、技术能力的人完全可以独立出去做很多事情，尤其还依附着像华为这样大的组织，掌握的资源非常多。

任正非提出“利出一孔”，舍得让利、分利，但同时坚决制止用公司资源谋个人私利的行为，一旦涉及谋取个人私利的事情，坚决严厉惩治，因为纵容一个人，就是纵容组织文化被破坏。

决策，一方面是基于事实、现实风险和可能的风险；另一方面是基于价值判断。从价值的角度来看，为了防范高层团队另谋利益、损害公司整体利益，一个组织必须建立两套机制。第一个是约束监督机制，因为逐利而往是人性，只要有机会人就会谋求个人利益最大化，所以，约束监督机制、经营监察机制必须得建立并有效运行。第二个是激励机制，包括股权激励、事业激励。仅仅是给钱，股份给得再多，这个企业不是他的，他也会去谋求个人利益最大化，但创建新的事业平台，用事业激励那种有成就驱动、有企业家精神的人，很大程度上是能避免×企业的这种问题的。约束监督机制和激励机制要一致，价值观也要一致。比如在×企业的案例中，如果×企业当时在美国成立一个专门做电商的公司，由×企业和美国分公司总经理团队共同持股，让原有业务和新兴业务共处，也许还能开发出一个新的模式，这样就把个人利益和企业利益结合到了一起，问题就解决了。

我们经常讲，要用内部规则的确定性来应对外部的未来的不确定性。内部要建立规则，无论是价值观上的规则，还是决策议事规则，组织内部最起码要达成共识。这样，整个组织才有可能按照达成共识的方式做事。

总的来说，怎么处理事件是一种决策，怎么使类似的事件减少发生是另外一种决策。而减少或避免类似事件发生，才是企业决策层真正要做的决策。

二、从机会成长到战略成长的7个核心问题

机会成长型企业有哪些特征？
为什么要从机会成长向战略成长转变？
成长转型究竟是在转什么？
转型的前提和关键突破要素是什么？
怎么处理转型与能力、转型与增长的关系？
转型最大的风险来自哪里？
企业如何实现战略成长？

嘉宾：郭伟　陈明　王智敏　曹朝霞
主持人：陈明
文字整理：尚艳玲

陈明：根据实际考察和研究，华夏基石把企业的发展过程分为5个阶段：创业阶段、机会成长阶段、战略成长（系统成长）阶段、分蘖成长阶段、整合成长阶段。据统计，2017年中国只有27家民营企业做到了千亿级，这说明做到千亿级企业难度很大。一方面是产业机会有多大；另一方面是企业本身能否突破自己。我们观察，民营企业其实最需

要的帮助就是如何实现从机会成长到战略成长。那么，怎么完成这一转型，使“小舢板”成为“大帆船”呢？先来看两个例子：一个是华为，华为成立的时候，并没有想清楚到底做什么，有一次任正非出差遇到了中国电信辽宁分公司的一个处长，这个处长建议他卖交换机，从此华为进入了电信行业。另一个是美的，美的创业时是做瓶盖的，后来因为偶然的机会才进入家电领域。可见，中国的民营企业最初的产业选择极具偶然性，一旦抓住一个机会就活了下来。机会成长型企业有哪些普遍特征，我们从这个地方谈起吧。

一问：机会成长型企业有哪些特征

王智敏：从我接触到的企业来看，机会成长型企业的第一个特征是：依赖机会，缺乏管理。曾经有一家规模很大的房地产公司，在房地产行业特别容易赚钱的时候，这家公司也赚了很多钱，但是他们没有走像万科那样的产品化、标准化道路，而是把早期房地产行业中的“关系导向”发挥到了极致。因为拿地成本低，所以随行就市无论什么价格卖出去都很赚钱，至于成本的核算、精细化管理都是“黑盒子”。

第二个特征是：业务繁杂，什么都做。除了房地产业务，这家公司的业务特别繁杂，可以说跟房地产沾边儿的几乎都有；还有跟房地产完全不相关的，比如矿业、医药，等等。这个老板本身的个性属于机会偏好型，看见机会不抓，心里就很难受；或者说只看见这个机会背后的巨大利益，对其他的边界条件考虑得非常少。这样一来，后面就会面临很大的问题。比如与政府合作小城镇开发，后面才发现对资金的需求预计远远不足，而且由于太依赖政府关系，政府领导一换届，许多原来许诺的条件都不能兑现，从而陷入泥潭。同样，与国企合作开发煤炭、矿山时，前期看到的全是机会，但后期却发现资金的需求远远不是自己能够满足的，再想脱手，已经找不到合适的接盘人了。

第三个特征是：人治为主，决策失衡。这家企业的内部决策基本上以老板个人的意志为导向。应该说，这家企业就是以人治为主，再加上老板对机会的渴求和偏好，形成一把“双刃剑”。一方面，早期他能把企业做得收入和盈利都很高，这得益于他对机会的敏感；另一方面，摊子铺大了，进入了太多自己不熟悉的行业会造成后面一系列的问题。可能很多机会成长型企业都跟老板的个人偏好有关系，有些人天生爱冒险，更希望做一些短平快、来钱快的事情，觉得积累核心能力、做精细管理太累，不愿意做这些工作，因为市场上的机会太多了。

陈明：我补充两点。第一，从中国企业发展的背景来看，早期的机会特别多，看到了机会，就搞这个、搞那个，都是这么干的。我曾经问过美的老板何享健先生一个问题，中国的企业为什么搞这么多多元化、投这么多东西，似乎也没有经过论证，拍脑袋就干了，您对这件事情是怎么看的？何老板说，中国从计划经济到市场经济，从短缺经济一下子放开，机会太多了，不管什么东西生产出来就能卖，不管干什么就能赚钱。第二，企业在机会期的特点是“点”的突破。哪怕是老板本人，抓住了一个订单，或者抓住了一个关键的生产要素，就跳出来自己做，搞代理，并且抓住大趋势的市场，比如房地产商抓住了土地这个生产要素。很多企业创业时就是靠老板抓住了这样一个点，尤其是广东的企业，它们大多是市场性企业，老板一开始是做营销的，看到市场太大了、机会太多了，就出来自己做。在当时的条件下，如果一开始就靠专业化、精细化运作，很多企业都活不下来，因为生意太好做了，哪怕产品的质量差一点，只要生产出来就能卖掉。这就是我理解的机会成长型。

郭伟：大家对机会成长型企业的感触基本上比较一致，我从组织特征的角度来谈一下理解。

第一，机会成长型企业跟规模没有关系。一家企业并不是说上了十亿元、百亿元以后，就进入战略成长阶段了，不是自然过渡的。这个过渡一定是突变过程，不是渐变过程。我见到太多的企业做到了四五十亿元、近百亿元的规模，但依然处于机会成长阶段，甚至出现了基于战略的机会成长。它们通常的做法是，因为需要战略来凝聚团队、指明方向，所以名义上摆出一副战略选择的样子，但每个战略不要说坚持一年，每半年甚至三个月都在变。比如有的公司今天将 A 产业列为战略支柱性产业，可能仅仅过了三天，就从这个产业退出了，不做了。这是机会成长型企业的典型特征，与规模无关，与组织特征有关系。

第二，机会成长型企业始终没有处于组织状态当中。什么叫组织状态？就是有特定的目标、特定的结构，在特定的目标和结构之下，处于特定的激活状态。机会成长型企业有特定的激活状态吗？也有，一般核心团队很激动，很有激情，但是其他团队成员始终没有处于有机的组织状态。这是机会成长型企业带来的必然特点，从表象上始终处于非组织状态。

第三，机会成长型企业的战略、团队、组织之间互为因果。什么意思？就是团队成员大多表现为“关系型”“草莽型”，做市场就是搞关系，哪里有钱往哪里扑；战略意识淡薄，专业性不突出。恰恰是这样一波人，恰好处于那样一个钱太好挣、机会太多的时代，所以大家就不断寻找新的机会。2002 年左右，有专家就讨论过这件事儿，在台湾地区，生产管理咨询是很高尚、很受人尊重的咨询专业；而在大陆做生产管理咨询就不受重视。做战略（咨询）的瞧不起做组织的，做组织的瞧不起做人力资源的，做人力资源的瞧不起做生产管理的。因为当时生产管理方法没有到精细化的程度，企业的想法是：为什么我要放着毛利率三五十、一二百的东西不做，而做生产管理呢？所以做营销的人很吃香，做生产的人受鄙视，哪个公司的生产总监都不受待见，虽然生产很重要。这就直接导致团队成员是“草莽型”，一旦出现产业损失也总能给出一个“战略”解释。企业有时候看起来好像处于战略状态，但战略总在变，这种企业其实也是机会导向型。

第四，机会成长型企业之所以具有这些特征，客观环境是市场机会多，主观因素是企业家耐力不足。青岛啤酒的老总讲过，他们最伟大的是几十年如一日就做“一杯啤酒”，还写了一本书叫《一杯沧海》。当然，如果从体制角度讲，作为国企的青岛啤酒转行可能很难；但从企业家角度讲，青岛啤酒如果想搞别的东西，有的是资源，有的是机会，但他们坚持只做“一杯啤酒”，体现出企业家的战略定力和耐力。

二问：为什么要从机会成长向战略成长转变

郭伟：机会成长型企业之所以要成长为战略成长型企业，理由很简单：因为机会成长型企业的抗风险能力差，规模发展的可能性小。这就好比买股票，想着每天都能买到涨停板的人，经营业绩一定不好；真正好的人一定是保持细水长流，持续稳定经营，才能笑到最后。

说到本质，对这个问题的回答取决于企业家的志向。做一个生意，做一个企业，做一个事业，这是完全不同的价值取向。我们不能说做生意的人不好，做生意就是买贱卖贵，但如果真想做好一个企业、一个事业，肯定要把公司带到战略成长的阶段。

陈明：我说一下，随着大市场的形成，市场竞争的加剧，竞争越来越激烈了，企业必须要专业化，如果没有专业化，还是靠过去的方式，就很难生存下去。

曹朝霞：市场环境变了，要求企业必须进入战略成长阶段。现在已经不是满地是机会的阶段了，即使有这个机会，一开始也要有战略意图。不像三十年前，搞一个东西卖就行了。为什么企业要孵化？因为一开始就得是高规格的状态。此外，对规模的要求也高了，现在小规模企业很难成功，一开始就要求是大规模企业。

陈明：小米就特别强调“首战即决战”，一上来就要赢，否则就没机会了。

三问：成长转型究竟是在转什么

郭伟：转型到底转哪些？在我看来，转的是组织状态和组织能力，很多公司称作战略升级、管理转型。也有一些公司认为是战略转型，提战略转型的公司百分之七八十都失败了。道理很简单，比如一个制造企业干了20多年，已经得心应手了，却要干互联网，怎么干？组织能力和组织状态是不匹配的，这时候要做组织战略转型的难度太大了。某公司做惯了零售行业，想转型做电商，我们姑且认为还有点儿相关性，可如果再往博彩业转，跨度就太大了，中间还跨着电商。像这样的战略转型，就涉及能力的传承性，你之前是做什么的，基因里面就带有这方面的能力。转型没有那么简单，就像人改良自己的基因很难，等于是大换血了。

所以，管理转型是对的，组织能力转型是对的，这样的转型带来的问题是整个组织跟发展匹配的问题。举个例子，一个企业之前的组织可能是以管控为主线构建起来的，随着整个业务的发展，出现了大量的创新，以前的业务特点消失了，比如零售行业，所以零售商的转型避免不了，但在转型过程中必须是基于自己的核心能力，重新构建自己的组织状态，这才叫转型。

陈明：企业从机会型成长为战略型，面临着几个转型。一是从老板个人拼搏状态转变为一个组织或者团队的状态。二是从某一个机会点、某一单业务逐步变成体系化的运作，逐步把管理叠加上去，从“点”的突破变成逐步体系化的运作，为规模扩大做管理的准备状态。三是规模大了以后，逐步过渡到专业化，必须进行专业化的分工协作。四是人才转型。人才问题是企业由机会成长向战略成长转变过程中突出的问题。大多数企业人才匮乏，人才来了也留不下来。重要原因是，创业的时候老板的能力太强，什么事情都能搞定，招的人素质也不高，没有人才储备。但是环境变化后要进行转型，要进行竞争，要进行拓展的时候，就会对人才有要求了，这时候企业的优势可能就变成了劣势。《企业突破》这本书就特别强调，老板的能力太强，在早期是优势，等组织化的时候就变成了劣势，因为再能干也不可能什么都自己干。这是企业转型过程中要解决的几个关键要素的转变，从个人到组织，从单点到体系，从做事到专业，要解决人才匮乏的问题，要有人才来支撑企业的发展。

郭伟：什么叫战略成长？就是有序的规模化。要想战略转型，每个领域都有拓展的机会，关键是企业有没有把住到这个拓展的机会。比如地产企业，原来大家都觉得地产是区域性的，这儿拿块地建别墅、那儿拿块地建住宅，谁都没有意识到能做到全国性，但后来龙湖、万科做成了产品标准化，大家才发现地产也能够进行规模化扩张。

陈明：从规模来解释战略型成长，这个角度非常好。不讲规模的时候，很多问题都不突出；一旦有了规模，问题就都出现了，所以从某种意义上讲，战略成长就是要做大规模。进一步说，企业通过机会成长以后，一定要沉淀一些能力和优势，后面发展主要是靠优势、靠能力成长起来的。目前来讲，“有序的规模化”和“基于优势或能力的成长”，可以说是战略型成长的核心内涵。

曹朝霞：从机会成长到战略成长，业务领域和主航道是不变的，机会成长到战略成长不是战略转型，这是一个明确的回答。那转变的是什么？

首先，目标应该更高远，从关注现实到关注未来。机会成长期更多考虑量、本、利，怎样盈利能活下来的问题。到了战略成长阶段，因为有了更高的追求，关注的就不仅仅是量、本、利，还要为未来做投入。

其次，能力的转变。一是从个人能力到组织能力的转变，其中，营销能力的组织化是判断一个企业是否进入战略成长的重要标准。从创业期企业家主要做营销的“个人英雄主义”到营销的组织化，如果这个过程不能突破，所有的资源还在个人手里，靠个人去突破一个个关系和资源做营销，企业就无法完成从机会成长到战略成长。二是进入战略成长阶段之后，产品和技术的能力是很重要的能力。无论是华为还是其他千亿级的企业，营销能力和产品能力都是“纺锤形”的两头，是核心，必须要抓住。只要没有完成这两个转型，我不认为企业进入了有战略成长能力的阶段。三是职能专业化，也就是职能部门变成可以赋能的平台。这三个能力的转变，是机会成长过渡到战略成长阶段需要关注的核心，这里有个次序的问题。一定要掌握先后次序，不可能同时变，否则可能会死。比如华为，它就是先变了营销体系，从野战军模式变成了组织化，职能的转型是放在后面的。能力打造的先后次序，主要根据企业当时最大的痛点和难点去做，否则，转型升级即便成功也会很难受。

最后，商业模式升级。商业模式一定是随着核心能力的提升不断地优化升级，并且不断地在做这件事情。从战略规划到战略计划，再到预算，每年都在做这件事情，寻求商业模式的不断优化和升级。但是有一点，产业主航道并没有变。

陈明：曹老师的见解非常独到，我在现实中的观察也验证了她的观点。在我看来，所谓的转型升级，在战略层面还有一个内涵是发展方式，比如过去追求规模，现在则追求有质量的生产，要提高生产力。不管是叫战略转型还是叫战略升级，其实隐含了发展方式的问题——追求规模时，有时候是“虚胖”，又没有“肌肉”，有可能得“癌症”；要发展得好，就得有质量地增长，也就是生产效率要提高，就是我们所说的从追求数量到追求质量、追求品质，从规模到效益。这是有场景的，一个行业刚刚起来的时候不能追求效益，一定是到了相对成熟的阶段，做起来以后、转型的时候，就不能光追求数量了，还要追求有质量的增长。发展初期还是得“跑马圈地”，先把握住机会，如果一上来就追求效益，企业就发展不起来了。

我再从另一个角度补充一下，怎么衡量这个组织是组织化了呢？第一，对人的依赖降低了，不需要全是“天兵天将”，水平低一点儿的人也能干这件事情，说明组织化程度是高的。第二，同样的投入，产出非常大，1 +1 >2，有了协同效应，说明组织化程度是高的。要么投入降低，要么产出特别大，同样的资源，企业可以做得更大，这样就可以判断这个企业有没有“放大器”。

四问：转型的前提和关键要素是什么

郭伟：从机会成长型企业过渡到战略成长型企业，主要有两个关键要素。一是企业带头人的战略意识和战略能力，这是主观层面的东西。别看有的机会成长型企业做了一个假战略，但是至少他有这个战略意识，知道要通过战略把组织和团队带到更高层面。如果不具备这个意识和能力，机会摆在面前也抓不住。二是一定要能够捕捉到机会成长过渡到战略成长的机会。很多企业现在的主业跟之前的主业之间很不搭界，那是怎么做成现在这样的呢？就是以前的业务不足以支撑规模化、组织化的拓展了，因为没有机会，没办法步入战略成长阶段，经过多次试水后产生了这样的结果。有很多好的企业进入一个领域发展起来以后，发现这个领域的确具有拓展性、延伸性、发展性。在这个过程中，加之企业家的管理团队有战略意识和战略能力，就迅速打造了自己的组织能力，形成了自己的组织规则。在这个过程中，就可以进入战略成长阶段。

当然，在过渡的时候有很痛苦的脱胎换骨的过程，因为所有的习惯都要改变。但是如果没有这样的机会，没有这样的过程，就很难过渡到战略成长型企业。有太多的企业都是这样的情况，比如有一家企业，做过出租车、做过太阳能、做过集热管……基本上赚钱的生意都去挖过坑，但这些都不具有复制性。结果，出租车、太阳能生意都失败了，属地化特点明显。最后发现做城市管道燃气的机会，后来借着扶贫形成了外埠扩张的规模。前期，这家企业赶上了公用事业向民营资本开放，他们先入为主，迅速发展起来，在无意识过程中完成了资本积累。然后就发现各地都是公司，得搞集团管控，把经营管理模式标准化，报表要统一，还得上信息系统，一旦有了这个步骤，战略成长的步伐就快了。

有一次一位老板问我，他们公司为什么要上市？这个问题确实很难回答。有一个比喻很形象，说上市就是一双红舞鞋，一旦穿上就停不下来了。企业进入战略成长阶段时，企业家是非常痛苦的，问题会一个接着一个出现，需要不断地往前走，这一点跟上市是一样的。面对这些，很多企业家可能会自愿放弃进入战略成长阶段，认为自己就是做生意的，每年做一个小规模的东西活下去就行了。这说明什么呢？转型的一个重要前提在于企业家的发展意愿和追求层次。

曹朝霞：企业家能不能走出舒适区，进行自我突破是企业从机会成长转型为战略成长的关键要素，由此决定了转型的几个前提条件。第一，企业能不能从个人英雄主义、个人主义为主体的营销驱动，转变为有组织化的能力，即要从个人打仗的方式转向组织化的打仗方式。第二，舍不舍得为未来做投入，加大固定成本。在机会成长阶段，所有的企业都是考虑如何低成本运营、高效率运转，固定成本太低时，组织的张力是不够的。要转向战略成长的时候，一定要扩大平台的能力。而扩大平台能力，就会增加企业运营的固定成本，这时候很多老板一算账，往往会犹豫，或者放弃。不能容忍短期内成本增加但效率不彰显，导致企业战略转变过程中的犹豫。第三，要做大增量。这是前面两个前提的必然要求。如果不能快速地产生增量，以此来支撑成本的增加，很多老板会犹豫，会打退堂鼓。但从个人能力到组织能力打造，需要企业进行充分的分工授权，短时间会有一个很痛苦的过程，企业家是否愿意承担这样的转变也是个问题。

陈明：我小结一下，就是转型期需要领导力的突破。

第一，是企业家个人的突破，要追求境界、格局。境界的本质是站得高、看得远；格局要特别大，能包容很多东西。领导力的提升就是要求看得远、有见识、有追求，遇到了挫折有韧性，百折不挠，这是一个长期过程，也是最难的。

第二，一定要学会组团队，很多人意识不到这个问题。从组织层面来讲，真正的核心团队需要有不同的能力，还要有不同的气质。能力很好理解，主要是四要素：业务与营销、产品与技术、运营与管理、经营与资本。但是，仅从能力的角度来理解团队还不够，团队还有气质的不同，有的人爱思考，有的人行动力很强，有的人能抛头露面，还有的人综合能力强，等等。一个人很难完全具备这几个方面的气质。比如人在思考的时候大脑很发达，行动势必就慢，不可能大脑很发达，行动能力也特别强，这两个气质就很难汇集到一个人身上。所以，团队的互补不只是能力的互补，还有做事气质的互补，一个大组织必须有一个团队。当然团队还要有灵魂人物，要学会从单打独斗向组织化转变，学会领导一个团队或组织去干。

第三，要能够放手，要有信任，要让人家干，干得不如意你还能包容。人才一定是干出来的，即使别人干错了你也要忍住。否则，你一出手，别人无法得到真正的锻炼机会，从而成了你的手下，这样人才很难真正地成长起来。

五问：怎么处理转型与能力，转型与增长的关系

1. 转型与能力的关系

郭伟：从机会成长阶段到战略成长阶段，既要有战略的意识，还要有能把握住战略机会的能力，那么这个能力是怎么形成的？

第一，能力不是积累而来的，而是传承过来的。什么叫积累？在机会成长阶段没有积累，今天干这个，明天干那个，能力没有积累起来，恰恰是到了战略成长阶段之后，才形成了相对固化的核心能力，而且围绕着这个核心能力不断地积累和拓展，这是机会成长和战略成长的集合点。

第二，企业的道路跟人生的道路一样，对关键几步的把握至关重要，一个机会把握不住就失去了，失去以后这个机会就是别人的了，或者说这个机会就不存在了。

第三，需要企业家有百折不挠的对事业发展的欲望和追求。

第四，对专业、体系、组织和知识的尊重。很多企业成长起来以后，这个关口很难过得去。我遇到过一个企业家，问他公司现在的管理怎么样？他说，没问题，找了一个人帮我管理。如果他是这么看待管理问题的，那么所谓能力的积累也好，对未来的投资也好，做好一切准备来迎接战略机会的到来也好，全部都是白谈，因为他始终不处于战略状态。还有，一旦到了需要把握战略机会的时候，很多人因为畏惧而没搭上这班车。

陈明：企业机会成长以后往往就会出现分化，有的老板没有野心，就在本地做，也不扩张，不想搞得那么累，能力就很难积累；有的老板野心比较大，就要向战略成长转型，在向上分化的过程中，刚开始时意图可能没有那么明显，但随着认识的深刻、意识的逐步清晰，能力就开始一点点积累，这个时候如果碰到市场有机会扩张，企业就做起来了。

比如美的刚起步时是做瓶盖，接着做风扇，后来捕捉到一个机会，就是随着人们生活质量的提高，对空调的需求扩大，美的看到这个需求后，并购了广东华宝，开始积极布局。这时候有两个千载难逢的机会：第一个机会来自春兰，当时春兰的老板认为做空调成不了世界 500 强，所以改做摩托车、大卡车，春兰多元化以后，它的空调方面的人才和资源就流动到了美的，同时也把市场让了出来。第二个机会来自海尔，海尔当时刚开始走国际化道路，需要打造自己的品牌，因此美国 GE 公司就减少了与海尔的代工合作业务，这些代工的产能基本上 80% 都转移到了美的。就这样，美的在家电行业死死地抓住了这两个千载难逢的战略成长的机会，实现了战略成长。另外它当时还有一个隐性的机会是什么呢？就是白色家电行业的技术演变相比较而言很缓慢，比如 20 世纪五六十年代发明了洗衣机，这么多年过去了，洗衣机还是滚筒式、涡轮式，除了材料的变化外，没有什么太大的变化。这样一来，企业就可以把几乎所有的资源和优秀人才全部集中去搞营销。反观黑电行业就不能这么搞，比如电视机的更新换代很快，美的就做不了。事实上，美的也曾经尝试做过电脑和互联网，但一看形势不对，紧急收手了。

企业在转型成长过程中，必须形成自己的核心能力，要不然做不大，碰到机会也抓不住。这个核心能力的起源，有时候是老板的直觉，甚至包括误打误撞，但随着了解和认识的深入，老板的能力将起到至关重要的作用，比如发现关键环节的能力。拿美的来说，当老板认识到空调压缩机关键零配件是核心环节，就收购有关方面的企业，进行关键核心部件的布局，为企业战略型成长有序地把握住大的规模奠定了基础，不然的话也成长不起来。

2. 转型与增长的关系

郭伟：有人会问转型和增长是不是一定相冲突？

第一，转型和增长一定没有冲突。转型永远是为了增长，如果哪个公司说在转型过程中放弃增长，先夯足实力，三年后再发力，完成转型之后再增长，那么这个公司不会有大的发展。有句话说得很形象，叫“骑着自行车换轮胎，自行车还不能倒”。

第二，所谓的转型，就是说我们的组织状态和组织能力跟增长的需求之间出现了矛盾或者不匹配，需要调头或者调整。改变的方式无非有两种：一个是革命，另一个是改良。从下往上的是革命，从上往下的是改良，但核心问题是让组织状态和发展需求直接匹配，这与社会革命或改良是一样的道理。这个道理说清楚以后，再讲所谓的增长和转型是什么概念。增长和转型就像小河里的流水一样，它是不以你的意志为转移的，一旦你进入了战略成长状态，能控制的就是增长的快慢问题，很难控制不前进，因为不前进就是死，不进则退，没有停在原地的状态，所以没有停在原地做转型的事儿。

第三，转型的时间问题。所有的经济都有周期，企业的发展也是有周期的，一般快速发展三五年之后就需要一个盘整期，在这个过程中，发展得过快就会出现组织结构跟已经产生的形势不匹配的问题，就需要进行调整。我们常说“收回来的拳头打出去才最有力”，这个“收”就是在形象地讲增长率略微放缓，但绝不是停滞。

第四，恰恰要在增长过程中消化转型的成本和矛盾。因为在转型过程中需要有成本的付出，以及在这个过程中积累的矛盾点的爆发，如果这个过程中没有增长的铺垫，改革是成功不了的。社会的变革、企业的变革之所以不成功，80%、90%都是因为这个问题。这就是我对转型与增长的粗浅理解。

六问：转型最大的风险来自哪里

王智敏：一个转型成长期的企业有哪些成长风险？大家马上能想到的就是市场风险、资金风险、战略选择错误的风险，等等。在我接触过的很多企业里，转型成长期的潜台词是这个企业做到了一定程度，自己想要往更好的方向转型，要么是老板意识到了这个问题，要么是行业环境逼迫企业必须转型。我们探讨机会成长、战略成长，在民营企业做到一定规模，想要转型的时候，往往面临的是人才劣势。原来企业小，现在规模做扩大了，但是系统能力、组织能力、体系建设还跟不上，因为销售抓住了机会容易发展，但是内部管理的建设速度远远滞后于规模发展的速度，怎么办？很多老板开始高薪挖人。这时候有可能陷入一个误区，就是太相信背景特别强的人或成熟的人才，这些人看着都很牛，但是不一定能干成事。比如有个企业，从IBM、联想、宝洁挖来了一些全球化人才，但结果是失败的，就是因为大企业里的人在比较成熟的体系里能够发挥作用，但到了成长型企业需要拳打脚踢开创局面时，就未必能胜任。

另外，如果这个企业自己的体系还没有建立起来，在很短的时间里大量引入所谓的成熟人才，反而很有可能把企业的体系搞得乱七八糟，一地鸡毛。比如一些民营企业做起来后，发现区位上有劣势，就更愿意花大价钱请一些人过来，这些过来的人本身就有机会主义倾向，干得成就干，干不成也是一个高薪的机会。我们见过一个客户，搞了一个机构，老板是外行，就高薪请职业经理人，最长的干了两年，短的半年就走了，经过一轮折腾，企业元气大伤，面临的情况是要么把企业关了，要么自己再从头理。转型期间的企业虽然愿意花大价钱请成熟的人才来，但是往往因为对自己的实力估计不足或者太急功近利而失败，正所谓，一口吃不成一个胖子。

陈明：我现在特别强调场景，招一个人，在什么场景下让他发挥作用，这很重要，需要给他提出很多约束条件。一定要把场景描述清楚了，再问他在这种情况下能不能干、能不能发挥作用、怎么发挥作用等，因为并不是大公司来的人就一定能胜任，这是我的经验。有个公司要招一个负责新能源汽车方面业务拓展的总经理，去拓展这个行业，我给他们提供的意见就是，要讲清楚公司现在处于什么样的产品阶段，需要这位总经理解决什么问题，现在还有哪些约束条件，看对方能不能匹配，等等。对于有些人来说，平台搭好了、体系搭好了，让他在上面施展没有问题，但如果让他建平台，从乱到治，就不行了；而有的人则恰好相反，情况不同，要因人而异。

还有一个风险是搞转型的时候不增长了，这是最大的风险，成本兜不住了。因为转型一定要增长，有增量，转型就容易进行，上坡路的空间大；如果是下坡路，转型就很难做，空间太小。所以，不增长的风险、人才的风险、管理的风险在转型的时候都存在。

七问：企业如何实现战略性成长

陈明：最后我们每个人来回答一下企业如何实现战略性成长的问题吧。

我先来讲一下：要做大组织，实现战略性成长，要有一定的投入。判断一个企业有没有未来，能不能做大，能不能做到战略型的发展，我看到了一个维度，就是它对未来投入了多少。在移动互联网时代之前，现代化企业有一个普遍的规律，就是一定要有 12% ~14% 的基于未来的投入，一定是跨时空配置资源。能不能把握住战略机会，就看它在什么时候为未来配置资源，这是可以衡量的。如果始终推迟对未来的投入，这个企业有可能就没有未来了。

郭伟：第一，实现战略性成长，要进入战略成长的状态。要对专业发展存有敬畏和尊重之心，还要有一往无前的勇气。我们要学习标杆企业的成功经验，但模仿和复制不了别人的经验，借鉴别人的思路，专注于自身的发展最重要。只有进入战略成长的状态，当战略成长机会摆在你眼前的时候，你才有可能抓住。

第二，要让组织处于组织化状态。最核心的是解决两件事儿：一是分工授权；二是体系建设。分工授权是什么概念？就是把一件事情最后拆分为流程化的操作。拆分的过程是取舍的问题，因为一旦形成流程化操作，转化为组织化行为的时候，会丢失很多市场和机会。这个道理很简单，比如在流程化操作下，你只能生产纸杯，那么有一个生产塑料杯的机会干不干？如果只做纸杯，塑料杯不做，最后也能扩大规模，这个机会真的是有的。但很多老板就是做不到，这个也想生产，那个也想生产。另外，伴随着分工，最核心的问题是很多老板敢于分工、不敢授权。这个问题就比较大了，核心问题是什么呢？往大了说是胸怀境界，往小了说是人性特征。双良集团的老板，发现创业这么多年，到现在为止依然坚持着"用人不疑，疑人不用"，很让人吃惊，很少见到这样的企业家。他在用人的过程中尝到了甜头，在用的过程中，也循环式地形成了自己的性格特质。他说："把一个人放在某个位置上，但不给相应的权力，那不是犯傻吗？"但是现实中，很多企业没发展起来就是栽在了这个问题上，比如聘任了一位总经理，但是连报销费用的权力都不给他，美其名曰要有考量期，要有风控措施，甚至在团队建设里"掺沙子"——请来个"元帅"还要派个"监军"，等等。这就好比一个小孩儿，在青春期的时候就教给他很多规矩，这件事儿不能干，那件事儿也不能干，这个小孩儿肯定没法成长，很难干成事儿。

为什么要在组织里建设体系？很简单的道理，就是把制度流程标准化，就像交通规则一样，能够产生协同效应。好比在美国开车，美国有一个不成文的规定，十字路口没有红灯的时候，要一辆接一辆地通过，有没有车都要踩刹车，而且必须得停，左边过一辆，右边过一辆这样走，已经形成规则了。有一次我们在美国开车，两辆车连着，第一辆过去后，怕跟不上，第二辆就过去了，旁边的老太太就开始指责了。这就是体系，这就是规则。在一个组织里，体系和规则看似是起约束作用的，实际上是提高效率的，是产生协同的，尤其在大兵团作战过程中，大家必须尊重规则，让所有人对当前的状态有明确的预期，知道下一步怎么做，你打左灯就知道要往左拐，打右灯就知道要往右拐，这样才不会乱，这就是规则意识和规则的建立。但是建立规则是有成本的，尤其受到挑战的是自我习惯的纠正，这部分的过渡是很难的，关键的几步是有没有意识、敢不敢授权、是不是重视、有没有胆识，只有做到这几点，才能进入组织的状态。

陈明：企业从机会成长到战略成长，是整个现实经营环境中面临的非常重要的坎儿。从企业家层面来讲，要符合这个背景，需要做出很多的改变。从组织层面来讲，也要完成从个人到组织化的建设。这个转型之路，我认为必须是企业家或者核心团队的成员蹚出一条路来，并且能见到血，而且有效了，才能跟员工们说，你们进行大兵团作战吧，我给你们蹚出了一条路，你们进行组织化操作，这样才能从机会成长到战略性成长。

曹朝霞：老板亲自带领大家做转型很重要，而不是说交给别人去干，这一点是能否转型成功的最关键的要素。如果是刚刚入职的总经理来做转型，根本不可能成功。

陈明：总的来说，我认为不管是转型，还是从机会成长到战略成长，无论任何目的，都要围绕着发展来进行，不能为了转型而转型，一定是为了发展。

郭伟：坚持战略意识，积累战略能力，把握战略机会。

三、中国企业隐形冠军战略与成长之路

哪些企业会成为未来中国经济的核心力量，以及全球化市场的主体？为什么是这些企业？

隐形冠军是一种活法，一种战略选择，还是一条成功必由之路？

专家嘉宾：

彭剑锋　华夏基石集团董事长、中国人民大学劳人院教授、博导

夏惊鸣　华夏基石集团副总裁

苗兆光　华夏基石集团副总裁

陈　明　华夏基石集团副总裁
罗一飞　中国人民大学博士

企业嘉宾：
方洁苗　浙江榆阳电子有限公司总经理
孙　喜　深圳水务技术有限公司总经理
策划/主持：尚艳玲　《华夏基石管理评论》主编
文字编辑：尚艳玲

·研究报告·

罗一飞：德日中三国隐形冠军企业比较

一、隐形冠军概念与中国隐形冠军研究

1. 隐形冠军的经典定义

隐形冠军确实不是一个新概念，但这两年中国提及得比较多。1986年，赫尔曼·西蒙教授在参加一个会议时发现，德国的经济总量只有美国的1/4，可出口却是美国的好几倍。经过研究，最终提出隐形冠军的概念。

从词义本身看，隐形冠军包含两个意思。一是隐形，指的是不为大众所知，但在产业链上、在重要客户群体里是比较出名的；二是冠军，体现为细分领域的市场地位和市场份额，即市场占有率。

隐形冠军在中国引起热议，与当前经济形势有关。现在中国正经历产业转型，经济增长从过去的投资驱动、要素驱动转向创新驱动，在德国和日本中小企业的成长过程中，创新占据了重要地位、起到了关键作用，研究隐形冠军的成长路径，可以看出中国科技型企业的培育，重点要关注创新。

近十年，国内对于隐形冠军的研究主要集中在两个方面。一是对西蒙理论的推进。提出了隐形冠军的指标体系，比如收入水平、创新投入等，这一指标动态调整，每年的门槛越来越高。国内的研究倾向于对这

一理论进行推进，围绕已经公布的一些隐形冠军企业的特点特征、成功之道，以及我国的中小企业开展要素研究。二是集中在案例和实证研究，集中在对个别企业的经营方法和特定策略进行研究。西蒙当年提出，德国有1300多家隐形冠军，中国只有60多家，对标德国的成功经验以对中国企业有所借鉴，是比较重要的研究方向。

同时，把隐形冠军研究和世界一流企业的培育相结合，也是一个重要方向。因为二者具有几个共通点，比如对重点领域关键技术进行突破；对产品和技术封锁进行突破；占领技术、标准、人才的制高点等。

结合德国、日本、中国已有的隐形冠军企业，我们可以对隐形冠军做一个界定，**即专注于某个细分市场，专业化程度比较高，在某个领域市场的份额具有明显的领先优势及持续发展能力，在本领域核心关键技术上拥有自主知识产权，掌握行业标准制定的主导权，研发投入、专利、利润率明显高于同行，占据产业链比较高端的位置。**

2. 中国隐形冠军研究面临的问题

一是研究方向。

从国际竞争视野来看，隐形冠军是科技型中小企业未来发展的重要方向之一，也是中国科技型中小企业重要的培育方向，是中国应对当前国际贸易战形势的重要博弈策略。目前国内外研究多面向广大中小企业，将隐形冠军作为一种可选的经营之道，重点在于鼓励中小企业增加对专业化经营策略的考量。

然而，随着科技中小企业发展态势与政策需求、国内外发展形势等方面的变化，隐形冠军应当提升到中国实现制造业转型升级和应对国际博弈格局的战略地位，进一步强调其重要性和必要性，也需要结合企业生命周期理论、国内外发展格局、国内政策体系等进行系统梳理与宏观把握，从政府对科技型中小企业培育策略变革方向的角度进行深入探讨。

要把隐形冠军的培育和世界一流企业的培育结合起来，对重点领域的关键技术进行突破，突破技术封锁、产品封锁，占领技术、标准、人才的制高点。

二是研究对象。

赫尔曼将隐形冠军定义为细分领域市场占有率世界前三强或某一大

陆上名列第一、营业额低于50亿欧元、非众所周知的企业。实际上，随着企业和市场的动态发展，隐形冠军很难从产值、市场占有率等方面做量化定义。

笔者认为，隐形冠军应当是专注某细分市场，专注专业程度较高，在本领域市场份额具有明显领先优势并具备持续发展能力，在本领域核心关键技术上拥有自主知识产权，掌握行业标准制定主导权，研发投入、专利及利润率显著高于同行业企业，占据产业链高端，很少直接面对终端消费市场的创新型中小企业。

二、德日两国隐形冠军企业的主要特征

（一）德国隐形冠军企业的主要特征

德国70%的出口都来自中小型企业，其中，1000余家隐形冠军企业支撑了26%的德国出口，且都是高附加值、高利润率产品。

1. 隐形

所从事的行业往往处在产业链上游，且高度专注于自身领域，主要为大企业服务，鲜少直接面对终端消费者和开展广告宣传，甚至刻意保持低调，因此，公众知名度往往不高。

如德国的Krones是世界领先的灌装设备供应商，世界上大部分饮料都由该公司的设备灌装，每天购买饮料的消费者对其一无所知，但它对饮品企业而言不可或缺。

2. 细分市场垄断地位

走专业化而非多元化发展道路，专注较窄的市场领域，在产品质量、种类和技术等方面具有独特竞争力，不少企业在细分市场甚至可以占据垄断性地位，拥有说一不二的定价权，掌控本领域的全球市场。如Gerriets公司是世界上唯一生产大幅舞台幕布的厂家，在此领域市场份额达到100%。

3. 技术和服务的绝对领先

极为重视技术和服务创新，其创新能力遥遥领先于同行，创新投入和产出效率高于一般公司。与普通公司及全球1000强企业相比，隐形冠军企业在研发投入上大得多，是一般公司的两倍；从产出上看，隐形

冠军单位员工的专利申请数是一般公司的5倍，而且专利成本只有一般企业的1/5。

4. 家族企业或常青树企业

绝大多数隐形冠军经历长期传承和布局才能奠定行业优势，不轻易扩张领域和规模，家族企业或者封闭持股企业较多。但正因为如此，其市场更加稳定，受时尚潮流或者经济繁荣周期的影响较小，企业存活时间更长。隐形冠军平均年龄66岁，38%的隐形冠军有超过100年的历史，平均占有市场领导地位达22年之久。

主要原因是德国拥有隐形冠军得以繁盛的环境，包括以制造业为核心的产业结构、高度重视和保护创新的政策环境、高素质产业工人、崇尚品质的消费理念。如德国制造业在GDP中的比重显著高于其他发达国家，而美国、法国、英国等国家更着重发展服务业，在金融危机爆发后，这些国家经受了巨大冲击，陷入低迷，唯有德国迅速恢复并实现快速增长。鉴于此，近年来美国等西方发达国家相继提出重振制造业、"再工业化"。

德国还非常善于在各个区域形成优势产业集群，从而使企业始终保持较强的竞争意识。德国拥有独特的双轨制职业教育培训体系，促进企业和职校合作，为生产一线输送了大量技能娴熟的高素质劳动力。此外，德国民众的消费理念中极为注重产品和服务质量，高度认同和信任隐形冠军的产品，这也成为德国隐形冠军蓬勃发展的重要前提。

（二）日本隐形冠军企业的主要特征

截至2018年，日本世界份额第一的隐形冠军企业有200多家，如果将份额前三的都算进去，有接近1000家。

1. 大多数依附于某一个供应链

与德国的隐形冠军企业基本都是单打独斗型，和大企业没有固定的合作关系不同，日本的隐形冠军则以系列关系（配套、分包商）为主，一定是依附于某一家大企业，大多数是依附于某一个供应链，高中低端市场全线切入。这其中的关键是日本比较特殊的企业结构和研发体系。

从产业属性来说，主要集中在新材料、制药、生物科技、精机、精细化工、微电子、半导体（NARD、感应器、模拟IC）、汽车制造等领域，在其他一些新的战略性行业则显得乏力。

日本的隐形冠军企业主要采用市场分割型创新，对已有的市场进行细化，在某一项技术上不断突破，做得越来越好，这也符合大家对于日本人和日本企业一贯的认知。

2. 知识产权保护充分

通过专利等一系列的方法利用全球的法律体系来保护自己的知识产权，维持自己的竞争力。

3. 创新能力强

关键的设备、零部件全部自主研发，保证技术不外流，不被限制。

汤森路透每年在世界范围挑选100家创新企业，以企业的创新产品被别的企业购入的数量进行排序。在2019年的名单中，日本有30～40家，中国不超过5家。这些数据基本上代表着目前全球制造业的创新能力和竞争力。

4. 将产品进行充分细分，占据最细分市场的大量市场份额

市场分割型创新，对已有的市场进行细化，在某一项技术上不断突破，做得越来越好，这一类日本企业比较擅长。

如华为P30的供货商，1631个零部件中有869个由日本企业供应，占比53.2%。华为每年从日本的进口额为6800亿日元，占日本对中国出口的4%。

5. 百年企业多，小微企业多

日本的百年企业两万多家，其中固然有很多优秀企业，但大多数规模都很小，且大多数为传统行业，数量最多的是旅馆，还有豆腐店、造酒企业，都属于小本生意，主要服务于在地经济。

三、中国隐形冠军企业的主要特征

中国隐形冠军企业的主要产品细分领域多是传统制造产品，如钢丝绳、非公路矿用自卸车、农用硫酸钾、电池炭棒、真空开关管等，而技术含量高、涉及先进制造关键领域的单项冠军较少，特别是一些前沿技术产品，如电信核心技术产品、新材料产品、数控机械产品、先进机械设备产品、汽车电子产品、汽车自动化产品、塑机产品、无缝钢管、仪

器仪表、生物医药产品、调节阀门、挖掘机产品、船用配套设备、激光产品、集成电路产品、氟聚合物产品、高温电缆、微生态制剂、生物燃料产品等。这也从一个侧面反映出中国在先进制造领域与世界制造强国技术水平的差距。

2016 年，工信部推出《制造业单项冠军企业培育提升专项行动实施方案》，2016—2018 年分别评选出 54 家、71 家、68 家，集中了众多民营企业、上市公司和创新型企业。从这些企业的情况来看，大致反映出中国隐形冠军企业（或者说是单向冠军）的特征：

1. 有一个清晰而明确的企业目标

“我们要在这个领域成为全世界最优秀的一员，不但要占据最高的市场份额，而且要在技术和服务方面是最出色的。”

“我们要做市场的领袖，第二的我们都不做。”

“市场的游戏规则要由我们说了算，我们要成为这个市场的行业领袖。”

为了这一条，要克服多元化的诱惑，把自己的市场界定得很窄，力图在一个具体的产品上形成绝对的领先优势。

2. 专注和开放相统一

在产品、技术和客户需求层面，他们选择狭窄的市场定位、专注的技术研发和深入的客户挖掘。

在商业活动的地域分布方面，则选择宽广、博大，放眼全球。这些企业的国际化程度大都相当高，而且在很早的时候就开始了国际化的征程。

为了国际化，这些公司每一步扩张都是通过建立子公司，而不是通过分销商，为了通过子公司把客户关系牢牢地掌握在自己手中。

3. 隐形成长

一是做局部市场。只要不是大面积的攻击强势品牌，一般不易引起大企业的高度重视，中小企业在自己的局部市场深耕细作。

二是做空白产品。开发竞争对手暂时没有开发的关联性产品，寻找市场的机会点，发现消费者的隐性需求，这样企业可以快速地把市场做大。

4. 客户思维

近年来，中国的宏观经济环境、消费环境、品牌意识、消费心理都在发生巨大的变化，从客户需要着手，关注消费者，构建顾客档案、顾客数据库是很多隐形冠军企业的重要特征。

四、中国隐形冠军企业存在的主要问题

1. 没有明确在全球化分工体系中正确地进行战略定位

缺少研究和规划，一般采用拿来主义跟随战略，尚未选择或创建合宜的经营模式，在培育具有企业属性的关键成功要素方面缺少战略思想。

2. 发展理念以短期利益导向

德国隐形冠军经过长期发展，已形成强烈的专业精神和社会责任感，注重为客户创造价值及企业可持续发展。而中国的中小企业大多还处于求生存阶段，更注重短期利益。

3. 开拓国际市场意识不强，能力不足

中国国内市场庞大，企业能够从本土市场获得更多滋养。但这也造成了很多企业仅从生存的角度考虑，对开拓国际市场意识不强、动力不足，同时，中国企业参与国际竞争的壁垒众多，融入国际市场尤其是高端市场遇到的阻碍多。国际法律、标准、知识产权、商务谈判等方面经验和能力不足，中国企业在关键技术、核心自主知识产权方面仍受制于人。

中国的许多企业虽然占据了很高的市场份额，却集中于后端工艺，核心技术和关键零部件依然严重依赖进口，如 2017 年中国集成电路进口额为 2601 亿美元，已成为第一大进口商品，占总进口额的 14.1%。较高的市场份额未必能够成就隐形冠军，只有强大的自主创新能力，才能让企业在专业市场立于不败之地。

4. 受制于我国经济的发展阶段

德国经济主要依靠高端工业品生产制造和出口，也早已构建了高度重视品质的消费文化。而中国劳动力市场庞大但劳动力素质参差不齐，国内需求巨大且层次多样，崇尚品质的消费文化和消费能力尚未形成。

2018年，全国居民人均可支配收入和消费支出增速双双放缓，住房、医疗、教育消耗了大部分居民收入，居民储蓄率增速持续下降，家庭债务则迅速攀升，一时间“消费降级”。

5. 我国的投资模式

中国市场对以互联网经济为代表的新经济、新产业、新模式更热心，资本对流量的片面追捧使实业发展遭遇困境。求新求快的氛围过浓，对市场热度低的产品及企业长期研发创新等支撑不足，导致中小企业深耕单个专业领域走专一发展道路的难度较大。

·主题发言·

彭剑锋：隐形冠军的中国实践之路，机会与陷阱

第一，为什么说这是一个隐形冠军崛起的时代？

中国发展到今天，中国企业进入转型时期，这是一个从量变到质变的时期。质变的方向有两个：一是成为具有全球竞争力的世界级领先企业；二是成为行业领袖与隐形冠军。这是中国企业的两大方向。

2018年，中国有120家企业成为世界500强，非常接近美国的126家，从数量上看稳居全球第二。但严格来说，这些企业多数还是500“大”，不具有真正的全球竞争力。达到世界级领先企业的指标体系，成为真正具有全球竞争力的世界级领先企业，主要有如下几方面差距：

一是技术创新能力。多数中国的世界500强企业不具有真正的核心技术，研发投入也不够。据统计，世界500强企业的研发投入普遍在6%～10%，但中国世界500强的研发投入平均不到1%，这使得其在国际上具有有效转化率的专利申请数较低。

二是品牌溢价能力。我们现在依旧是低价格、低附加值的产品居多，同样的产品，与国外企业比较却较少形成品牌溢价。

三是全球化能力。中国绝大多数进入世界500强的企业，其市场主要还是国内市场，并没有把产品卖到全世界，更没有在人才、技术品牌、产业要素方面全球化，最终体现在经济效益，也就是净资产收益

率、人均效能等，在全球是偏低的。我们在研究领先性世界级企业的六大指标体系时发现，中国的大企业普遍都面临着从做大到提升内在能力，即做强的问题。

从中国的实际来看，成为具有全球竞争力的世界级领先企业，不是绝大多数企业的发展道路，中国的绝大多数企业是中小企业，真正能够支撑一个国家持续发展、持续繁荣，能够解决就业问题的还是中小企业，所以我们转向研究行业领袖和隐形冠军。

第二，为什么说隐形冠军需要重新定义？

赫尔曼·西蒙提出隐形冠军概念是在 1986 年，针对的企业基本上都是 ToB 业务，即给大企业做配套，均为规模不超过 50 亿欧元的中小企业，同时，文化上保持低调，不为大众所知。

今天，尤其是中国企业的生存语境里，隐形冠军有必要突破原有概念的制约，结合时代变化和企业的实践探索，重新定义。

隐形冠军不一定要隐形。过去讲隐形冠军，是指隐身于大产业链内、为大企业做配套，因而并不被产业链之外的人所了解。而今天，在某一个细分领域里，把一个单品做到极致；不仅仅是 ToB，直接做 ToC 的冠军型企业也不断涌现。比如火锅业的海底捞、水果零售业的百果园，它们是细分领域的行业领袖，也应该纳入隐形冠军的范畴。因此，今天的隐形冠军，本质上并不强调是否是隐形的，更多是指一种企业性格，如在文化上比较低调、有自己的战略定力。

聚焦不一定是专注单项产品。值得注意的是，与工业时代相比，专注、聚焦不能理解为局限于某一个单项产品，聚焦核心能力、业务领域也是一种聚焦。比如华为既做通信设备也做手机，而不做房地产，这就是聚焦通信领域；电视、电脑、汽车、手机“四屏合一”，也不是多元化，而是聚焦一个核心技术。在今天这样一个技术迭代快速、市场变化多端的环境下，仅仅聚焦于某一个单项产品是有颠覆性风险的，如果华为不做手机，不进入新的领域，只安心做一个通信运营商，有可能活不到今天。

隐形冠军、行业领袖的专注和聚焦，我更愿意理解为是一种价值观：坚持长期价值导向，围绕特定客户提供有价值的长期服务，而不是追求短期发展机会，专注、聚焦自身所坚定的产业领域，围绕客户创造独特的、不可替代的价值。我认为这是隐形冠军、行业领袖最核心的本质。

产业属性、规模大小不应作为主要的评价标准。隐形冠军不仅仅指工业企业，在互联网时代，服务行业里也诞生了很多隐形冠军、行业领袖。毕竟赫尔曼·西蒙的时代还没有普及互联网，全球化思维也并未滥觞。

从规模上讲，隐形冠军虽然大多数是中小企业，但不仅仅限于中小企业。在很多产业领域，如果市场足够大，也可以产生世界级的企业。比如中集集团只做集装箱，也能做到全球第一，成为千亿级的世界500强。

组织结构不一定是简单单一。原来意义上的隐形冠军多为家族企业，组织结构相对比较单一，人才也比较稳定，相对强调集权的金字塔管控模式，管理也不赶“时髦”。但现在面对互联网时代，组织形式在发生变化，平台化、分布式更具有适应性；知识和人才也表现为大流动的趋势，这一切都使得互联网时代的隐形冠军的组织模式也会发生变化。

以上这些问题都是值得关注和研究的，在产业互联网时代，结合中国的实际，重新定义中国的隐形冠军与行业领袖，我更愿意用行业领袖、行业冠军来定义隐形冠军。

第三，中国企业如何打造隐形冠军？

我谈几个建议。

一是企业家要从机会导向转为战略导向。隐形冠军对自己的战略定位要非常清晰，要有这种认识，它不是机会导向。机会导向是有机会就上，而隐形冠军一定有非常清晰的产业战略定位，把要干什么想明白了，所以才会专注，保持战略定力。

二是坚持客户价值和长期价值导向。真正的隐形冠军、行业领袖是以客户为中心的，围绕客户提供解决方案。做产业配套也是这样，也要以长期价值主义导向创新产品服务，真正为客户提供解决方案。甚至在某种意义上还要比客户更了解客户，甚至要超越客户需求，而不是被动地等待客户需求。

三是要形成独特的核心能力和超生态。现在很多制造业企业面临的最大问题就是没有筹码与大企业谈判，完全被生态化。超生态在核心技术上让大企业没得选，只能选择自己。这就需要在细分领域的技术创新、产品差异、产品品质上真正做到与众不同。成为大企业的真正的生态企业，才会有话语权。

德国和日本很多企业的利润率能达到12%，一分钱都不能少赚，否则就不合作，这是一种底气。很多企业没有这种底气，就只能拼价格，后果是随时可能被替代。比如德国和日本在某些领域的精密仪器，毛利润是100%，就是因为全世界仅此一家，没得选。这意味着，中国的隐形冠军必须加大对技术创新的投入、对人才的投入。

中国加工企业的隐形冠军之所以赚钱少，主要在于两个方面：一方面，生态企业没有生态的概念，中小企业往往被大企业压得利润很低，无法建立利他共生的生态。另一方面，缺乏独特的核心能力，没有话语权和议价条件，二者互为因果。没有议价条件是因为产品差异化不够，产品差异化不够是因为技术创新不够，再加上管理不够，导致总成本过高。四是要有强大的盈利能力。隐形冠军的特点绝不是低价，恰恰体现为高价格。中国的企业要从简单的OEM转向ODM，最后做到JDM。OEM是简单做加工，ODM是从设计到加工，JDM是参与式、研发式制造模式，是一体化解决方案。比如歌尔声学，最初做OEM，后来上升为ODM，再到做手机的声光电一体化解决方案，盈利能力大幅提升。在制造业方面，如果自动化工程能力强，可以自主设计柔性生产线，生产成本自然降低，利润率应该可以保持在15%～20%，同时实现不可替代，这就是企业面临的转型升级问题。

在这个层面上，企业不仅仅要做到专注、聚焦，还要做到不可替代，形成独特的核心能力，最终把产品做到与众不同，成为真正的隐形冠军。

第四，如何避免隐形冠军的陷阱？

隐形冠军也有陷阱，隐形冠军面临的陷阱是什么？

我认为首先是强调聚焦、专注与企业的适应性，两者之间的矛盾可能是这个时代隐形冠军所要面临的最大的陷阱。工业文明时代，大客户是稳定的，只做单一产品没问题，但产业互联网时代是不确定的，强调跨界、链接，做产业生态，彼此相互交叉、相互关联。工业文明时期做好一个产品、守着一棵大树就可以，产业互联网时代要找到自己在社会协同体系中的定位，就得链接多种资源，不能再守着一棵大树了，现在得抱几棵大树才能生存，这叫“超生态”。这也是我们刚才讲需要重新定义隐形冠军的原因之一。专注、聚焦还是要提倡的，但怎么专注、怎么聚焦需要讨论。比如埃莫森有几十个产业，各个产业都不搭界，但是每个产业都做到市场同类产业的前三名，这种多元化的企业不能说它不是隐形冠军吧？

还有人才稳态的利与弊。从单项冠军的角度来看，人才稳定有利于专业化，因为知识需要积淀。但专业化人才反过来就是问题：一旦流失了，短期从劳动市场上找不着，不像其他的产业，人才被挖走了，我可以再去挖别人的。单项冠军企业的人才被挖走了，可能就没地方挖了。一个人才过于稳态，往往内部的创新不足、活力不足，尤其是如果老板脾气好，人很善良，最后就会搞成惰怠了，大家都不奋斗了，这是一个大问题。我认为，企业还是离不开竞争淘汰机制，要把外部市场竞争压力转化到企业内部，提高员工的紧张感。

组织结构太单一，过度集权，文化没有创新，组织对外部变化的适应性较弱，等等。很多单项隐形冠军之所以比多元化公司倒闭，就是因为一旦大企业不行了，隐形冠军企业一夜之间也就没有了订单。比如谁以前和诺基亚、MOTO 绑定得深，谁倒得就越快，而多元化公司不同，“东方不亮西方亮”。

长期价值主义与现实生存策略的平衡。长期价值主义肯定是方向，但该在地上抓泥巴的时候，还是要适当抓一把。

以上可能是单向隐形冠军的陷阱。当然，多元化也有多元化的陷阱，我们要把问题、陷阱找出来，以便更好地防范。在实践中，企业是单向聚焦还是多元聚焦，还要根据企业特性、企业家的判断等来裁定，没有绝对性的标准。

夏惊鸣：真正的冠军是把“以客户为中心”的创新做透

坦率地讲，中国的多数隐形冠军可能做到了“隐形”，但未必做到冠军。很多事情还是要回归到本质来看，我认为真正的冠军，毛利率一定是很高的。以这一条来衡量，大多数企业做到了“隐形”，但是还没有做到冠军。

专注或多元化事实上不是主要问题，中国的很多企业做多元化也是“伪多元化”，是因为没有找到可以成为冠军的业务，多元化是为了找到强劲的主业。尤其是中小型多元化企业，本质上都是在找主业，因为没有强劲的主业。

既然谈隐形冠军这个题目，我谈谈对隐形冠军的理解。

一、隐形冠军的两个核心特质

先从定义上来看，什么是“隐形”？一是规模不太大；二是长寿。这个企业不大，但能做很长时间，这个企业是一个长寿企业。什么是冠军？第一，市场地位要数一数二，至少是前三名，不然不能叫冠军；第二，既然是冠军一定要有竞争力，竞争力是硬指标。因为有些企业虽然可以做到规模很大，但本质上竞争力并不强。这是我对隐形冠军的定义。

基于这个定义，隐形冠军企业首先是由行业选择特点的，这些行业应该有两个本质特征：

第一个特征：技术迭代慢

如果一个行业技术迭代慢，是容易形成隐形冠军的。我们看隐形冠军大多数出在食品、老字号、机电领域等。而且很多都是基础性产品，无论世界怎么变化，这个产品都是需要的。比如轴承，无论到了智能时代还是什么时代，轴承始终都是需要的，它是一个基础性产品。

而技术迭代快的行业隐形冠军就不太容易形成。比如数字技术领域迭代太快，很多技术容易被迭代，苹果手机把“随身听”、MP3 迭代了，数码相机把传统相机迭代了。

第二个特征：学习成本高。

学习成本高，体现在以下三个方面：

一是不大的细分市场。市场空间不大，大企业看不上，新企业还干不好——因为机会也不多，如果过了风口期，后进者要学习超越，要冒很大的风险，学习成本体现在成活的风险上。

二是具有知识累积性和系统复杂性。学习模仿不是一件容易的事情，学习成本高，同时学习时间长，存活风险更高，进一步提高了学习成本。

三是同时具有技术迭代快、规模效应大和学习效应大的高科技企业也是容易出现隐形冠军的。比如芯片领域的光刻机和刻蚀机及晶圆加工。技术迭代快、规模效应大和学习效应大相结合，对后进者产生了巨大的学习成本。如果技术迭代产生弯道超车，这对后进者是技术迭代机会；但是不是弯道超车的技术迭代，而是要基于过去的知识累积形成了复杂系统，同时具备规模效应，不能迅速上规模，成本还居高不下，这对后进者是巨大的技术迭代风险。

二、隐形冠军核心能力：把以客户价值为中心的创新做透

为什么我一定要从隐形冠军的核心本质讲起，因为这关系到一个想要成为隐形冠军的企业如何才能做到，如果所处的行业特点不匹配，就不应该用隐形冠军的思维。

如果方向没问题，怎么才能成为隐形冠军？

我认为，隐形冠军的制胜法宝在于创造额外的价值、差异化的价值。同质化的价格竞争不是隐形冠军，只能说是走在隐形冠军的路上。无论是强调专注、聚焦，还是强调持续创新、不断积累，这些都是没有错的，都是成为隐形冠军必需的，但用一句话来表达——以客户价值为中心的持续创新，是一个核心法宝。

怎么以客户价值为中心把创新做透？我举个机电领域的企业案例。电动工具全球哪个企业做得最好？博世。但中国苏州有家企业叫宝时得，它的电动工具在欧美市场销量超过了博世。更让我没想到的是，它不仅是销量超过了博世，价格也比博世贵，直流电动工具产品比博世贵12.5%，交流产品比博世贵2%（数字精确度可能有问题，但大概就是这样的量级）。我经常设想，中国企业在机电领域如何能赶上日本、德

国企业呢？这个简直不敢想象。2017 年我去拜访了这家企业。

在去之前，我也在猜想它的成功“法宝”，这个行业是一个技术迭代较慢的行业，不可能出现弯道超车，我就设想它一定是把以客户为中心的持续创新做透了。去了解之后，果不其然，他们核心的成功经验就是把以客户为中心的持续创新做透了。

我去他们的产品展厅，有几千种产品，各类的电动工具。他们的副总跟我讲：“这里的每一种产品都可以讲一个创新的故事。”

简单举两个小例子：我们都有往墙上钉钉子的经历，最怕什么？最怕砸到手对不对？宝时得因此发明了一个专门钉钉子的电动工具，前面有一个套管，把钉子套住，然后要钉在哪里，就抵在哪里，然后一按按钮，哒哒哒，钉子就钉进去了。解决了客户钉钉子这件事的“痛点”。在欧美清扫草坪，一般会用到两种机器，一种是把杂草吹到一起的机器，然后再用类似于吸尘器的机器把杂草吸进去。宝时得把这两个机器变成了一个设备，让操作更简便。这个设备有两根管子，先把杂草吹到一起，换另一根管子，按一下按钮，再把杂草吸进去。

这个时候我们就明白了，为什么他们的产品比博世贵？他有，博世没有，他一个设备，博世两个设备。我讲这个是什么意思呢？即便是在一些国外企业占优势的行业，中国企业也是有机会的，这个机会来自以客户价值为中心的创新，还有非常大的空间，而且中国企业有这种优势。第一，中国企业的奋斗精神，相比德国、日本企业，还是最旺盛的；第二，中国人的服务精神。比如上述产品，你让日本企业改一改，他不一定愿意改，他可能会说我的产品是最好的，改什么？中国企业的服务精神还是很好的，客户说你帮我改一下，我们马上就改，改完以后还会去寻求顾客反馈和评价。当然，我们的问题就是企业家的战略定力和员工的工匠精神两方面还存在不足。

有一次，我跟学员讲课交流，我说你们一定要坚持以客户为中心的持续创新。有一个学员就说，这个说起得简单做起来太难了，我们这个领域就没有创新空间，我们都创新完了。我说怎么可能？如果你认为已经没有创新空间了，只能说明自己能力不够，只能说明研究客户不够、研究市场不够、研究专业不够、工匠精神不够。

宝时得在这方面是值得很多中国企业学习的。我问宝时得的副总："创新是很难的，你们是怎么做到的"？他哈哈一笑说："创新太简单了。"我就很奇怪了，"怎么简单呢?"他说："我们公司从上自下，从老板开始，关于创新所有人就讲两句话：痛点是什么，亮点是什么？就是这个产品方案解决了客户什么痛点？和竞争对手比产品亮点在哪里？这样创新就落地了。"我豁然开朗，真的是简单的。研发人员在研究产品时，就是从痛点出发，从两点出发，项目组在讨论时，就是在讨论解决客户什么痛点，比竞争对手好的亮点在哪里？研发总裁、总裁在产品规划、工作规划、述职、检查、交流时也是问解决客户什么痛点，和竞争对手比有什么亮点，创新就落地了。再举一个例子，工业用的电锯，这个产品很成熟了，创新空间在哪儿？他们发现：电锯工人下班回家后不能拿刀叉吃饭，因为振动使手发麻、发烫。了解到这一痛点，他们就通过改造冷却系统和减振系统，开发出一种减振、降温的新型电动工具，就是达到"工作一天，回去能马上拿起刀叉吃饭"这一目标。

真正以客户为中心，从客户的痛点出发的创新是没有止境的。

总结一下，怎么成为隐形冠军？第一，要选对领域，不合适做隐形冠军的行业思路还是有区别的；第二，要由价格战转向价值战；第三，要坚持以客户为中心的持续创新，老老实实地把客户琢磨透，解决客户痛点，形成与竞争对手相比独特的亮点。

三、以增长为导向把握成为隐形冠军的时代机遇

按照西蒙的研究，隐形冠军有特定的定义。不是所有的企业都要做隐形冠军，但所有的企业都需要追求增长。

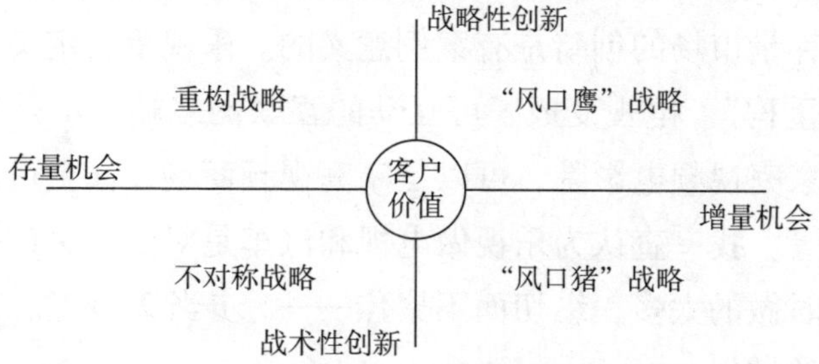

图3－1　夏惊鸣产业增长理论模型

如图 3－1 所示，横坐标是机会，所有的增长都是抓机会，只不过有增量机会和存量机会，抓机会要聚焦在创新方面。创新有颠覆性创新和改善性创新，也可称为战略性创新和战术性创新。这样一来，我把增长划分为四种形态：一种叫“风口鹰”，是指通过颠覆性创新，创造了一个增量市场，典型的如索尼，因开发了磁带而创造了一个市场，开发了“随身听”又创造了一个市场，这种企业很少。另一种是“风口鹰”企业创造了增量市场，就会带动一批企业成长起来，这叫“风口猪”，源自雷军的那句话：风口来了猪都能飞起来。中国改革开放的前四十几年里，几乎绝大多数成长起来的企业都是“风口猪”。美的、海尔、格力都是从计划经济向市场经济转型的风口，联想抓住了电脑的风口，华为是通信网络建设的风口。

但是 2014 年之后，中国市场上各个行业的“风”基本上都渐渐停息了，进入了存量市场。

在存量市场，但也没有颠覆性创新，如何形成核心竞争力？

一个是相对优势战略，宝时得就是以客户为中心进行持续创新，在相同的市场一定要在某一方面做得比别人好，形成相对优势；另一个是利基战略，在细分市场、细分行业里做到前三名。这是 2014 年以来这个时代的增长特点。

为什么说中国现在很多企业经营很困难，感到很纠结？原因是在风口期时没有积累核心竞争力。这就是我一开始说的：隐形冠军不冠军。冠军要有市场地位，要形成竞争力。

同时，我们还要注意一种情况：**红海市场里也有可能产生颠覆性创新**。有一个很有争议的企业是乐视，虽然现在看来它是失败了，但乐视对电视这个存量市场的创新是有案例意义的。乐视重新定义了电视，我们叫“变道重构”。电视变成了可互动的互联网终端，不是传统的电视了，可以是家庭视频电影院，可以是家庭视频商场，甚至可以是家庭视频门诊，等等。我一直认为乐视做电视和汽车是对的，关键是横切面不聚焦——同时做的太多，纵切面不聚焦——5 步当 2 步走。归根结底是缺乏对常识的敬畏。

服务业出现了很多变道重构的机会，比如华樾教育、海伦司小酒馆连锁、恒昌医药、乐刻运动等，都是对过去行业惯常的做法进行重构，产生新的玩法，实现了增长。

要在存量市场实现增长，我认为可能就两类模式：一类叫隐形冠军或目标市场冠军；另一类叫重构者。

我想要强调的是，不管是哪类模式，企业要实现增长，实现持续经营，都要紧紧地抓住本质：产品为王、能力为王、品牌为王、生态为王。

现在大家都在谈产业生态，大家不要觉得这是互联网时代的新模式，工业时代也有生态模式，丰田汽车、通用汽车、西门子、博世都是生态模式。只不过工业时代的生态是围绕技术进行延伸，互联网时代的生态是围绕用户进行延伸，本质区别在这里。

产业生态都有生态成员，每个成员都在做产品，最终还得把产品做好。只要产品做得好，永远有机会。当然，要进一步延伸到能力为王、品牌为王、生态为王，这个企业成功的规律是没有变的。

李志华：理解德国隐形冠军的“隐秘”优势

任何一个定义都要基于特定的历史与环境去理解，西蒙教授作为德国的营销学者，20 世纪 80 年代提出了隐形冠军的概念：一是在细分市场占据世界前三名，或者是在所在大洲排名第一；二是年收入少于 50 亿欧元，在全球企业看 50 亿欧元是一个中型的企业；三是隐形冠军企业不为大众所知。按照这个标准，世界共有 2734 家，德国 1307 家，加德语系的奥地利和瑞士共 1499 家，第二是美国，第三是日本，第四是中国，共 68 家。近三十多年来，中国的隐形冠军企业发展迅速，2019 年 10 月，西蒙教授专门到中国考察隐形冠军企业的现状。我也长期关注隐形冠军，并于 10 月底去德国考察。就中国企业如何成为隐形冠军话题，我想先谈一下德国隐形冠军产生的背景、特征及保障，以便中国企业借鉴。

一、理解德国隐形冠军产生的三大背景

理解德国，首先了解德国教育。众所周知，现代德国制造业比较发

达，代表先进水平。但是在1900年以前，德国制造非常差，德国被认为是英国的模仿者和抄袭者，英国人为了区分德国产品，规定凡是出口到英国的产品必须标签“德国制造”，以代表是次品或者模仿的意思。作为自尊的日耳曼民族，为了改变这一状况，德国政府下定决心进行改革，在制造人员培训端，德国在全国范围内推广职业教育、学术教育双轨并行，在中学时代就分流一部分学生成为技术工人，吸引有才华的人到基层工作，并提高产品创新力。另外，国家大力补助基础教育，一直到现在，德国的基础研究都很强。

理解德国，需要理解德国人。有两个特点值得关注：一是傲慢、严谨。一个在德国生活了42年的土耳其司机告诉我，德国给他的印象是干净、安全和傲慢，他在德国生活了大半辈子，却没有交到一个交心的德国朋友。真正的德国人表面客气，但骨子里很傲慢、严谨，喜欢按照程序流程去工作，颠覆性创新少，喜欢钻研，具有很强的工匠精神。二是诚信，讲信誉。在德国坐地铁不验票，但如果被查到逃票行为，第一次严重警告，第二次永远失信；如果在大学里相互抄作业，一经发现，抄与被抄者都开除。这反映了德国人讲究诚信，也说明他们在尊重知识方面是非常认真严格的。

理解德国，还需要了解德国文化。德国企业以平等方式寻找上下游合作伙伴，形成共赢的价值链，保持供应链质量的稳定，同时练好内功，降低成本，所以精益生产在德国比较普遍。德国讲究规则和流程，从条顿骑士团到普鲁士王国，德国的军事传统讲究整齐划一、激励士气。而现代的制造业流程管理正需要这种严格管理的方式，通过将准军事传统融入生产流程，德国企业提高了生产效率，在保持高品质的同时降低了次品率和成本。

基于德国这样的环境，才产生了众多的隐形冠军。隐形冠军既有ToB企业，也有ToC企业，也有服务业。在ToB方面，德国是以汽车为核心的制造业大国，很多隐形冠军是汽车配套产业；在ToC方面，辉柏嘉铅笔有270多年历史，9代传承人，每年生产25亿支，最便宜的几欧元，最贵的8000多欧元；在服务业方面，SAP的几个创始人来自IBM，一开始是无名公司，如今SAP是全球领先的ERP企业管理软件供应商，

SAP 在全球 188 个国家拥有超过 232000 家客户。

二、德国隐形冠军的六个特征

一是远大目标。公司目标一定要远大，有追求。第一，公司要有宏伟的愿景目标和长期的价值主义追求，比如“Rosen – Group”公司的目标就是成为世界上最有竞争力的管道检测服务商。百果园在创立的过程中，创始人就是想做到百亿产值，世界第一，在容易腐烂、保质期短的水果行业里提出这样的目标谈何容易，但是2018 年百果园收入突破 100 亿元，成为世界第一。第二，公司要遵循长期价值主义，要耐得住寂寞，不能是短期行为，要不断投入。这可能需要一代人甚至几代人来完成，很多隐形冠军企业是家族企业，家族不断传承，德国和日本的家族传承企业很多，所以隐形冠军的数量也比较多。第三，隐形冠军要保证按照自己既定的路线去实施，企业很少融资或者 IPO，类似于中国的老干妈、华为等企业，因为良好的业绩能够保证公司充足的现金流，另外也担心受到资本方的影响，左右公司的战略。

二是聚焦专注。企业要聚焦细分市场，也就是利基市场，通过专业化经营而获取更多的利润。菲利普・科特勒在《营销管理》中给利基下的定义为：利基市场是对客户进行细分，企业集中力量针对某个特定的目标市场，或严格针对一个细分市场，或重点经营一个产品和服务创造出产品或服务优势。利基市场在细分市场上围绕着客户的需求，满足客户的需要。利基市场要求专注、聚焦，专注于自己的竞争力，要成为小市场中的主导者，在小市场中做成大成果，要成为细分市场的领导者。作为专注于铅笔的德国企业辉柏嘉，到 1978 年，安顿伯爵接掌家族企业，成为第八代掌门人，**调整了经营思路：专注设计和工艺，把日常用品铅笔变成奢侈品**。于是，他拓展了高端产品线，包括面向艺术家的彩色铅笔、售价达数千美元的钢笔等。在铅笔的生产方式逐渐从手工过渡到机器时，辉柏嘉在 1993 年开设了全手工打造的辉柏嘉伯爵系列，包括铅笔和奢华手工钢笔。2019 年辉柏嘉全球销售铅笔 25 亿支，遍布世界各地，成为行业的隐形冠军。

三是掌握客户。做企业就是要洞察客户需求，包括隐性需求（还没有显性化），满足客户需求，为客户创造价值。对隐形冠军来讲，它对客户的需求研究深入，成为客户的好朋友，为客户提供解决方案（包括解决客户遇到的疑难问题），实现对客户需求的掌握。在中国服装行业，大家都知道雅戈尔、杉杉等品牌服饰，有一家公司，大家并不一定了解，但却是行业的隐形冠军。这个企业就是申洲国际，2018 年销售收入 209.5 亿元，净利润 45.4 亿元，利润率 22%，市值 1700 多亿元，在香港服装类股市中排名第一。作为公司的领导者——马建荣，从小就在父亲的工厂搞技术，专心钻研，公司通过技术改造，大大提高了生产效率，在针织领域形成了面料生产与成衣制造的垂直生产能力，在接手申洲国际之初，洞察优衣库对效率的需求，带领所有员工加班加点，在 20 天完成优衣库 35 万件衣服订单，后来赢得耐克、阿迪达斯的订单。市场逐步由中国做到东亚和欧美，成为全球细分市场的隐形冠军。

四是全球市场。全球化是隐形冠军最重要的增长动力，任何公司想成为隐形冠军都必须把握这个机会。因为利基市场是细小狭窄的市场，客户的容量有限，因此隐形冠军要着眼于全球，全球一体化的市场使得再小的行业企业也有机会实现规模效应。企业根据全球布局、产业特点进行设计。互联网促进了全球化，特别是对中小企业，促进作用更加明显。全球化的前提和结果都是文化和思维方式的延伸，瓶颈是人。**德国伍尔特公司，从一个 3 人企业成长为一家典型的隐形冠军**。这家只生产螺丝、螺母等连接件产品的企业，却在全球 80 多个国家有 294 家销售网点，超过 400 家公司，逾 7.7 万名员工，其产品的应用更是上至太空卫星，下至儿童玩具，几乎涵盖了所有行业领域。2018 年，伍尔特集团的全球销售额达 136 亿欧元。

五是持续创新。唯有依靠创新才能够获得并保持市场的领导地位，纯粹的模仿是走不远的。创新必须是提高客户效益或者降低成本。创新不仅仅局限产品与技术，商业活动的各个方面都可以作为改善的切入点。据研究发现隐形冠军对研发的投入 7% 以上，这个比率远远高于很多行业的平均数据，而且隐形冠军企业的专利数非常高，有统计显示隐形冠军的创新效率是大企业的 25 倍，人均的专利数是 30 个，像西门子、宝马，奔驰这种大公司的人均专利是6个，它的人均专利是领袖企业的5倍。

顾客是创新理念的源泉，现在是数字化互联网时代，德国是以汽车产业为核心的机械制造业，但随着新能源汽车、数字化互联网影响，德国企业也在转型升级，因此创新不只是技术创新、管理创新，也包括与时俱进的创新。创新不是翻天覆地的改变，它是持续的不断的实施的小的产业创新，通过每段时间的小创新，最后就变成大创新，最终形成顶级的产品和优势。

六是有独特的竞争优势。隐形冠军基本上都有自己独特的竞争优势，不然它无法跻身世界一流企业行列。竞争优势必须满足三个条件：对客户来说是重要的；客户能够切实感受到的；保持不易模仿的。“重要的”“被感知的”及“持久的”三个条件对企业来讲是一个重大挑战。按照西蒙的研究，隐形冠军的竞争优势非常明显，作为市场的领导者，**产品质量、与客户的紧密关系、准时交货、咨询服务和经济效益**这五项尤为关键，这也是客户认为非常重要的产品属性。很多隐形冠军企业都是行业的寡头垄断的角色，竞争主要集中在产品服务质量和创新层面，而非价格。竞争对手平均数在6个左右，最多不超过20个，如果你的竞争对手多，那就说明你还不是隐形冠军，或者在这个细分市场还不具有强势，隐形冠军一般不是靠一项优势，而是在很多方面都要比别人好，它们可以将自己的竞争优势发挥到极致。

三、德国隐形冠军的四条保障

1. 超强领导力

隐形冠军的企业领导都具有很强的领导力，领导力就是说企业的核心班子成员具有强势的领导力，他们**雷厉风行，做得多，说得少，一旦决策下来就要实施，要快捷地执行**，领导者心中燃着一把火，其中有5个重要的特质就是：**个人与企业的命运共同体、专心致志、勇敢无畏、持之以恒及强感召力**，年轻者还有**开放的世界观和较好的教育背景**。正是这股干劲成就隐形冠军成为全球翘楚，隐形冠军家族企业**占60%以上，而现在却减少到不足**50%。中国有很多军人出身的企业家的企业都做得不错，像华为任正非、万达王健林都是军人出身，这些领导具有超强的领导力和执行力。

2. 敏捷组织

战略决定组织，而组织反过来影响战略的实施、执行力、速度与客户的紧密关系和成本等。隐形冠军企业分工并没有那么细致，员工能力是多元化的，组织的活力和张力是决定组织未来发展的核心，现在比较有名的是平台赋能型自主经营体，平台化组织是组织未来张力的基础。领导不是为了管理做管理，领导未来一定要赋能，平台型组织要扮演赋能的角色，各经营单元是一个自主经营体，要有活力，就要有充分的自主决策，快速地响应市场需求。

3. 激活人才

人才如何激活，人才如何由被动工作变成主动工作都是企业思考的问题。德国隐形冠军在招聘时，首先让应聘人员了解和认同公司的核心价值观，认同公司核心价值观的员工离职率非常低，隐形冠军企业员工离职率大约是 2.7%，而行业是 7% ~8%，中国企业是 10% ~15%。1990 年开始从事汽车轮毂模具制造，今天的奔达模具是名副其实的制造业全国隐形冠军企业。“奔达模具的企业文化逻辑并不复杂——要把员工的潜能发挥出来，永远考虑员工需要什么。”

4. 双元教育

双元制意指学生既在企业里接受职业技能和相应知识的培训，又在职业学校里接受职业专业理论和普通文化知识教育。双元制教学组织过程最显著的特征就是学院内的理论教学与培训企业的实践教学交替进行，以实现其既定的培养目标。就是理论培训与工厂实践相结合，在这个过程中，非常注重员工的实践操作能力，这样的人才保障才能够形成工匠精神，能够形成永续经营，使蓝领工人也获得社会的认可。另外，双元教育出来的学生社会地位高：在德国最高为八级的社会福利体系中，专业人才位列第六，仅次于政府高级官员；收入丰厚稳定工作后的平均收入在 3000 ~4000 欧元，且逐年递增，社会福利和保障制度完善；能力提升快：大部分双元制大学毕业生得以在实习企业直接就业。所以，双元制的大学毕业生，与其他类型高校毕业生相比较，他们无论是在工作能力、管理能力还是领导能力等方面都表现得更加优秀。

在5G时代，面对未来的不确定性，作为隐形冠军的德国，如何在数字化时代实现成功转型是西蒙教授正在研究的课题，并在2020年陆续发表相关研究成果。

孙　波：人力资源管理助力隐形冠军

（一）从行业属性看隐形冠军的两个特征

西蒙教授对隐形冠军进行定义时，着重强调了三个基本条件：一是行业市场份额位列全球前三名，或者在其所在大洲位居第一；二是年营业额不超过50亿美元（起初定义为15亿美元，后调整为30亿美元，而且西蒙教授认为这个标准应当不断调整以适应隐形冠军不断增长的规模）；三是很少为细分市场外的公众所知。

第三条标准往往被视为“隐形”这一说法的来源，而且由于德国的隐形冠军企业中超过三分之二是制造型企业，且多数德国隐形冠军企业角色定位是大公司的供应商，客户定位于企业客户，以提供配件为主。所以，在很多企业家的认知中，隐形冠军企业就是制造型企业且主要产品是配套给大企业。事实上，德国的隐形冠军企业数量排名第二的就是消费品行业，占到了隐形冠军总数的五分之一。这些企业都是在自己的细分领域建立了强大的品牌影响力，但是除了他们的核心客户群以外几乎没人知道他们。比如专门生产个性化特色餐具的BHS公司，专门生产吹泡泡玩具（Pustefix）的Hein公司等。

仔细研究西蒙教授关于隐形冠军的定义，可以发现销售规模、不为公众所知等特点都是为了强调和突出隐形冠军的行业属性，而且是具有高度细分特点的行业属性。当一个行业足够大的时候，一个企业如果符合西蒙教授的第一条标准，即市场份额位列全球前三名，或者在其所在大洲位居第一，想成为隐形冠军其实是很难的，从这个角度去分析，我认为西门教授后两条标准都是为了强化高度细分行业这一标准。所以，一个行业内可能会有一般意义上的行业领袖或者世界一流企业，同时还存在着将该行业高度细分后的隐形冠军，比如家电行业既有博世、西门子、美的、海尔这样的家电巨头企业，又存在着高端家电细分领域的隐形冠军——德国美诺（Miele）。

如果从行业属性去看企业如何才能成为隐形冠军，隐形冠军的产品范围就不能是某一个单一区域市场，它的产品、服务、管理一定是要面向全球化，国际化应是隐形冠军的第一个突出特征。

关于市场份额和利润之间的关系问题，西蒙教授对隐形冠军的市场份额有一个很明确的解释：重要的不是看市场份额的绝对数值，而是看它们究竟是“好”的还是“坏”的。“好”的市场份额通过卓越的性能、质量、创新和服务赢得。

市场领先地位不是通过不惜代价的降价实现，而是通过更好地满足客户需求，为客户创造价值实现。在这个过程中，企业甚至有可能获取更高的价格。“坏”的市场份额是通过激进的定价策略换取。低价导致的产品质量下降影响客户价值感知，对市场份额只有负面影响。“坏”的市场份额是不可持续的空中楼阁，无法为企业带来超额利润。从这个表述可以看出为客户创造更高价值是隐形冠军企业获得行业领先地位和市场份额的根本方式和主要手段。卓越的产品、服务带来的行业市场领导地位和定价权应该是隐形冠军的第二个特征。

（二）人力资源助力企业隐形冠军之路的三个关键

结合隐形冠军企业的两个特征，人力资源如何助力企业成为隐形冠军的路径应当是很清楚的，至少应当包括：国际化人才队伍的培养和打造、适应国际化经营的管理体系、人力资源效能提升管理。

一是国际化人才队伍的培养和打造。国际化的市场和国际化运营首先需要一支国际化人才队伍，国际化人才不是随着业务国际化或者市场国际化自然就能实现的，需要企业建立国际化人才培养机制，包括国内人才的国际化培养和全球人才的吸引吸纳。企业国际化经营一般分为几个阶段，首先是产品服务销售到海外市场，然后是资源配置的全球化。从人力资源管理的角度看，成为隐形冠军的第一个策略就是人才国际化策略。

二是适应国际化运营的管理体系。人才国际化之后，管理体系必然面临着国际化适应的问题。近年来，我们遇到的很多课题要解决的就是适应业务国际化的管理体系构建问题。很多企业伴随着海外业务的发展，逐渐形成一定规模的外籍员工，文化差异、技能差异等都导致海外机构无法简单地复制国内的管理体系。要完全派中国人出去，成本非常高且风险大，而且面临着外派时派不出去、派出去的人回不来、后续的人无法接手等问题，这都需要企业从整体考虑企业的国际化管理策略。

如果你确立了隐形冠军的发展方向，就要研究国际化经营阶段与企业管理模式之间的匹配对应关系，不同的国际化经营阶段，选择的国际化管理策略就可能不同。国际化经营刚开始可能是母国中心制，逐渐会过渡到跨国中心制、多元中心阶段直至国际中心阶段，企业就需要结合不同发展阶段从整体的角度考虑职业发展、薪酬激励、培养晋升、绩效管理等人力资源职能建设，逐渐形成一套国际化经营阶段的人才管理策略或国际化管理体制。

三是人力资源效能提升管理。要成为隐形冠军，最终要回归到根本性的人才效能问题。在行业竞争中要实现从价格战到价值战的转型，根本上是要实现人才的效能提升。否则你会因为成本过高而一直陷在价格战中出不来。

人才效能提升策略包括以下六个方面：

• 顶层的系统思考和战略思维。人才效能提升首先来自企业的顶层设计和战略思维，与个体绩效相比，组织绩效的提升带来的价值显然更大，而且是个体绩效实现和提升很重要的前提。组织绩效的改善来自组织能力的破坏性创新，其本质就是通过顶层的设计打开企业发展空间，通过对资源的创新配置带来价值的提升。

• 组织的进化。组织发展本身就是一个进化过程，进化就要有环境适应性，所以必须构建适应环境和大势的组织，随着企业战略的改变、客户需求的变化及技术、人才的变化，组织必须通过持续的变革实现价值的最大化。美的集团组织的平台化改造、华为的平台加“铁三角”组织模式都是通过围绕客户价值实现的组织变革，实现对组织的持续激活，释放人才价值创造的活力。

• 个体层面的赋能。组织怎么给个人赋能？赋能的前提是组织能力的规划，组织要专注在某一领域有突破，就需要聚焦这个目标对组织能力进行规划。组织能力规划和员工的赋能管理是人才效能提升的第三个方面，客户的价值实现来自人才的专业与专注，所以需要按照组织能力规划去引导、培养员工，支撑员工发展，并且建一套机制，激励员工沿着组织能力规划的方向自觉努力。

- 绩效评价转变。基于职位履职状况的职位管理的绩效考核总体来说已基本失效了，因为职位在不断地变，角色也在不断地变，遇到了很多新问题。过去是做出来就奖励，现在做错了也有价值。究竟怎么做绩效评价？我认为关注点要从履职状况转到如何激活个体上，要建立起围绕价值创造、能量释放激活的评价体系，具体在绩效管理上就是自主管理、自我激发的价值管理。
- 干部管理及领导力的打造。组织要有效能，带头人很重要。带头人的使命、责任、角色、担当、能力培养构成了一套复杂的体系，华为的干部管理从角色到使命，到评价体系，再到选拔机制、淘汰机制，等等。这一套复杂的管理体系根本上是为了培养领导力，因为领导力的培养能直接带来总体效能的提升。
- 全面激励。围绕着人才效能提升，激励的内容和形式都要丰富化，具体包括事业部机制、股权激励、全面认可激励等。

我认为，对大多数已经进入某一行业而且在这个领域里有所积累的企业来说，重新选择更有机会成为隐形冠军的行业不太现实。绝大部分企业还是应该埋头在自己的行业里，在高度细分的领域里以隐形冠军为目标，通过国际化管理策略、国际化人才队伍建设、人才效能提升实现突破性成长。

苗兆光：隐形冠军是一种战略选择

我理解隐形冠军是与生态型战略、平台化战略相对应的一种战略选择。隐形冠军是一种企业统一于关键能力和资源聚焦性的战略。

彭剑锋老师曾经讲："未来的企业只有两种，平台化、生态化或被平台化、被生态化。"关于企业如何实现平台化或生态化，近两年业内讨论得很多，但实际情况是，**能做成生态型、平台型的企业在每个行业也就几家，大量的是那些被生态、被平台化的，那么他们如何生存发展**？这是今天我们研究隐形冠军这个命题的意义。

无论是生态型还是平台型，他们做的是一个产业的主导者该做的事儿。平台模式是以客户的大品类需求为载体，一般不会锁定某些具体的需求，边界特别大，是产业的组织者，生态模式也是。那么，平台里的加盟者、生态里的加盟者的战略是什么？对这些企业来说最优的是什么？基于这个问题，我们说隐形冠军是一种战略选择，也是一种商业模式选择，它是跟生态模式和平台模式平行的一种模式选择。

（一）中国企业的三种模式选择：生态型、平台型和隐形冠军

波特提出做战略的三种选择：低成本、差异化、聚焦。在产业互联网时代，实际上就是生态、平台、隐形冠军三种对应的战略选择。

1. 生态型战略

生态型战略是指那些立足于产业整体效率提升，致力于建设基础设施的产业领导者企业的战略选择。阿里巴巴、腾讯、亚马逊就是典型的生态企业。生态型企业有一个重要特性——立足于产业整体效率提升，建立产业生态底层基础设施，它是产业效率导向，而不是客户导向。

阿里巴巴是瞄准客户吗？并不是。支付宝的核心是瞄准商业交易中的金融支付场景的，本质上是基础设施；铁路也是一个生态，高铁建成了，上面的列车可以由不同的公司承包；高速公路建成后，就会有运输队、加油站、饭店住宿、服务站等；QQ 和微信是腾讯搭建的基础设施，微信上面就会附着小程序、公众号、服务号、广告，等等。

并不是每一类企业都能做生态，适合做生态的企业，一定要能建立起具有排他性的基础设施，因为生态的基础设施建立以后，一条连接两个城市的高速路修通之后，再想修一条同样连接这两座城市的高速公路就很难了。生态型模式的诱人之处也正在于此，一旦形成，就形成了垄断。

2. 平台型战略

平台模式的本质属性是一种基于客户需求的策略联盟，它是平台企业代表客户需求建立起一套产业标准，反过来倒逼组织产业链的战略模式。这种平台模式的代表企业有微软、英特尔、小米、京东、百果园等。

平台型企业是客户导向。京东追求让顾客享受极致的购物体验，从而吸引了客户。反过来，京东就有底气所要求所有在京东平台上卖东西的厂家必须按照一定的标准来做。百果园也是这样，它可以要求种植户按照它的标准去种植，一方面是因为它掌握了顾客的偏好，顾客要求什么样的甜度，什么样的口感，它是有数据的，另一方面因为它掌握着标准，所以能反过来倒逼和整合供应链，种什么样的品种，施什么样的肥料，用什么样的材料，这就是比终端倒过来整合供应链的过程。当然平台型企业有时会因此而挤压供应链的利润空间，因而受到部分质疑。

3. 隐形冠军战略

隐形冠军战略是市场集中的战略，瞄准的是专业市场顾客的单一需求，以某一个专项需求为着眼点来开展的业务模式。隐形冠军的核心能力是被集成能力，像一个不可或缺的插件，能让所有的平台来集成我，平台如果不集成我，平台自身就没有竞争力。

（二）隐形冠军是普遍性选择

隐形冠军是一种业务选择，是一种商业模式，是一种战略选择。原来这种模式没有被大多数企业选择，但这正是那些做不了生态型、平台型的企业应该选择的。

当我们把隐形冠军定义为一个战略选择时，其实就挣脱了西蒙对隐形冠军专业化特征的定义。定义业务策略可以用多元化或专业化，但评价一个战略的好坏，不是评价它是否多元，是否专业，而是看资源是不是分散。如果资源没有分散它的战略就是集中的，资源是集中的，企业的效率就比较高。企业真正的风险是资源不能被有效使用。

当把隐形冠军定义为与生态型、平台型一样的战略选择、模式选择时，隐形冠军的空间就一下子打开了——不管什么样的行业，都有三种选择，要么做生态，要么做平台，要么做隐形冠军。

隐形冠军这种战略选择可以适合大量的企业。每个产业都会有生态型企业，也会有平台型的企业，但每个产业里最多存在的还是隐形冠军企业。比如只有一个淘宝网，但淘宝网上有多少隐形冠军？可能每个细分品类里都有几个隐形冠军。

隐形冠军战略可作为企业的普遍性选择。就像每个专业领域只有几个领军型的专家，其他专业化人才怎么办？你可以选择做“U 盘式”的专业化人才，成为生态或平台上的隐形冠军。就像软件企业，可以选择做钉钉、用友、SAP 这样的平台，也可以选择走隐形冠军路线，选择某一项功能，同时嵌入钉钉、企业微信、用友这样的平台。

为什么说隐形冠军是一种战略选择？因为选择就是放弃其他的可能性（或诱惑），如果你选择了隐形冠军模式，那你所有的努力就是向着成为隐形冠军的方向。

当然，隐形冠军不是一个终身的选择、永远的选择，它是企业一定发展时期的战略选择，或者说是在企业没有建立起优势阶段的选择。

隐形冠军企业最后也可能成为平台型企业，或者是生态型企业。比如华为，早期它到底是平台型企业还是生态型企业？其实是一个隐形冠军企业，华为在运营商这个市场最早做交换机，给各个运营商服务，后来能力强了，就不断地围绕需求扩张不同产品的品类，因为华为在全球这个品类已经占到 20% ~30% 的份额了，已经是隐形冠军了。这时候为了企业增长就必须扩张品类，一个企业不增长是很难持续活下去的，所以给用户的服务从一个品类扩张十个品类，再到做整体解决方案，最后就做成平台战略了。

没有当过隐形冠军的企业是不可能做平台或生态的。只要有一个产品做成了隐形冠军，跟客户之间建立起足够强的链接，才有可能在这个链接基础上给客户叠加产品。没有当过隐形冠军的企业是不可能做出平台的。企业可以不用着急，先做隐形冠军，再做平台，再做生态，一步步慢慢来，没有一家平台型企业和生态型企业是一步跨过来的。

（三）隐形冠军的核心能力要素

第一，被集成能力。隐形冠军企业一定要做纵深，一定要垂直一体化，一定要国际化。也就是说，你的产品或业务可以非常细小、精尖，在这个细分领域建立起绝对优势，就等于建立起自己强大的被集成能力。当你拥有强大的被集成能力，就是被各平台抢夺的能力时，你才能争取到在生态里或平台上的话语权和选择权。

第二，必要的市场规模。隐形冠军成立的前提是需要必要的市场规模。事实上，越是聚焦于一个小的品类的时候，越不能满足单一市场规模。隐形冠军成立的条件就是必须突破关键规模，使它的能力建立起来，而这个规模往往需要在更大的市场空间里完成。没有规模，就不能打造能力，不管是技术培养、研发投入、制造成本降低，都需要足够大的规模支撑。

为什么“隐形冠军之父”西蒙特别强调全球化？因为只有全球化才能使市场规模足够大，支撑你把优势建立起来，把核心能力建立起来。德、日的隐形冠军企业战略特别明确，就是要做全球市场，只有进入全球市场后才能建立起市场壁垒。

电梯配件行业里面有一个企业叫贝思特，现在被汇川科技并购了。这个公司年销售额20多亿元。行业排第二名的企业，年销售额大概是五六亿元，相当于它的零头，贝思特就是隐形冠军。它的策略就是做足市场占有率，让行业内其他企业达不到关键规模。我们在讨论市场策略的时候，贝思特的创始人赵董一直在跟我讲，一定要认识这个行业的特殊性。很多企业的策略采取的是大客户战略，就做几个头部客户，比如在电梯行业里就做三菱等几个头部企业，贝思特的策略是行业全覆盖。老板说，因为我们就做电梯电器上的配件，这个市场本身就不大，如果把中小企业客户让出来，竞争对手就会把他们抢走，做到一定程度也能达到一个规模，对我们造成威胁，所以我必须全覆盖。

早期，他是怎样从竞争对手中脱颖而出建立自己的优势的呢？他有了一个基本原则，销售增长率必须比电梯行业整体快10%。房地产行业火的时候，电梯生产安装市场每年增长20%，贝思特就要求增长30%；行业是10%的时候，贝思特是20%，行业是0的时候，贝思特是10%，行业负增长的，贝思特持平。按照这个原则，像挤牙膏一样把竞争对手一点点挤出去了，所以贝思特就是这个领域的隐形冠军。因为贝思特达到了这个市场规模时，对供应商的影响力，对客户的影响力足够强了，哪个电梯厂都得找它了，因为它的供应链是最稳定的，它的销售规模支撑供应链。一旦下游的电梯厂想去选择别人的时候，供应链就不稳定。

贝思特的策略就是典型的隐形冠军策略。它之所以要做全球化市场，要有足够宽的行业覆盖面，就是因为它必须建立起核心竞争力壁垒，由这个目标倒推做策略选择。另外，它认准了发展方向，就瞄准了电梯电器配件这个需求，因为不管电梯技术今后如何演变，是更智能、更人性化，还是怎样，它的基本构成不会变，一定要有电器部分，所以只要保证生产柔性不断提高就行。电梯行业是一个定制化行业，只要我的定制化能力比别人强，我的供应链柔性比别人强，谁能比我强？这个企业一直按照这种思路在点点滴滴地积累。

第三，规模领先优势。冠军的优势来自它的绝对领先性，就是关键规模。证券市场通常对每个细分行业里的第一名比第二名给出市场估值高出一大截，为什么？一旦成为这个领域里的冠军，你整合这个领域的资源的动员能力就特别强，优势会被进一步放大。对手追赶你的速度就会慢，因为它的发展成本更高。比如第二名从你这里挖一个人才过去，可能就要支付高出一倍半或两倍的薪酬。

我的客户里有一个企业叫天味食品，做食品调味剂，销售收入20亿元，市值200亿元。我做长期辅导的万孚生物，在POCT领域里也是隐形冠军，2018年它的市值是170亿元，而行业第二名是70亿～80亿元。

第四，人才高度专业化。隐形冠军企业内的人才被高度专业化了，虽然获得人才也比较难，但人才离开它去别的地方生存也很难，所以有可能建立长期的壁垒。不像开放型的企业，人才获得容易，竞争也非常激烈。日本隐形冠军企业的灵魂就是那些高度专业化且高度忠诚的人才，他的人才之所以高度忠诚于企业，也是因为有壁垒存在：这些专业人才的市场化属性不高。

（四）隐形冠军的潜质

哪些企业有潜力成为隐形冠军？我记得在《隐形冠军》那本书里提到了给可口可乐做原材料供应的企业，像这种食品原材料领域里的企业成为隐形冠军的概念更大一些。因为它的市场基础比较稳定、技术迭代较慢。比如餐饮业，火锅要换一种新的吃法，面条要换一种吃法，太难了。医疗制药销售产业，中国已经算换得快的了，但药品包装的基本形式并没有大变，现在到日本去，医生开药时还是用纸片或者是用一个小纸袋包几片药，还是这种形式，相对变化慢。反过来说，在手机行业领域就很难，因为它的变化很快，替代性很强。

第一种是有相对长期稳定需求的产业适合选择隐形冠军战略，可长期扎根这个市场，并且立足于某种具有长期价值功能耕耘、积累。比如同样做餐饮业，你也可以把酒店定义为吃饭的功能，也可以把它定义为请客功能，请客的就很难做成隐形冠军，定义为吃饭的概率更大。

第二种是有工匠精神气质的企业家，或者说创始团队有精益求精气质倾向的企业，在一个领域长期钻研，积淀成自己的核心能力。贝思特的老板告诉我，对他们来说就是专利的快速复制和产品生产能力，不给对手丝毫复制改造专利的机会，他的生产线能一周内几百个批次来回切换，几乎把所有这个领域的专利都变成了产品。别的企业想做到就太难了，因为这种能力是贝思特二十年在这个行业里面解决问题积淀下来的知识。这种知识包括显性的、可专利化的知识，还包括隐性的、无法复制，只有通过团队才能传承下来的。别的企业想要复制，除非把贝思特从老板到熟练工人整个团队挖过来。

第三种是那些对硬性社会资源要求不太高的企业。隐形冠军的核心价值在于积累知识，是长期价值，它相对于生态企业和平台企业来说，对发展速度的要求没有那么高，且能保持对企业的控制。生态企业对速度有特别的要求，短期内要占领市场，所以它对资本的要求很高。比如滴滴打车，一定是资本驱动型的，它做不了隐形冠军；平台型企业到最后没有哪个是企业家控股的，企业家的股权一般都会被稀释到 20% 以下。而隐形冠军企业一般都会保持着企业家对企业的控制，因为它的核心竞争力既不是速度制胜，也不是资本驱动，它是依靠长期的知识积累、积淀下来的能力。

熊向清：隐形冠军是一种活法

记得任正非讲过一个事例，他说：“高级水晶杯、高级的银餐器都是德国小村庄生产的，我去过两个小村庄，他们打出来的表格，说他们从来不谈销售，他们谈占世界份额的多少。”如果说隐形冠军有一个指标，这就是指标。对于中国的企业，即便在国内市场的份额占了99%，但没有海外市场，也不是“冠军”。

中国需要隐形冠军，一个真正强大的经济体一定是在底层、中层、上层各细分领域有自己的冠军企业，越是基础材料、基础部件，越容易做得长久。冠军也不是永恒的，中国是有潜力成为隐形冠军最多的国家，因为我们处在这样一个经济周期里，是一个刚开始出现隐形冠军的时代。

隐形冠军是一种活法。人在到了一定的生命境界后，不会再去追逐升官、发财、致富等。我们过去几十年，靠的是资源驱动、投机驱动，这种精神负资产、认知负资产仍然存在，但一定会被取代、被覆盖，换一种活法。

隐形冠军的核心是创新。创新需要迭代，哪怕做泥瓦匠，也不能依靠老技术、老套路，这是一种0以上的境界。马歇尔提出，0以上的境界，正1是探索，然后是合作与协同、内在的力量、专心、开创、世界精神等，隐形冠军要求至少专精或者达到内在力量的阶段。内在力量是向内求，淡定、专业、自信，心灵自由后创新才可能发生，人必须活到这个境界。企业境界也需要升阶，从过去的路径依赖中摆脱出来。

隐形冠军是做出来的。它不是单纯的务虚、口号，而是提升之后，对团队的人性化管理，使每一个员工有尊严，无论是物质上还是精神上，都能够无忧、自由。长期沉浸在这样的情景中，人格自然被滋养、心灵自然被滋润。人格管理是中国企业最欠缺的，特别是在后工业文明时代，需要做大文章，这是撑起中国经济走向世界、引领世界，真正做强做大的根基。

第四篇　案例篇

一、要学大公司小的时候：华为故事之 1994 年

文/苗兆光

华为的 1994 年，是启动从机会成长到战略性成长、系统性成长转变的关键一年，是华为发展史上值得浓墨重彩书写的一年。

1994 年，华为的业务市场虽然有发展潜力，但它当时在国际上有 9 个大的竞争对手，可谓“外有强敌”。这 9 个竞争对手，除了日本的富士通，其他都是超过 100 年的企业，都是世界 500 强，华为与之竞争的难度很大。但从另一个角度看，我认为这也是华为的福气。为什么？这些大企业的玩法是讲规矩的，一般不会发动价格战，所以华为面对的竞争环境是有秩序的，良性竞争让它进步得更快。

除了外有强敌，国内也有竞争者，可谓“内有追兵”。巨、大、中、华（巨龙通信、大唐电信、中兴通讯、华为技术）——这四个企业里，其他三个都比华为强，而且都有国企背景，都是电信行业的精英，华为真正的劣势是在这里。这是一个野蛮生长的阶段，行业处于“风口”，行业在不断成长、扩容，所以，尽管竞争很激烈，华为当年增长的速度仍超过 50%，连走带跑地往前赶。

（一）借力使力，解决三个难题

野蛮成长阶段，企业会存在很多问题，华为也同样如此。

第一个难题就是产品的质量跟不上。因为要赶“风口”，顾不上组织力量去提升产品质量。中国民营企业在野蛮生长阶段经常这样：产品做得不够好，用服务来补。早期的华为就是这样，产品质量不太好，但服务特别好。别的企业产品出了问题，一两个月来不了维修人员，华为一出问题去好几拨人，表现得特别敬业，到处检查，连连道歉，让客户特别有安全感，感觉他们的服务特别好，对质量的宽容度就提高了，虽然产品总出问题，但还是用华为的产品。海尔也是这样，维修人员到了家门口，先敲门、脱鞋戴鞋套，有一套仪式，这就给消费者留下特别好的印象。

第二个难题是打破市场壁垒。20 世纪 90 年代，电信行业大量上市，同时剥离了很多第三产业。这些被剥离产业的员工第一年没什么感觉，第二年就坐不住了：老企业上市了、涨工资了，这边还是剥离前的工资水平，这些第三产业企业的老员工就不乐意了。华为就是利用这个时期成立了几个分公司，拉了一些运营商的第三产业企业来入股，华为负责研发生产，这些第三产业企业负责销售。这些人对老单位熟门熟路，自然都会去老单位推销华为的产品，市场的壁垒就这样被打破了。

第三个难题是解决资金问题。当时华为的资金主要有两个入口：一个渠道是通过合资公司在电信系统融资了 9 千万元，这是一笔大投资；另一个渠道是利用员工的钱，工资发不出来，先打白条。此外，华为还通过当时体制比较先进的招商银行融了一些资。

产品质量、市场、资金都是天大的难题，但华为都解决了。可以看出，华为早期做事情也是很有智慧的，策略的意识非常强，每个阶段都解决了很多关键问题。到“CC08 机”这个产品出来时，任正非意识到：华为已经成为一个大型公司，这是挡不住的趋势。同时，他认识到公司的系统化管理要建立起来。

（二）从机制到管理，干部洗牌运动

因为早期发展主要靠机制，就是高度授权，各人管各人的一亩三分地，这样企业内部难免会形成“山头”。比如一个营销经理发展的客

户，别人就动不得；企业要跟那些销售大户谈业务目标时，发现谈不动。华为早期就是这样，每个主管都有自己的一队人马，各有一套管理方法。

这时任正非就提出来要搞人力资源体系改革，首先从市场部管理层集体提出辞呈开始。孙亚芳带头，每个市场部领导都要写两份报告：一份辞职报告，一份申请就职的报告。公司能批哪个，你不知道。结果有30%的办事处主任被批准了辞职报告，却没有批准就职报告，这部分人就被踢出局了。

华为干部洗牌运动中的一个典型范例，就是开发“CC08 机”的第一任项目组经理毛生江。1998 年，他从营销体系的总经理调到山东办事处当主任，结果在山东办事处照样干出了成绩：销售率提高了 50%，回款率接近 90%，业绩一跃成为所有办事处中最好的。这说明毛生江确实能力很强，于是 2000 年被调回总部，提拔为副总裁。

任正非有一句名言“烧不死的鸟是凤凰”，说的就是毛生江。这件事成了华为干部改革的典型案例，这个故事一直在华为传播。派研发人员去一线搞销售，说是派他们去锻炼，叫作“百万儿女上前线”，说得激荡人心。

（三）完成系统思考，《华为基本法》承前启后

干部大洗牌之后，接下来华为干的一件大事就是启动《华为基本法》的制定工作。

1. 制定《华为基本法》的背景

启动《华为基本法》的缘起是什么？

第一个缘起，是从野蛮生长走向系统化建设，任正非决定启动人力资源变革，他感到人的问题越来越成为制约华为扩张的因素。1994 年“CC08 机”已经在市场上突破了，当年的营业额达到了 8 亿元。1995 年，规模已经发展到 15 亿元。为了克服组织管理文化方面的制约因素，任正非开始组织华为进行文化大讨论。

第二个缘起，在文化大讨论中，大家发现员工的想法和老板的想法

往往不能达成一致。比如早期华为有个口号是“胜则举杯相庆，败则拼死相救”，大家认为这说明华为的文化是“有福同享，有难同当”，任正非却说这不能当作华为的文化。又有人说“用人不疑，疑人不用”，任正非又批驳：要改成“用人要疑，疑人也要用”。这些都说明，当时华为在文化上的认识是不统一的，企业的文化和价值观有待达成共识。

第三个缘起，管理上比较混乱，需要系统化改造。当时对于企业建流程的提议，有人提出这样的疑问：如果什么流程都完备了，还要领导做什么？到底是听流程的还是听老板的？在市场部集体辞职事件后，引发了一个争论：怎样对待有功之臣？他们早期为公司做出贡献，把他辞掉就完了？薪酬体系也同样需要梳理：到底应该为能力发工资，还是为绩效发工资？要不要给资历发工资？等等。这些问题都需要人力资源给出清晰的回答。

这些问题一直困扰着任正非。但他很厉害的一点是：想不清楚的时候不做，就是不盲动、不冒进。他认为，要先把上面那些问题都想明白，再去做人力资源的改革。这就是《华为基本法》的意义，它要系统地回答这些问题，要依靠《华为基本法》来建立华为的价值观体系和管理政策系统。

于是成立了《华为基本法》起草小组，华夏基石的董事长彭剑锋教授当年任组长。当时定义了《华为基本法》的三个目标：其一，要把企业家的直觉转化为政策。任正非的某些观点，大家一听觉得非常刺耳，但等到他说明白以后，又会觉得他的话很有道理。这正是企业家的直觉，现在要把这种直觉的思考用政策的方式表达出来。其二，要调整内部的关系。刚才我们说到早期华为出现过很多矛盾，现在要树立原则，把这些看似矛盾的问题调和起来，处理好。其三，要指导制度建设，用它来指导如何做流程，如何做管理框架。

当时起草《华为基本法》的六人专家组先做了一个文化调研，梳理总结出了需要解决的 10 个矛盾，或叫作 10 大关系，如尊重个性与集体奋斗，开放合作与独立自主，顾客的利益与员工、股东的利益如何摆平，精神文明与物质文明的关系，民主与独裁，统一性与多样性，程序性与灵活性，速度与效益，继承与发展。《华为基本法》就要解答这些矛盾，要设定一套统一的原则。对于企业家来说，任正非有能力驾驭这些矛盾，但对于一般干部和员工，遇到这些问题常常束手无策，你必须给他一套方法，使其在实践中不至于迷惑或走错路。

2.《华为基本法》的制定过程就是系统化的思考过程

《华为基本法》总共经历了九次修改，前三稿是围绕以下三个问题展开的：

①企业的前途问题。企业何以走得远？它的价值观立足点是什么？

②管理的效益问题。企业是拼速度还是拼效益？

③员工的成就问题。怎样让员工获得成就感？知识型员工的工作过程是创新的过程，这个过程无法控制，如何保证让员工在这个过程中坚持下去，并从中获得愉悦感？企业怎样让员工的工作既能满足要求，又能取得成就？

这三个问题也是德鲁克管理理论的核心。虽然这三稿中都有一些亮点，但当时华为有人提出来：《华为基本法》现在提出的这三个问题对任何企业都适用，这是个通用的思考模式，我认为不一定能针对华为，解答华为的特殊问题。于是，编写组随之提出以下三个新的问题：

①华为为什么能走到今天？成功的根本原因是什么？

②华为现在面临的挑战是什么？过去的经验哪些还适用，哪些已经过时？

③未来的成功要靠什么？要继续走向成功，需要注入什么新的基因？导入什么新的做法？

这三个问题是四到六稿主要讨论的问题。这三个问题把华为人的思路激活了，因为它的概括性和现实针对性很强。比如在《华为基本法》中确立了两个战略原则：一是要以超越对手为目标来配置战略资源。要么就不做，要么就集中人力和物力的资源，实现突破。我们有时说华为风格是一种狼性的风格，这种凌厉的风格就在于它的行动力压强很大、势能很猛，一旦看准了目标，就会全力投入，超越对手，争取全胜。所以，这在华为形成了一种方法论，一种企业经营特色。二是战略目标落地的制度机制配置。比如华为的一个经理，他如果看准了市场的前景，可以先不赚钱，把这个单子免费送给客户，企业给他这个权力。还有，有能力的人，你给他资金支持就可以，他自己就能找到市场，做出项目。诸如此类的市场打法，华为都有自己的一套方法论，是一系列经验的总结，在实战中也很有成效。

《华为基本法》进行到这一步的时候，任正非的思想被激活了，他对起草小组又提出了三个问题：其一，中国还没有产生过国际性的大企业；其二，华为的人本质上是本土的人；其三，人大的教授们本质上也只对国内的企业有经验。这是一群对国际化大企业没有感觉的人，怎么能做出指导国际性大企业的东西？这就有了华为的美国之行。

3. 华为由此树立了向世界优秀企业学习的决心

任正非带着专家组和核心高管去了 IBM、惠普、贝尔实验室，他还见到了郭士纳。郭士纳当时在管理学界如日中天，他用了六年的时间帮助 IBM 重振雄风。郭士纳系统地跟任正非交流了重振 IBM 的做法，这些内容一下子击中了任正非。任正非和团队当时就在美国酒店住下，把交流的体会总结出了一百多页的如何学习国际优秀企业经验的文字材料，为华为的改革拟定了蓝图。至此，华为开始酝酿自己的管理思想和体系，这是一套区别于其他企业的方法论，是华为方案，是一套“元规则”。

华为也由此树立了向世界优秀企业学习的决心，它的思路逐渐明确了：其一，一定要向世界上最好的企业学习；其二，聘请咨询公司，把标杆企业的经验拿过来；其三，要如实地先加以模仿学习，先僵化，再固化，后优化，最后再固化；其四，高管要深度参与。华为推动变革的方法论就是从这里开始的，这些是它的基本思路。

这次美国之行对华为的作用很大，《华为基本法》里很多内容就是从 IBM 借鉴过来的。比如 10% 的研发投入比例需要再增加。别的企业不一定有这个规定，为什么 IBM 会强调研发投入？了解 IBM 的人都知道，它从来不领头做某件事情，比如大型计算机，它是学别人的，苹果的个人电脑出了四年，IBM 才开始做，但它的个人电脑系统后来超越了苹果——IBM 善于后发制人。这一点引起了任正非的共鸣，他说：“我们也要这么干，在已经落后于原创市场的情况下，我们也可以仿效 IBM

的战略，做到后发制人。”

后发制人战略的优势是：创新是有试错成本的，要耗费大量的资源。后发制人，资源就可以集聚起来，用以形成突破的力量。后来居上的难点在于：在看明白了以后，你必须在短期内比对手做得更好。因此，你必须有资源的储备，所以研发的战略意义就格外重要，一定要优先保证，优先投入。

（四）共同体概念和三大基础机制

1.《华为基本法》明确了共同体的概念

华为还从 IBM 那里学习到共同体的概念。共同体的概念有三层：利益共同体、事业共同体、命运共同体。华为最重视的是利益共同体，你只要做的贡献比得到的回报多，我就用你；同时这也是一个事业共同体，你有追求，做得更好，就能跟华为一起走得更远，得到重用，对这些有功之臣，可以分配利益，享有奖金。华为的员工股权制度本质上是“命运共同体”，它的意思是同生死共存亡，我发展好了，你也好了，所以员工是持股人，命运与公司融为一体。

确立了这三个共同体的定义之后，华为的人力资源政策就一直围绕着筛选这三个共同体的群体来制定。

①利益共同体。要对你的贡献进行评价，回报要低于你的贡献。

②事业共同体。分享利润，也要评价你的贡献。

③命运共同体。除了贡献，价值观要趋同。

筛选之后，每个人分归于不同的共同体群体。为什么要不断筛选？按任正非的观点，人的思想和状态是流动的，不同群体里的人会互相流动，有的向下流，有的向上走，要及时给予评价和鉴别。

在华为早期，归属于命运共同体的鉴别标准是你要入股，你要投资，你要用资金支持企业发展，你入股，我就用你，你就能涨工资、得到提拔。后来情况变化了，华为的股票值钱了，很多人要挤进来。这时候就提出“奋斗者”的概念，用“奋斗”这个行为来衡量你是否属于命运共同体：你愿不愿意免费加班？你能不能无条件地服从公司的调配，哪里有困难去哪里？

这样不断修改，不断思考，不断完善，改到第 9 稿时就基本明确了华为的管理思想和它的内在逻辑。比如《华为基本法》把业务放在了最前面，市场、营销、研发怎么干？怎么为客户服务？业务过程怎么组织？怎么解决过程中的各种问题？它先把业务过程和业务相关的资源说清楚。在后来的十年里，它的业务优先模式没有大的调整，这是支撑华为成长的一个关键。明确了业务之后，再变机制和设管理，这是华为的逻辑。

2.《华为基本法》明确了华为的三大基础机制

企业的驱动力量来自哪里？《华为基本法》梳理了这个问题，明确了企业的底层机制：

一是分权。任正非在部队时是个技术能手，但做了企业以后，他发现自己对电信行业的技术几乎什么也不懂，如果不把权力分给别人，技术就不能更新换代，企业就做不大。必须让懂行的人去做决定，如果不分权，企业就无法向前走。

二是分钱。不分钱，也没有动力。人是自利的，人们来企业服务是带着个人动机来的，不是说首先是来实现你公司的宗旨和使命的。利益机制也是动力机制，为了实现个人的利益，首先员工要实现企业的利益，分钱就是实现这种利益的交换。怎么分钱，什么人应该拿什么钱，这是华为一直在思考的问题。

三是评价。将权力分给管理人员，他们可能做不到完全的客观公正，人性都是倾向于把自己的贡献放大，而不能客观公正地评价别人的贡献，对企业的分钱原则难免会有各种猜测。**任正非认为评价机制是一个关键，有了好的评价机制，才能保证权力不被滥用，分钱的方式即利益机制才不会出现偏差。所以，分权、分钱和贡献评价机制，构成了华为的三大基础机制**。

随着企业的不断扩容，早期的机制就向管理体系演化了。因为机制是内生于业务的，业务一复杂，就需要一套机制去管理业务的过程。比如除了钱，还有荣誉、地位，都是利益关系，就需要管理了。如果机制到位了，但文化是消极的，还是会出问题的。任正非强调，企业的基础是建立积极、正向的文化和氛围，在这样的文化和氛围中，企业的机制运行才能保持良性的正循环。

3.《华为基本法》的意义

我们怎么去看《华为基本法》的意义？当时《人民日报》评价道：《华为基本法》是中国民营企业走出混沌、完成系统思考的标志。2001年，任正非写作《一江春水向东流》一文，特别提到《华为基本法》，对其给予高度评价。

《华为基本法》的意义可以提炼为以下几点：

其一，它完成了企业家对成为一个大型企业的思考，任正非在这个过程中完成了对华为的系统思考，为企业的发展之路明确了方向。他知道怎样去控制这样一个大企业。

其二，通过《华为基本法》，任正非得以把企业家精神以大投入的方式传递给企业和团队，以立法的形式固化到企业。华为的高层团队在起草《华为基本法》的两年中也接受了对文化和系统的思考。这是一个高层次的团队，系统能力很强，一般企业的团队可能做不到这样能紧跟老板的思路，老板可能有一些思想，可是团队看不到那么远，只有眼前那一摊子事儿。所以，这个思考的过程也是企业家和团队的一个互动和训练的过程。

其三，《华为基本法》的系统思考为之后十年的华为发挥了指导的作用。具体来说，就是1996—2005年这个阶段，其间企业的士气、能力都起来了。2005年之后，华为系统的能力就很强了，真正的企业价值显露出来了，十年前《华为基本法》对华为转型变革的开创、开启功不可没。

二、华为三次战略转型背后的“真相”

文/孙建恒

华为战略执行的能力如此强，我认为有两个核心原因：一是管理体系起了非常重大的作用；二是企业文化导致华为的执行力特别强。

华为在战略方面，为什么每次都能转型成功？背后是有很多实质性的内容支撑的。

2006—2016年，我在华为工作了十年，其间一直负责电信战略规划工作。我们当时面向中国电信运营商，首先分析运营商本身的战略发展情况、战略诉求，以及存在哪些痛点，根据这些运营商的痛点提出需求和解决方案牵引公司研发，确保华为能够及时匹配这些解决方案。这样一来，关于电信运营商的机会都可以获取到，不会错失大的战略机会点。比如CDMA、高端存储等产品，都快速奠定了行业的领先市场地位。在这个过程中，针对战略规划到战略解码，再到最后战略执行落地，存在什么样的问题，如何解决，最终达成了什么样的目标，我谈一点自己的亲身体验。

所谓战略规划，就是在正确的时间、正确的地点，推出正确的有竞争力的解决方案和产品，满足客户的战略诉求，解决客户在发展过程中面临的痛点。

这是十年来我对华为战略，以及所从事的工作的一点理解。

以下为华为的3次战略转型回顾。

第一次战略转型是从公司成立到“农村包围城市”。华为最早可以说是销售驱动、市场驱动型的经营风格，公司成立之初，华为卖过很多产品，为的就是让公司活下来。代理交换机让华为赚到第一桶金后，华为及时进行市场研发，开发出小型交换机，主攻农村市场。为什么要从农村做起？因为当时爱立信、诺基亚、MOTO、西门子、富士通等国际产业巨头几乎垄断了整个中国通信市场，在这种大背景下，当时还十分弱小的华为想要拓展，只能从农村开始。这是适应了当时的大环境，包括产业和行业环境。从客户角度说，当时大城市的客户是不敢用华为的交换机产品的。从产品角度说，刚开始华为产品的稳定性不好。

但是，华为非常重视服务、重视客户的意见。把产品拿过去之后，跟客户一起不断调整、完善，不断满足客户新的需求，“服务好”成为华为很重要的一个核心控制点。此后，华为逐步进入了城市市场。

第二次战略转型可称之为“差异化的全球竞争”战略。

华为在1998年左右决定启动国际化战略，为什么？当时有几个因素：一是当时华为的产品尤其是交换机，在国内市场基本占据了主导地位，但增长的天花板随之而来。同时，整个行业的发展当时是“七国八治”。国内市场已经饱和，必须形成新的突破，而海外市场则成为最佳选择。二是从产品体系说，交换机经过国内市场的锤炼和检验，已经非常成熟，可以把这些产品直接拿到海外销售。三是国内团队无论在客户层面、服务层面还是产品体系层面，都经过了非常严格的训练。我们称之为“铁三角”体系，包括客户经理（AR）、解决方案经理（SR）、交付经理（FR）。“铁三角”在客户层面得到充分的锤炼，培养了一批非常不错的干部，这些干部可以直接走出去。相当于华为在人力储备和产品方面做了充足的准备，同时在管理方面引入了很多新的工具，使企业的管理得到很大提升。这些条件具备了之后，华为才开始做国际化拓展，抓住了最佳的战略机遇期，并取得瞩目的成就。

华为每一次战略转型都需要具备很多要素，包括人力资源、产品和解决方案、管理流程等，如果管理流程没有跟上，一开始就直接“大干快上”会导致销售得越多，管理越混乱，问题就非常大。

华为确定了一个差异化的全球竞争战略。当时，中等发达国家发展了一些大型厂商，亚非拉的一些国家也需要信息化，华为了解到这部分市场需求，虽然产品跟发达国家有差距，还没办法跟欧洲的爱立信、诺基亚竞争，但是可以满足不发达地区的需求，进行差异化竞争。这些地方，发达国家不愿意去、不愿意吃苦，但华为人愿意吃苦，愿意去比较落后的地区帮助他们发展信息产业，在落后地区提高自己的产品质量。这个战略也可以看作是从落后地区包围发达地区思路的延续。

第三次战略转型可称之为“BG 转型的冰与火”。就是 3 个 BG（经营业务单元）的划分。3 个 BG 面向不同的客户群体，跟传统的公司事业部不太一样，横向拉动比较多，即面向消费者、面向运营商、面向企业。

这 3 个 BG 在最初被提出并研讨时遇到了内部很大的争议。因为到目前为止，世界上还没有任何一家公司能把 3 个 BG 同时做好，主要原因是客户属性差异非常大。我们做战略的时候，一般基于同一个客户扩展新的产品非常容易，可以添加不同的产品和服务；但是同时做多个客户挑战就非常大。当时的现状是，3 根“柱子”中运营商这根“柱子”很粗，企业和消费者却很细，非常不平衡。从客户需求说，运营商也是服务不同的企业，服务不同的消费者市场。但华为为什么也要做企业 BG 和消费者 BG？因为直接面对这两类客户，华为可以更好地理解运营商的需求。

一开始做企业 BG 时，其实也不是很顺畅，但花钱买来了教训，慢慢发现企业 BG 本身有自己的行业发展规律。企业的客户是散落在各个领域及区域，很难独自拓展，只能通过代理商、渠道商覆盖。低价之后渠道商的利润就没有了，积极性也没有了。用运营商的思维就做不起来企业 BG，于是裁减人、调整机制，按企业 BG 本身的内在逻辑去做。

这从一个侧面可以看出，基因不同、客户群不同，运行方式是有差异的。后来，我们开始重新战略定位，叫作“被集成战略”，相当于把企业的解决方案让更多的代理商集成起来，而我们不直接做客户。比如我们直接接触客户的高层，但是最后签单是代理商去签，相当于我们去了解客户需求，交易还是通过代理商。这样代理商的积极性也有了，公司不直接与他们争利，通过企业本身运作的业务规律完成了企业 BG 的建设。

消费者 BG 也走了很多弯路。当时做贴牌及低端机，依赖运营商的渠道，价格被压得越来越低，无法赚钱，原因在于很多管理者还是在用运营商思维来决策，并不是消费者的思维。经过战略抉择，明确了以最终消费者需求为目标，对干部队伍进行大幅调整，产品大幅精简，主打 MATE、P 和互联网荣耀系列。这样，战略就得到了聚焦。

当时砍掉了很多运营商定制产品，直接面向终端消费者的产品又没能支撑起销量，消费者 BG 的压力非常大，但是老板挺住了，大家也都挺住了。挺过来之后，情况就好转起来。

总的来看，公司每次战略转型都有外在环境、客户和竞争的变化，以及最后识别出来的机会的变化。华为在战略方面的投入也是巨大的，人、组织、物力、财力，以及与业界的交流，包括把全球顶级的专家请来一起研讨未来全球市场的变化，其思想得到充分分享后，最终得以完成一次次战略转型。我辅导了很多客户，很多人说，战略规划很虚，但如果说战略规划进行战略分解后，成为组织 KPI，高管的 PBC 指标（个人绩效承诺），这件事情就变得非常实际，就能够进行战略落地。

华为的战略执行能力如此强，我认为有两个核心原因：一是管理体系起了非常重大的作用；二是企业文化导致华为的执行力特别强。

当前很多企业普遍存在的情况是，战略规划没有经过公司高层系统研讨；战略执行也没有科学和系统的管理办法，缺乏战略执行力；同时企业的文化和价值观作为战略执行的重要保障也没有充分发挥作用。

我们认为，上市公司、中小企业可以在管理、方法上面学习华为，可以借鉴华为在各个不同发展阶段所采取的措施，但应避免生搬硬套。小公司就要学习华为刚开始时是怎么运作的，包括市场和研发是如何做的。上市公司或大中型企业，可以学习华为国际化或多 BG 运营管理的经验。

同样，上市公司、中小企业也可以学习华为如何经过高层系统研讨制定战略规划，如何在战略规划后进行战略解码，并落实关键任务到年度的业务规划中，形成组织的 KPI 指标，并纳入重点工作负责人的 PBC 中，例行监控和审视。这需要一套系统的战略规划和战略执行的管理方法，通过外部的管理咨询公司可以少走弯路，尤其有实战经验的咨询团队是可以有效解决这样的问题的。

希望各行各业都会出现更多的“华为”，也希望我们能够在这个时代进程中以实战的经验帮助更多的企业，减少弯路，迈向成功。

三、华为战略的特色

文/吴春波

华为也会出错，但华为最大的特点是改正错误的机制很强大，改错速度快，纠错能力强。

华为历史上提出的真正公司级的战略只有两个：第一个是基本法，第二个是 2005 年华为的愿景、使命和战略等 4 条。可见，华为是一个“不太重视”战略的公司。

很多公司喜欢讲战略，很多公司的战略数量比企业的岁数都要大，老板没事儿就制定战略，制定一个战略再推翻前一个战略，然后再制定一个新战略，因为制定一个战略真的很“轻松”，几个人开会，多喝杯咖啡，多抽一支烟，一个“伟大的战略”就横空出世了。有一个统计，全世界的组织中，90%的组织战略都以失败告终，没有落地。没有落地就是缺少战略承接、战略衡量、战略分解、战略实施，人们经常是重点制定战略，而不是构建实施机制。

华为的战略其实不太多，为什么？华为的压强原则，是华为战略的核心，而战略真正地能落地实施是华为战略的特色。

寻找方向比制定战略更重要。

从公司整体战略实施的角度看，华为的战略落地有5个过程。

第一，战略是高层的责任。战略不是业务规划，战略是在高层治理结构形成的。在华为，中下层很少谈战略。任正非曾经有一句话叫：“砍掉高层的手和脚。”砍掉脚，不能走路了，他们就不会老沉在基层；砍掉手，就不会指手画脚。把高层变成孙膑，他们就会待着不动，就要思考战略、思考方向，这是高层的责任。高层，就是要把队伍带到正确的方向，因为华为已经过了领导人在一线背着炸药包炸碉堡的阶段，个人英雄主义的时代已经结束了。任正非强调的是：“重要的事情不着急。”战略问题在华为花的时间很多，通过各种会议，不断地吵架，逼着大家想明白。

这些年来，华为已经登上了山顶，寻找方向比制定战略更重要。任正非经常讲毛泽东的“三八作风”：坚定正确的政治方向、艰苦朴素的工作作风、灵活机动的战略战术；团结、紧张、严肃、活泼。战略战术是放在第三位的，因为方向一旦错了，战略与战术也就错了。任正非有一句名言：“没有正确的假设就不会有正确的方向，没有正确的方向就不会有正确的思想，没有正确的思想就不会有正确的战略。”可见，在他的经营管理哲学中，寻找方向是核心。

第二，是战略的澄清。战略是一个总体的概括性的东西，怎么澄清它，怎么分解它？华为用的工具是战略地图。现在平衡积分卡很流行，华为在绩效管理中没有用平衡积分卡，但是华为把平衡积分卡用来做战略地图，来澄清、细化、分解和修正战略，这是华为非常重要的工具。

第三，华为的战略衡量就是KPI，华为公司级关键绩效指标，就是KPI这套方法，“鱼骨图”这样一些工具。战略KPI是疏松土壤，增强土壤肥力；经营KPI是抢粮食，产生高绩效；一个是基于长远的战略，一个是基于现实；既要抢粮食，还要疏松土壤。只输送了土壤没有抢到粮食，在华为是没有奖金的；如果只抢了粮食没有疏松土壤，干部是要被约束的，也就是战略实施的奖惩机制，做好了什么都有，做不好就要受惩罚。

第四，战略出来了就要向下分解，即把公司级的战略变成可量化、可衡量的指标分解到组织，最后分解到个人，每个人都背着一个指标，很紧张，如芒刺在背。

第五，战略的实施具体到个人，就是华为的工具WET，W是高绩效；E是执行，即战略措施；T是团队，即所谓的周边绩效。在这个过程中，战略能够从高层的脑子里最后落到地上，落到每个人的现实中。

战略的本质是放弃。

华为战略的核心就是坚守压强原则，一旦战略实施就是压强。

其一，战略的本质是选择，选择的本质是放弃。虽然条条大路通罗马，但对一个公司、一个人，能走到“罗马”只能选一条路。这里的核心是一种放弃，而不是选择，不做有时候比做更难。世界上有那么多诱惑，比如房地产，任正非是学建筑专业的，华为又有钱，如果做房地产，可能轻轻松松就赚到多少个亿，但是拿这笔钱投入搞研发，一半成功，一半失败。从这个核心来讲，战略首先是一种放弃。

其二，战略是信仰。在公司要有战略的语言，自己要信仰，如果老板都不相信自己的战略，员工怎么可能相信？

其三，战略是一种持续的投入。体现在华为，就是压强原则。什么叫压强原则？战略出来后把所有的资源都压上去。压强原则就是“杀鸡用牛刀”；压强原则就是针尖战略；压强原则就是经得起诱惑、耐得住寂寞；压强原则就是敢于舍弃、敢于不做；压强原则就是28年只攻一个城墙口……

这就是华为，某种意义上，它的战略其实一直没有变，自己选定了机会，配置资源，千军万马压上去，要么不做，要做就集中全部优势兵力。《华为基本法》里的22条和23条讲的就是压强原则和怎么压上去。这个“压上去”，在中国，我们看到的更多可能是机会主义，更多的企业是跟着机会走，而不是根据假设思想、战略思想走，所以什么都做，什么都做得平庸，这些企业就是等不及。

压强原则只解决了压资源的问题，那么向谁压？2013年，任正非提出“力出一孔”，进一步把压强原则解释清楚了。“力出一孔”就是把所有的力量集中到一点，好比火箭上的一个洞，一个火箭能够把几十吨的物体打上天空，靠的是什么？一靠资源配置，二靠把资源充分燃烧，从一个很小的出口出来，产生巨大的力量。这就是水能切割钢板的原理，造船厂切钢板不是用燃烧法，而是用水切割的，只要集中到了一定程度，可以产生超乎想象的巨大力量。所以，“力出一孔”是选对一个方向，把所有的点都收敛，然后集中攻。这就是任正非讲的“28年就攻一个城墙口”，攻成了世界老大。

另外，“力出一孔”，出在哪儿？华为有三句话：一是以客户为中心，这个“孔”就是客户。二是以奋斗者为本，搞活内部机制，产生巨大能量，推动公司前进。三是长期坚持艰苦奋斗。我认为华为战略思想的核心就在这里。

一个战略的实施不仅仅需要上述五个过程，在现实中还需要两个支撑：一是组织；二是流程。必须把战略放在组织中，放在流程中，才能使战略真正落地，华为BG这种组织形式，流程上引用IBM的方法论，实际上都是为了使战略真正落地。

战略是个试错过程。

华为其实是一个经常犯错的公司。不要以为华为“高大上”，简直完美，事实上根本不可能。我认为，这不是华为的战略，而是迫不得已！因为那时它在城里根本待不下去，必须到边远地区去找饭吃。但是有一点是华为伟大的地方，就是它并满足于有口饭吃就可以了，而是在不断地调整，不断地试错，不断地自我突破。因为它没有模板可以借鉴，它是一个后来者，后来者要超越领先者，第一要压强，第二无路可走只能追随，在追随的过程中不断地犯错，不断地改正。华为总出错，但是华为最大的特点是改正错误的机制很强大，改错速度快，纠错能力强。

有人问过我，华为的战略决策一旦出来了，执行力是什么？我说，就是西点军校的几句话，“是，长官”“明白了，长官”“没有问题，长官”“保证完成任务，长官”。

如果是错的战略，怎么办？在华为，错的战略也是错到底，不撞南墙不回头，撞了南墙补个洞，这是华为的特点。决策错了是决策者的责任，和执行者没有关系，执行者就是要执行，不允许问为什么，不允许停下来，这是执行和决策之间的关系。现在更多的是聪明人，执行战略的时候首先要问为什么，要想明白才会做；在华为没有借口，就是执行到底，所以使战略能够迅速来到实践，能够落地，能够由嘴上到手上，最后用高绩效来验证。

四、华为的战略和战略的华为

文/彭剑锋

作为一家成功的企业，华为既有战略又没有战略。华为有非常清晰的战略思维，但是又不像很多企业每年制定三年规划、五年规划，也不像很多企业那样天天谈战略、天天变。华为在战略上有许多与其他企业不一样的地方。

（一）战略思维的高度聚焦

中国有很多企业做战略纯粹是抓机会，但是抓机会也是“狗熊掰棒子”——不聚焦。华为是在战略思维上想明白后就高度聚焦，不是纯粹的机会导向。就像任正非讲的，一旦发现了战略机会，就不在非战略机会上浪费时间和资源。这是华为和其他企业不一样的地方，别人是机会导向的“等不及”，华为是真正“等得及”。战略是一种选择，华为一旦选择了干什么，就心无旁骛，就傻干傻付出。华为舍得在长远的战略目标上加大对技术、人才、市场的投入；其他企业是发现了战略机会，但不愿意在重大战略机会上投入。

（二）战略执行的超强能力

华为之所以能够具有超强的执行力，首先是能够集中配置资源。华为在技术、组织、人才等方面舍得投入，敢于砸钱。比如华为的产品有差异化，有技术创新能力。早在《华为基本法》制定时期，华为在技术创新方面每年投入 10%，现在是 15%、16%，管理方面每年投入约 300 亿元，其他公司哪里舍得这么投入？其次才是工具的运用。用一套工具落实战略、分解战略，把战略目标分解到业务系统，通过战略解法体系，通过 PPC 系统使战略能够落地。

现在很多企业也学习 IBM 的 BLM 和战略解码，但是为什么做不到？就是因为没有像华为这样在战略配置上真抓实干，把资源配置真正聚焦到战略要素上。很多企业的目标很好，但就是落不了地，资源配置不上，不舍得砸钱，有的企业连 300 万元的管理费都不愿意支付。有人比喻，华为和其他企业同时发现了猎物，其他企业派出去的是游击队，拿着“三八大盖”去打；华为派出去的是航空母舰、核导弹。这个比喻很形象、很贴切。

（三）任正非不可复制的企业家精神

华为为什么能成功？就是任正非不可复制。华为的战略思维既体现了任正非的企业家精神，又有群体智慧，这一点跟其他企业是不一样的。在中国，很多企业的战略都是老板一个人拍脑袋拍出来的，华为不是这样。一是任正非是一个很谦卑的人。二是任正非是个有追求的人。他立意高远，能够为了长期目标暂时舍弃个人短期利益。他懂得分钱，把股权都放弃掉了，让大家都变成股东，所以大家愿意追随他，在这一点上有境界。三是任正非的学习能力很强，懂得融会贯通，也善于运用群体智慧。四是任正非有危机意识，始终充满危机感和焦虑感，让整个组织处于一种兴奋和紧张的状态，始终战战兢兢、如履薄冰。五是华为具有很强的自我批判精神。华为也犯过无数战略上的错误，但是一旦发现错了，调转船头的速度很快。有人问我，你觉得华为还能不能持续成功？我说，只要华为有自我批判精神，我就相信它能持续成功，如果哪一天华为没有了自我批判精神，那就不一定了。

（四）实事求是的实用主义战略

华为有一种实用主义战略——实事求是。

华为的三个发展阶段，其实始终都是要活下去。第一个阶段，华为什么技术也没有，城市运营商又不认可，只能从农村开始搞，农村搞得差不多了再进城。第二个阶段，华为已经有了一定的产品、技术，可以搞国际化。国际化就是“借船出海”“傍大款”，也是先从第三世界开始，也是实用主义战略，跟着党走、跟着外交路线走。中国的很多企业国际化其实也是一种机会主义，它们不是把国际化作为长期战略，也不会真干。华为则把国际化作为长期活下去的立身之本，自己建立营销体系，只要能在国际上活下来，就想尽办法，什么招儿都使。反过来看，华为如果不在国际上拓展市场，国际市场是要把它挤垮的。华为整个战略的操作路径是一致的，就是压强聚焦、聚焦压强。第三个阶段，云管端战略。也是要进一步做大，世界通信业三分天下，华为要占据一分，云管端要成为领先者。

（五）高层不断探讨的战略共识

华为特别强调战略共识，也就是高层之间不断地探讨。华为的战略为什么具有执行能力？就是因为有战略共识，能够达成一致。正是因为有战略共识，才会有所谓的“力出一孔”，使大家的力量都朝着一个目标努力。做到了“力出一孔”，大家都是一个利益平台，没有更多的利益平台，没有什么小团队利益，使得华为能实现战略上的突破。华为特别强调战略过程比战略结果更重要，更强调战略思维形成的过程，形成过程大家都明白了，执行就可以了。中国有很多企业，老板一拍脑袋，大家都不明白就执行，执行过程中出了问题，老板又推倒重来。华为是大家达成共识、想明白了就去干，企业战略执行成本比较低。而很多企业的战略执行成本、交易成本太高了，所以总是左右摇摆。

（六）客户导向型的战略源头

华为的战略源头有一点始终不变，即客户导向型，始终围绕客户制定战略，真正随客户需求而动，依据客户的需求和痛点找到产品方向，找到组织变革方向，找到企业内部改革方向，真正把战略、组织、流程、人打通。

现在中国企业最大的问题是，组织流程并不是围绕客户。而华为做客户的能力太强了，它不断通过组织变革，通过流程再造，始终使组织围绕战略目标、围绕客户。所以华为是上接战略、下接客户需求，战略和需求是通过组织、流程、人来打通的，这一点其他企业是没有的。

为什么华为花那么多工夫做流程再造、客户化的流程体系？为什么不断通过组织变革使得整个组织随客户需求而动，最后每个人能紧张、能去奋斗？就是围绕客户价值，激发了每个人创造价值的潜能。回到管理学经典——战略组织与人。华为是真正打通了战略和客户需求这两点，其他企业则没能做到，普遍是战略太高，不接地气、不能满足客户需求。

一个企业下要接地气，要洞悉客户需求；上要通战略，聚焦于战略，两者之间怎么链接？靠组织、流程、人，客户化的组织和流程体系，持续奋斗地以客户创造为核心的价值观。人是围绕整个价值链把它打通，每个人都必须奋斗，所以在华为是很累的，任何人在华为的最大特点是，如果想搭便车、想偷懒，结果就是被踢出局。

结合华为的实践，我认为战略可能没有秘密，但它有内涵，战略有以下六大要素：

其一，战略是一种舍弃。如果说战略是一种选择，华为跟其他企业最大的不同在于懂得舍弃和抓住战略机遇。其他企业频频做加法，华为善于做减法。对中国企业家来讲，在众多机会面前，在物欲横流面前，最难管的是自己的欲望，管住自己的欲望就是不干什么。比如做房地产一把能赚几十亿元，钱摆在眼前，但华为没有赚，而是把心思聚焦在自己的战略目标上。从战略的选择上，华为跟其他企业不一样的是能够聚焦，能够管住自己的欲望。

其二，战略是一种发展模式。发展模式有三种：一是产品技术创新；二是商业模式创新；三是并购重组能力。

产品技术创新。从华为的发展模式来讲，华为在产品上不断加大技术创新投入，靠产品力走出了中国企业不愿意在产品上投入、最后陷入价格战和同质化的困境。

商业模式创新。华为是大客户战略，始终以客户为中心，围绕客户价值，是客户驱动型企业。华为在并购重组方面也做得很不错，尤其是在国际上，通过并购、重组、整合提高自己的内在产业。从发展模式来讲：一是有产品力；二是一切围绕客户价值，展开整个企业的商业运作，战略源头来自客户价值、客户需求。

并购重组能力。华为虽然没有上市，但是在并购重组战略、资本战略方面绝对是高手，值得研究。资本战略支撑了华为的成长，规避了资金短缺的风险。华为有三个指标：销售、利润和现金流。华为之所以在每个“过冬”的时期能反周期增长，就是因为始终保持现金流良好，这是一种战略。中国的很多企业为什么会死？死在现金流短缺。在华为的商业模式里，也不能忽视并购重组战略，它有很多独特的做法，这些都值得研究。

其三，战略是一种能力。如果把战略当作一种能力，华为有三种能力是其他企业没法比的：产品竞争力、营销能力和组织管理能力。这三种能力叫管理力，也是竞争力，其他企业恰恰在这三个方面没有形成这种能力。

其四，战略是一种共识。华为的战略是经过系统思考的，不是老板拍脑袋决定的，而是群体智慧。通过共识形成战略自信、战略定力。当一个人想明白了，外在诱惑再多，也不会受到影响，更不会左右摇摆。

其五，战略是一套执行体系。战略就是要突破组织、人才、管理上的瓶颈，解决现实的经营痛点和经营管理问题，形成配套的、可操作的、行之有效的一系列手段和方法，即战略执行体系。而执行靠战略解码，靠 PBC 系统。华为把这两个方面做到位了。

其六，战略是一种投入。华为在资源配置、组织、人才、管理上的投入是巨大的。

老板·创业			
一、经理人			
书名	内容	书名	内容
老总有想法，高层有干法 王清华　著	企业将、帅之间的定位问题、角色问题、方法问题、思维问题、管理问题等	**历史深处的管理智慧1：组织建设与用人之道** 刘文瑞　著	通过历史鉴照当今企业选人用人、二代接班人、创业团队管理等问题
历史深处的管理智慧2：战略决策与经营运作 刘文瑞　著	通过历史鉴照当今企业决策、战略规划、战略冒进、决策监督等问题	**历史深处的管理智慧3：领导修炼与文化素养** 刘文瑞　著	通过历史鉴照当今企业的领导修养、用权、管理风格等问题
老板经理人双赢之道 陈明　著	经理人怎么选平台、怎么开局，老板怎样选/育/用/留		
二、用人			
用好骨干员工 王敏　著	系统化分享关键人才打造与激励方法	**领导这样点燃你的下属** 孟广桥　著	领导者如何才能让员工积极主动地工作
让用人回归简单 宋新宇　著	帮助管理者抓住用人的要害，让用人变得简单	**激活新生代员工** 史量　孙斌　著	走进新生代的世界，一套行之有效的管理、激活90后、95后、00后的方法
三、转型·创业			
创业要过哪些坎 董坤　著	15年创业咨询经验总结的创业遇到的问题及办法	**高潜牛人** 董坤　著	创业和事业发展中如何找到牛人
成为下一个SaaS独角兽 崔牛会　主编	19位SaaS领专家，7个不同的视角总结SaaS行业实践	**创模式：23个行业创新案例** 段传敏　著	CEO社群23位企业家的思考与实践分享
重生——中国企业的战略转型 施炜　著	本书对中国企业战略转型的方向、路径及策略性举措提出了建议和意见	**7个转变，让公司3年胜出** 李蓓　著	企业估值、业务模式、营销、生产制造、客户服务、用户黏性、组织管理7个转变
企业二次创业成功路线图 夏惊鸣　著	五步骤给出了一幅企业二次创业经营突破、管理提升的成功路线图	**跟老板"偷师"学创业** 吴江萍　余晓雷　著	如何通过"偷师"学习与积累当老板的阅历
公司由小到大要过哪些坎 卢强　著	企业成长路线图，现在我在哪儿、未来还要走哪些路都清楚了	**跳出同质思维，从跟随到领先** 郭剑　著	66个精彩案例剖析，帮助老板突破行业长期思维惯性
极速增长：企业扩张策略 董坤　著	以"8shoes扩张法则"为思考框架，帮助处于这个阶段的创业公司及以创业公司形式孵化的变革型项目做出清晰的战略选择		
企业经营			
经营打造你的盈利系统 高可为　著	选择最有效的经营策略，打造属于自己的商业模式	**中国企业的觉醒** 王涛　著	企业告别自私、野蛮，转向善良、爱，才会赢得消费者
成为敏感而体贴的公司 王涛　著	未来有竞争力的企业，一定是那些敏感而体贴的公司	**有意识的思考** 王涛　著	对头脑中固有观念保持觉察，从而超越它们的局限
简单思考 孔祥云　著	著名咨询公司（AMT）CEO创业历程中的经验与思考	**写给企业家的公司与家庭财务规划** 周荣辉　著	以企业的发展周期为主线，介绍各阶段企业与企业主家庭的财务规划

续表

书名	内容	书名	内容
从10亿到100亿的企业顶层设计 刘建兆　著	重新定义企业成长方式，有效益、有效率、有效能、有效果、有品质的良性成长	**活系统：跟任正非学当老板** 孙行健　尹贤　著	造活系统，使系统活，靠系统活，活的系统
宗：一位制造业企业家的思考 刘建兆　著	发展20年营业额近亿元制造业企业家的思考与心得	**使命：驱动企业成长** 高可为　著	用大企业发展轨迹及企业家的心路历程，揭示企业成长的基因、做事的逻辑
让经营回归简单 宋新宇　著	战略、客户、产品、员工、成长、经营者的经营法则	**边干边学做老板** 黄中强　著	86个案例讲述中小公司成长过程中遇到的问题和方法
盈利原本就这么简单 高可为　著	跨越业务与财务边界，为企业提高盈利水平提供方法	**战略参谋：写出管用的战略报告** 蔡春华　著	企业对自己、市场、行业其实了解更深，助你高质量完成战略规划
不战全胜：给企业家读的孙子兵法 王吉坤　杨伟霞　著	从《孙子兵法》提炼和总结了帮助企业打造行业龙头品牌的体系	**公司离不开的全栈运营高手：产品运营与推广获客** 王虎　著	涉及运营案例、思维理论、实操复盘、管理方式、推广策略等，是作者八年运营推广经验的浓缩
公域引流　私域经营：这样经营用户关系 王庆云　汪洋　著	为大中型企业提供私域建设的顶层和全景式框架，探索不同业务特性可能适配的不同私域模式	**平台生态：价值创造与价值获取** 彭毫　罗珉　著	厂商之间的竞争已经从产品转到平台，如何创造新的价值创造和获取模式，是企业最想得到的答案
合伙制经营：有效激励，而不丧失控制权 胡八一　著	重点阐述实施合伙制的流程，通过四步为企业家提供一种有效激励而不丧失控制权的工具和方法	**机制创造人才** 彭剑锋　尚艳玲　著	华夏基石专家团著作，为个体赋能，经营人成就人，进行机制创新和价值管理
管理·管理学			
一、企业管理			
让管理回归简单 宋新宇　著	从目标、组织、决策、授权、人才、老板自己等提供方案	**管理的尺度** 刘文瑞　著	西医式的体检化验，又要施加中医式的望闻问切
管理：以规则驾驭人性 王春强　著	人性驾驭角度权度运筹安排的可兑现性，管理有效性	**看电影，学管理** 刘文瑞　著	十六部电影的解读，揭示电影内含的管理之道
好管理　靠修行 曾伟　著	从佛法、道法思想中寻找管理智慧	**公司大了，怎么管** 金国华　著	成长型企业发展中的共性问题，通过案例实录解开
低效会议怎么改 王玉荣　葛新红　著	从梳理公司会议体系的层面改变低效会议的现状	**年初订计划年尾有结果** 郭晓　著	总结七步落地方案让战略计划切实落地实现
分股合心 段磊　周剑　著	围绕股权激励，详细介绍相关知识和实行方法	**员工心理学超级漫画版** 邢磊　著	以漫画形式对组织中个体心理的全面介绍和深入探讨
让投诉客户满意离开 孟广桥　著	投诉法律法规，应对各种投诉技巧等提升客诉能力	**管理就是定计划，抓落实** 张国祥　著	员工“看了就会、拿来就用”的计划制订操作指南
不读韩非子，怎么当老板 王春强　著	通过集中分析有关人性的内容，引导现代管理者更深理解人性是如何影响企业运行，以及管理者应如何因人性而实施管理	**重新想象组织** 彭剑锋　尚艳玲　著	华夏基石专家团著作，通过组织变革逐步进化，找到成长之道，让企业可持续发展

续表

书名	内容	书名	内容
战略管理有方法 和恒咨询　著	结合中国企业实践总结的一套独创性、实操性的战略方法，100+工具轻松做战略	**高管如何为公司创造高增长** 彭剑锋　尚艳玲　主编	战略驱动着企业成长，企业又该如何突破增长的瓶颈
二、管理思想			
管理学的奠基者 刘文瑞　著	近代以来的管理思想发展揭示管理思想的演化奥秘	**巴纳德组织理论研读** 郭威　著	深度研读巴纳德《经理人员的职能》，帮你理解和看懂
管理学在中国 刘文瑞　著	科学看待管理学流入中国，对继承发展进行深入的阐述	**德鲁克管理学** 张远凤　著	以德鲁克管理思想发展为线展示20世纪管理学的发展
德鲁克与他的论敌们 罗珉　著	德鲁克与马斯洛、戴明等诸多管理大师论战的故事	**德鲁克管理思想解读** 罗珉　著	全面解构德鲁克思想的精髓与实践价值
治论：中国古代管理思想 张再林　著	深入分析中国古代哲学基本精神的基础上，梳理分析了儒法墨三家的管理思想	**流程经理10年案例笔记** 王焕东　著	用自身工作和生活中的鲜活案例及思考后的心得呈现不一样的流程管理思想
透过决策看组织 李慧才　著	对西蒙管理行为进行贴近企业的通俗化解析和阐释	**为什么高管爱读德鲁克** 王鹏　著	辅助深读德鲁克，提升管理认知
		营销·销售	
一、企业销售			
大客户销售这样说这样做 陆和平　著	大客户销售活动的十大模块，68个典型销售场景	**向高层销售** 贺兵一　著	销售人员与客户高层打交道需要重点掌握的知识、技巧
资深大客户经理 叶敦明　著	将大客户经理必须具备的规划、策略、执行三种能力运用自如	**成为资深的销售经理** 陆和平　著	让销售经理成功把握销售管理的6个关键点，并提供工具
销售是个专业活 陆和平　著	据客户采购流程拆分销售过程十阶段，讲解方法技巧	**学话术　卖产品** 张小虎　著	手机、电动车、家电、食品等消费品的一线销售话术
工程项目大客户销售攻略 陆和平　著	三十八讲循序渐进，全方位透视工程大项目拿单的奥秘，通俗易懂，看了就能用	**大客户销售谈判：获得利润的最快途径** 陆和平　著	从不会谈判到成为谈判专家，帮助你在与大客户的谈判中轻松说服对方，实现从一次成交、成本价成交到高价成交、持续成交的转变
二、企业营销			
新营销组织力 迪智成　著	适应最新数字化外部环境，系统化协同组织能力建设	**营销按钮** 老苗　著	讲述存在于人性及各个营销环节中的“按钮”
精品营销战略 杜建君　著	“精品营销战略”核心逻辑与营销组合策略	**360°谈营销** 王清华　古怀亮　著	营销是立体的，从不同角度观察不同企业的营销精髓
互联网精准营销 蒋军　著	互联网时代整体策划、包装品牌和产品	**招招见销量的营销常识** 刘文新　著	做好基本的营销动作都可以提高销量、降低成本
用数字解放营销人 黄润霖　著	用数字说话覆盖营销工作的方方面面	**用营销计划锁定胜局** 黄润霖　著	让营销计划落地，营销人员只需解决两个问题：基数与概率

续表

书名	内容	书名	内容
我们的营销真案例 联纵智达研究院　著	五芳斋粽子、诺贝尔瓷砖、利豪家具、保健品、娃哈哈	**中国营销战实录** 联纵智达研究院　著	51个案例，46家企业，46万字，18年积淀
弱势品牌如何做营销 李政权　著	产品与物流通道、服务通道、促销互动通路，提供方法	**解决方案营销实战案例** 刘祖轲　著	十大工业品作者实操案例解码解决方案营销
升级你的营销组织 程绍珊　吴越舟　著	根据企业的实际情况建立有机性营销组织	**变局下的营销模式升级** 程绍珊　叶宁　著	十年大量案例归纳三种核心驱动要素、三种升级方向
老板如何管营销 史贤龙　著	十六个招式，理论与案例相结合，高段位营销方法	**孙子兵法营销战** 刘文新　著	理解《孙子兵法》原意的同时，还可体悟到营销之用
新营销2.0：从深度分销到立体连接 刘春雄　公方刚 牛恩坤　等著	立体连接打通三度空间，在互联网时代诞生快消品领域的超级巨头		
三、品牌			
中国品牌营销十三战法 朱玉童　著	深度演绎最符合企业品牌营销策划的十三套实战战法	**中小企业如何打造区域强势品牌** 吴之　著	从如何建立强势品牌的角度解析扩张难题
小众战略：小资源打造强势品牌 吴修利　著	从品牌观念、市场调研、竞争机会、内部调整等角度，对产品、渠道、传播等核心原则进行了系统梳理	**把品牌建在顾客心里：4步实现品牌IP化** 张学军　著	让品牌自带话题，自主传播
四、营销策划			
这样写文案，就没有卖不动的产品 秦剑　刘安丽　著	术、法、道三个层面由浅至深培养商业文案创作能力	**洞察人性的营销战术** 沈坤　著	介绍了28个匪夷所思的营销怪招，大部分可以直接运用
双剑破局：沈坤营销策划案例集 沈坤　著	双剑公司8年来的实操案例，每个项目诞生过程、策划角度和方法	**社区团购就这么干：供应商•平台•团长•用户** 陈海超　杨顶刚　著	分享最新实践经验，一看就懂，照着就能做
企业案例			
鲁花：一粒花生撬动的粮油帝国 余盛　著	鲁花如何成长为优秀的带动农业产业发展的品牌，鲁花你一定学得会	**金龙鱼背后的粮油帝国** 余盛　著	以金龙鱼为脉的一部中国粮油行业的史诗
你不知道的加多宝 曲宗恺　牛玮娜　著	以时间为轴线，详细叙述了加多宝品牌的发展历程	**静水流深** 黄治国　著	作者在美的十五年对何享健内部讲话资料的整理
娃哈哈区域标杆 罗宏文　快车君 赵晓萌　寇尚伟　著	讲娃哈哈豫北市场如何成为娃哈哈全国第一大市场、全国增量第一的市场	**借力咨询：德邦成长背后的秘密** 官同良　王祥伍　著	德邦将自己积累的与咨询公司发展共赢的合作逻辑和盘托出
六个核桃凭什么从0过100亿 张学军　著	全视角深度解读养元企业的裂变成长，复盘十年蜕变轨迹	**像六个核桃一样** 王超　著	六个核桃为什么卖得这么好，产品畅销的6大要义36条简明法则

续表

书名	内容	书名	内容
中国首家未来超市 IBMG 集团　著	对乐城超市的掌门人及内部员工的采访详细阐释了乐城的经验	**三四线城市超市如何快速成长：解密甘雨亭** IBMG 集团　著	甘雨亭的许多关键经营指标均高于行业标准，学习其成功的方法
集团化企业阿米巴实战案例 初勇钢　著	作者在某酒厂推行阿米巴经营模式的心得		
		经销商	
新经销：新零售时代教你做大商 黄润霖　著	探访近 100 位经销商在传统营销手法上的创新，传统营销微创新和新营销本地化	**商用车经销商运营实战** 杜建君　王朝阳 章晓青　著	对商用车经销商的经营与管理、4S 店运营做了全方面的总结
跟行业老手学经销商开发与管理 黄润霖　著	从管理耐用消费品经销商角度提炼了 48 个代表性问题并给出解决办法	**快消品经销商如何快速做大** 黄润霖　著	经销商如何通过经营实现规模，通过管理实现规模效益
建材家居经销商实战 42 章经 王庆云　著	经营管理的心法和战法，帮助经销商成为“业务妙手”和“管理能手”	**成为最赚钱的家具建材经销商** 李治江　著	针对建材家居行业的经销商，从销售模式、产品、门店、市场等方面给出方法
白酒经销商的第一本书 唐江华　著	对经销商如何选择厂家、合作、运营品牌等问题给出建议	**快消品招商的第一本书** 刘雷　著	从招商理论到招商动作进行系列化分解，化繁为简
大商方法：榜样经销商与厂家的合作之道 唐道明　著	洞察厂商合作的核心，为经销商提供可行的方法，手把手教你做大商	**快消品经销商成功密码** 舟谱商学院　著	通过 8 个真实经销商案例，分享快消品经销商成功经验与方法
		中小企业	
中小企业如何打造区域强势品牌 吴之　著	从如何建立强势品牌的角度解析扩张难题	**用流程解放管理者** 张国祥　著	8 个板块构成，共 66 篇文章，14 幅流程管理图
用流程解放管理者 2 张国祥　著	对中小企业规范化流程管理进行系统的阐述	**弱势品牌如何做营销** 李政权　著	产品与物流通道、服务通道、促销互动通路提供方法
本土化人力资源管理 8 大思维 周剑　著	用最贴近中国中小企业现实管理情境的案例讲述周围人的“家事”	**中小农业企业品牌战法** 韩旭　著	农业企业需要全产业链视野，更需要品牌实战方法
		门店管理	
门店销售冠军复制系统 王吉坤　著	门店型企业如何打造可复制的销售冠军系统	**新零售动作分解与实操：建材·家居·家具** 盛斌子　著	对泛家居行业趋势、店面管理、团队管理、促销推广、五感营销等提供策略
家具建材促销与引流 薛亮　李永锋　著	对泛家居营销执行模式和工具、关键环节等进行汇总	**建材家居门店 6 力爆破** 贯同领　著	产品力、导购力、形象力、推广力、服务力、组织力
家具行业操盘手 王献永　著	总结家具终端门店发展的现状及问题并给出策略	**手把手教你做专业督导** 熊亚柱　著	系统梳理督导的核心技能，岗位职责、工作流程及技能

续表

书名	内容	书名	内容
手把手帮建材家居导购业绩倍增 熊亚柱　著	针对建材家居门店的业务人员，用案例故事还原场景教你成为好导购	**10步成为最棒的建材家居门店店长** 徐伟泽　著	梳理店长管理的核心工作职责、店面管理规范，帮助销售人员成长
建材家居门店销量提升 贾同领　著	9个板块讲述建材门店一个单店如何做到经营的良性循环	**总部有多强大，门店就能走多远** IBMG集团　著	五大方向综合阐述连锁零售企业总部如何提升管理能力
赚不赚钱靠店长，从懂管理到会经营 孙彩军　著	注重专卖店的经营思路拓展、门店管理细节方面能力的提升	**新医改了，药店就要这样开** 尚锋　著	从药店定位的思考，内部和会员管理等方面探讨中小型药店发展方向
电商来了，实体药店如何突围 尚锋　著	新时代药店经营的三驾马车：药学专业服务、会员贴心服务和精准定向促销	**引爆药店成交率1：店员导购实战** 范月明　著	药店人的零售工作，怎样接待顾客，完善销售技巧
引爆药店成交率2：药店经营实战 范月明　著	从药店经营角度建立改善门店现状的实用标准	**引爆药店成交率：专业化销售解决方案** 范月明　著	从简单的拿药服务到提供多角度的专业解决方案
口腔门诊盈利倍增：精益口腔 杨伟霞　王吉坤　著	为口腔门诊定制业绩提升管理系统并落地实施		
互联网			
一、互联网转型			
画出公司的互联网进化路线图 李蓓　著	18个“可以……吗”的问题作为产品、客户和价值方面的指引牌	**7个转变，让公司3年胜出** 李蓓　著	企业估值、业务模式、营销、生产制造、客户服务、用户黏性、组织管理7个转变
重生战略移动互联网和大数据时代的转型法则 沈拓　著	四个重生战略对应四个法则，告知传统企业的转型重生之路	**创造增量市场：传统企业互联网转型之道** 刘红明　著	为读者提供了寻找这些互联网的切入点和接触点的具体方法，带来增量市场
互联网+变与不变 本土管理实践与创新论坛　著	61篇精华文章，聚焦传统行业如何互联网+时代转型	**今后这样做品牌** 蒋军　著	顶层设计、营销创新、产品战略、渠道变革、品牌策略
移动互联新玩法 史贤龙　著	立足现实，剖析新时代背景下的移动互联趋势与热点	**互联网时代的成本观** 程翔　著	多维组合成本的互联网精神和大数据特征及应用
正在发生的转型升级实践 本土管理实践与创新论坛　著	100多位本土管理专家当年对最新一年的思考和实践	**1000铁杆女粉丝** 张兵武　著	如何让普通女性成为忠实追随的铁杆粉丝，磁力点、情感结、甜蜜区、信任圈
混沌与秩序Ⅰ：变革时代企业领先之道 彭剑锋　施炜　苗兆光　王祥伍　孙波　夏惊鸣	新环境下企业面临变革应如何应对，企业家如何坚守并与企业共同成长	**混沌与秩序Ⅱ：变革时代管理新思维** 彭剑锋　施炜　苗兆光　王祥伍　孙波　夏惊鸣	对处于时代变革下的企业管理新机制、人力资源管理新思维，组织与人的新型关系，结合案例提出优化建议
消费升级：实践·研究 本土管理实践与创新论坛　著	从经营、管理、行业三个方面记录消费升级下的实践	**互联网精准营销** 蒋军　著	互联网时代整体策划、包装品牌和产品
智能推荐：让你的业务千人千面 刘国昊　周波　著	从资讯、电商、文娱行业来详细讲解智能推荐的应用，用户时间的争夺战	**制造业外贸营销网站建设** 宋金亮　著	介绍整个网站从无到有的实现过程，从分析思路、撰写内容到规划页面，列举了大量正反面实例，帮助读者理解和投入实践

续表

书名	内容	书名	内容
二、抖音、微信微商、电商			
书名	内容	书名	内容
抖音营销系统 刘大贺 著	抖音系统的实战营销知识，上百个从0做大的案例	**金牌微商团队长** 罗晓慧 著	微商团队长创业实操的指导工具书
微商生意经：真实再现33个成功案例操作全程 伏泓霖 罗晓慧 著	精心挑选的33个微商成功案例，阐述具体操作过程	**快速见效的企业微信营销方法** 孙巍 著	站在微信生态的立体高度系统讲述企业微信快营销方法论
阿里巴巴实战运营：14招玩转诚信通 聂志新 著	产品定位、阿里巴巴排名因素、数据分析、标题优化等	**阿里巴巴实战运营2：诚信通热卖技巧** 聂志新 著	打开诚信通运营的金钥匙，十大具体运营技巧
三、行业新营销			
餐饮新营销 杨勇 程绍珊 著	聚焦餐饮企业转型，系统的餐饮企业营销管理体系	**新零售进化路径** 李政权 著	预先复盘新零售及商业的未来，找到方向
珠宝黄金新营销 崔德乾 著	珠宝业新营销/新品牌/新产品/新零售/新连接/新场景/新服务/新传播/新管理	**新经销：新零售时代教你做大商** 黄润霖 著	探访近100位经销商在传统营销手法上的创新，传统营销微创新和新营销本地化
新零售动作分解与实操：建材·家居·家具 盛斌子 著	对泛家居行业趋势、店面管理、团队管理、促销推广、五感营销等提供策略	**新营销** 刘春雄 著	让品牌商和渠道商掌握获得独立流量的能力，能够与平台商博弈
快速见效的企业网络营销方法 B2B 大宗 B2C 张进 著	数据和案例90%来自作者服务的中小企业，快速全面地学习企业网络营销方法	**移动互联下的超市升级** 联商网专栏 著	超市未来的发展趋势，对社区超市、生鲜、全渠道建设、O2O等提出观点
百货零售全渠道营销策略 陈继展 著	零售行业的竞争重点、行业本质、战略转型、未来趋势、经验和案例	**互联网时代的银行转型** 韩友诚 著	银行业在互联网金融变革浪潮中所做的积极应对和转型布局
触发需求：互联网新营销样本·水产 何足奇 著	通过鲜誉案例解读阐述水产行业如何进行互联网转型	**新农资如何弯道超车** 刘祖轲 著	从农业产业化、互联网转型、行业营销与经营突破四个方面阐述农资企业转型
新零售 新终端 迪智成 著	将新零售系统打法做梳理并落地在新终端建设上		
医药医疗			
一、药店			
新医改了，药店就要这样开 尚锋 著	从药店定位的思考、内部和会员管理等方面探讨中小型药店发展方向	**电商来了，实体药店如何突围** 尚锋 著	新时代药店经营的三驾马车：药学专业服务、会员贴心服务和精准定向促销
引爆药店成交率1：店员导购实战 范月明 著	药店人的零售工作，怎样接待顾客，完善销售技巧	**引爆药店成交率2：药店经营实战** 范月明 著	从药店经营角度建立改善门店现状的实用标准
引爆药店成交率：专业化销售解决方案 范月明 著	从简单的拿药服务到提供多角度的专业解决方案	**连锁药店新风口：资本 智能 大数据** 动脉网 著	对我国连锁药店的市场环境、行业现状等进行分析，给出对连锁药店未来发展趋势的预判
药店导购关联销售技巧与成交话术 范月明 著	以药店情景案例导入，介绍常见疾病的导购销售话术与顾客心理分析，进而提供关联销售解决方案		

续表

二、药品销售			
书名	内容	书名	内容
医药第三终端：从控销到动销　诊所　基层医疗 王祥君　张芳文　著	用大量案例来梳理药企落地动销的策略、方法和技战术	医药营销：诊所开发维护与动销 张江民　著	从六个方面系统阐述基层诊所市场营销攻略
处方药合规推广实战宝典 赵佳震　著	对处方药推广体系搭建、推广人员岗位内容等六个方面进行阐述	医药代理商经营全指导 戴文杰　著	从产品选择、价格体系设计、路径管理等维度描述代理商产品操作的基本策略
处方药零售这样做 田军　著	处方药零售的重要性及做市场的具体措施和方法	OTC 医药代表药店开发与维护 鄢圣安　著	一位从初级 OTC 医药销售代表成长起来的销售经理的经验分享
OTC 医药代表药店销售 36 计 鄢圣安　著	以《三十六计》为线，阐述 OTC 医药代表向药店销售的技巧与策略	做医生信赖的医药代表 邹晓徽　宁剑锋 朱文虎　著	医药代表如何在合规要求下做好药品推广工作的操作工具书
三、药企转型			
药企战略·运营与医药产业重构 杜臣　著	医药产业的深度认知与发展趋势结合，战略思考与经营操作相统一	医药行业大洗牌与药企创新 林延君　沈斌　著	围绕创新介绍医药行业，介绍近百家医药企业创新实践案例
医药新营销 史立臣　著	从药企最关心的八个方面阐述制药企业、医药商业企业营销模式转型	医药企业转型升级战略 史立臣　著	从商业模式转型、管理转型、定位转型、运营模式转型和跨界转型五方面阐述转型
新医改下的医药营销与团队管理 史立臣　著	立足新医改相关政策的解读，为中小医药企业出谋划策	在中国，医药营销这样做 段继东　著	时代方略在医药营销领域思想、方法文章的精选合集
四、新医疗			
成为医疗器械领军者 王强　著	中小医疗器械生产企业和代理商怎样转型	新型诊所经营与创新 动脉网　著	对新型诊所从标准化管理、经营方式、团队建设、连锁模式四个方面进行解读
医美新风口：颜值经济下的亿万市场 动脉网　著	详细介绍中国医疗美容行业的发展趋势、现状及医美产业链等	互联网医院：正在发生的医疗新变革 动脉网　著	介绍互联网医院的建设与运营、管理，发展模式和市场布局，以及发展规律
快消品			
一、快消案例			
中国快消品营销这些年 史贤龙　著	一本书浓缩快消品营销 15 年的实战历程与前沿思考	这样打造大单品 迪智成　著	通过 13 个大案例帮助企业梳理打造大单品的路径
你不知道的加多宝 曲宗恺　牛玮娜　著	以时间为轴线，详细叙述了加多宝品牌的发展历程	娃哈哈区域标杆 罗宏文　快车君　赵晓萌 寇尚伟　著	娃哈哈豫北市场如何成为娃哈哈全国第一大市场、全国增量第一的市场
六个核桃凭什么从 0 过 100 亿 张学军　著	全视角深度解读养元企业的裂变成长，复盘十年蜕变轨迹	像六个核桃一样 王超　著	六个核桃为什么卖得这么好，产品畅销的 6 大要义 36 条简明法则

续表

书名	内容	书名	内容
5小时读懂快消品营销 陈海超　著	20年快消品市场风云洞察解码，丰富的案例解析		
二、快消品区域经理			
快消品营销团队管理 刘雷　伯建新　著	快消品团队管理相关的20余个工具+20余个案例	**这样打造快消品区域标杆** 罗宏文　牛玉龙　著	分两篇解决如何成功打造标杆市场和进行持续增量管理两大问题
成为优秀的快消品区域经理（升级版） 伯建新　著	作为区域经理的“速成催化器”，升级版增加11篇内容	**快消老手都在这样做：区域经理操盘锦囊** 方刚　著	一线成长起来的资深快消品营销人“压箱底”绝活
快消品营销人的第一本书 刘雷　伯建新　著	针对一线厂家业务员工作中常遇到的问题给予建议	**销售轨迹：一位快消品营销总监的拼搏之路** 秦国伟　著	一个普通营销人的故事，16年背井离乡的职场拼搏之路
快消品营销：一位销售经理的工作心得2 蒋军　著	从市场操作、团队管理、传播推广、营销的具体策略和战略等方面提供方法		
三、快消品动销			
动销：产品是如何畅销起来的 余晓雷　著	从怎么被消费者买走和竞争对手是谁这两个原点解决动销问题	**动销操盘：节奏掌控与社群时代新战法** 朱志明　著	用七个章节阐述关于动销操盘的要诀，节点、节奏、主次、条件匹配性等问题
动销四维：全程辅导与新品上市 高继中　著	从产品、渠道、促销和新品上市四个方面详细讲解提高动销的具体方法	**快消品经销商这样做才赚钱** 张宇　著	从全新的角度，解读经销商的经营困境，并提供可实操的解决方法
四、快消品渠道			
深度分销 施炜　著	渠道价值链、模式选择、渠道策略与管理、零售经销商管理、最佳实践、团队建设	**通路精耕操作全解** 周俊　陈小龙　著	对康师傅的制胜法宝通路精耕进行系统的介绍与说明，图表和完善入微的操作方法
酒水饮料快消品餐饮渠道营销手册 朱伟杰　著	对餐饮渠道深入挖掘，建立适合餐饮渠道发展的服务模式和组织保障措施	**快消品经销商如何快速做大** 杨永华　著	经销商如何通过经营实现规模，通过管理实现规模效益
快消品营销与渠道管理 谭长春　著	解决日常涉及的渠道管理、市场、产品等营销事务	**快消品招商的第一本书** 刘雷　著	从招商理论到招商动作进行系列化分解，化繁为简
采纳方法：化解渠道冲突 朱玉童　著	21个最新的渠道冲突案例立体地介绍渠道冲突的现象和方法	**快消品促销管理与方案：规划 技能 工具** 张荣举　著	涵盖促销规划、打法、具体落地执行的细节和终端人员技能及训练，结合线上线下运作，提供全套方法
五、快消品企业战略			
重构：快消品企业重生之道 杨永华　著	从战略、品牌、市场、产品、营销、系统、管理7个方面进行重构	**变局下的快消品实战策略** 杨永华　著	从5个角度针对快消品企业如何应对行业变局给出答案
新营销 刘春雄　著	让品牌商和渠道商掌握获得独立流量的能力，能够与平台商博弈	**采纳方法：破解本土营销8大难题** 朱玉童　著	破解困扰营销人的八大难题，给出解决方法
白酒营销培训宝典：复制高业绩 刘孝鞅　著	总结白酒营销人员系统运作市场的要点，转化为易学可复制的动作和工具表单	**酒水饮料快消品餐饮渠道营销手册** 朱伟杰　著	对餐饮渠道深入挖掘，建立适合餐饮渠道发展的服务模式和组织保障措施

续表

白酒			
书名	内容	书名	内容
白酒营销的第一本书 唐江华　著	多角度阐释白酒一线市场操作的最新模式和方法	白酒经销商的第一本书 唐江华　著	对经销商如何选择厂家、合作、运营品牌等问题给出建议
白酒到底如何卖 赵海永　著	多角度阐释白酒一线市场操作的最新模式和方法	白酒到底如何卖 2：从市场培育到动销 赵海永　著	系统化、标准化、模式化的促成动销的实战操作方式和方法
变局下的白酒企业重构 杨永华　著	白酒企业重构期的营销战略与实操策略 6 大方法	酒业转型大时代 微酒　著	酒水营销、新闻资讯及行业分析、预测的知识宝典
区域型白酒企业营销必胜法则 朱志明　著	以 36 条法则从战略、营销、推广、产品线、品牌、市场、战术等方面提供方法	10 步成功运作白酒区域市场 朱志明　著	从市场攻守、产品攻略、新品上市、占领渠道、促销等十个层面阐述
白酒营销 1：中小酒企操盘与崛起 徐伟　徐涛　著	深入分析品牌与行业、操作方法，提供营销实操宝典	白酒营销 2：品类创新策略升级 黑格咨询　著	立足行业现状，建立品类创新、营销模式创新路径，提供市场建设方法、营销策略与工具案例
茶・调味品・油・乳业			
营销中国茶：2 小时读懂茶叶营销 史贤龙　著	中国茶营销的“困局”“破局”和“创举”	中国茶叶营销第一书 柏龑　著	纵览中国茶叶市场的全局，并且有针对性地提出问题并阐述解决方法
调味品营销第一书 陈小龙　著	15 年监控中国市场 50 个中外著名调味品品牌市场运作、管理等的经验总结	调味品企业八大必胜法则 张戟　著	提炼了调味品企业八大规律性的关键成功要素
食用油营销的第一本书 余盛　著	从小包装油行业概述到产品的基本知识，从基本执行动作到品牌整体策划等	鲁花：一粒花生撬动的粮油帝国 余盛　著	鲁花如何成长为优秀的带动农业产业发展的品牌
金龙鱼背后的粮油帝国 余盛　著	以金龙鱼为脉的一部中国粮油行业的史诗	乳业营销的第一本书 侯军伟　著	区域型乳品企业如何才能稳健发展
调味品经销商公司化运营 张戟　著	调味品和快消品经销商如何从“个体户”到“公司化”，一步步推进的具体方法		
工业品			
一、工业品销售			
大客户销售这样说这样做 陆和平　著	大客户销售活动的十大模块，68 个典型销售场景	销售是个专业活 陆和平　著	据客户采购流程拆分销售过程十阶段、讲解方法技巧
成为资深的销售经理：B2B 工业品 陆和平　著	让销售经理成功把握销售管理 6 个关键点，并提供工具	一切为了订单：订单驱动下的工业品营销实践 唐道明　著	以订单流程的三个环节为主线讲述工业品营销管理新思路
订单是这样拿到的 郑文洲　著	作者近 10 年销售生涯的回顾，真实销售故事和成功经验分享		
二、工业品营销			
工业品营销管理实务（第 4 版） 李洪道　著	是信任导向工业品营销体系的深化版、工业品营销管理体系优化咨询的升级版	工业品企业如何做品牌 张东利　著	为当下中国制造的品牌化转型提供经过实践证明的理念、方法和体系

续表

书名	内容	书名	内容
工业品市场部实战全指导 杜忠　著	解决职能不清、市场部五大职能如何运作、职业发展路径等具体问题	解决方案营销实战案例 刘祖轲　著	十大工业品作者实操案例解码解决方案营销
资深大客户经理：策略准　执行狠 叶敦明　著	将大客户经理必须具备的规划、策略、执行三种能力运用自如		
三、工业品企业			
变局下的工业品企业7大机遇 叶敦明　著	探索工业品企业成长的新机会，7大战略与战术性机会	两化融合管理体系贯标流程与方法 戴勇　著	融合五十多家企业在两化融合贯标过程的经验，总结重点与举措
丁兴良讲工业4.0 丁兴良　著	多角度阐述中国在工业4.0的机遇和挑战		
建材家居			
一、建材家居门店			
家居建材促销与引流 薛亮　李永锋　著	对泛家居营销执行模式和工具、关键环节等进行汇总	新零售动作分解与实操：建材·家居·家具 盛斌子　著	对泛家居行业趋势、店面管理、团队管理、促销推广、五感营销等提供策略
家具行业操盘手 王献永　著	总结家具终端门店发展的现状及问题并给出策略	手把手教你做专业督导 熊亚柱　著	系统梳理督导的核心技能、岗位职责、工作流程及技能
手把手帮建材家居导购业绩倍增 熊亚柱　著	针对建材家居门店的业务人员、案例故事还原场景，教你成为好导购	10步成为最棒的建材家居门店店长 徐伟泽　著	梳理店长管理的核心工作职责、店面管理规范和帮助销售人员成长
建材家居门店销量提升 贾同领　著	9个板块讲述建材一个单店如何做到经营的良性循环	建材家居门店6力爆破 贾同领　著	产品力、导购力、形象力、推广力、服务力、组织力
二、建材家居经销商			
新经销：新零售时代教你做大商 黄润霖　著	探访近100位经销商在传统营销手法上的创新，传统营销微创新和新营销本地化	建材家居经销商42章经 王庆云　著	经营管理的心法和战法，帮助经销商成为“业务妙手”和“管理能手”
成为最赚钱的家具建材经销商 李治江　著	针对建材家居行业的经销商，从销售模式、产品、门店、市场等方面给出方法		
三、建材家居企业			
定制家居黄金十年 韩锋　翁长华　著	对中国定制家居行业20年发展历程进行深度、系统、专业的解读	建材家居营销：除了促销还能做什么 孙嘉晖　著	探索家居建材行业营销的革命，发现行业“营销天花板”的突破口
建材家居营销实务：新环境、新战法 程绍珊　杨鸿贵　著	针对建材家居市场特点提出以客户价值为基础的整体营销价值链	全屋整装　高利润运营手册 翁长华　陈平　著	十大维度解决实际问题，是0到1极具操作性的整装指南
零售·餐饮·服装·影院·美容院			
新零售进化路径 李政权　著	预先复盘新零售及商业的未来，找到方向	新零售　新终端 迪智成　著	梳理新零售系统打法并落地在新终端建设上

续表

书名	内容	书名	内容
移动互联下的超市升级 联商网　**著**	超市未来的发展趋势，对社区超市、生鲜、全渠道建设、O2O等提出观点	**百货零售全渠道营销策略** 陈继展　**著**	零售行业的竞争重点、行业本质、战略转型、未来趋势、经验和案例
超市卖场定价策略与品类管理 IBMG集团　**著**	零售企业的市场拓展与商品定位、商品结构与商品陈列、毛利分析与库存分析	**连锁零售企业招聘与培训破解之道** IBMG集团　**著**	围绕零售企业组织架构、培训体系建设等内容进行探讨
总部有多强大，门店就能走多元 IBMG集团　**著**	五大方向综合阐述连锁零售企业总部如何提升管理能力	**三四线城市超市如何快速成长：解密甘雨亭** IBMG集团　**著**	甘雨亭的许多关键经营指标均高于行业标准，学习其成功的方法
中国首家未来超市：解密安徽乐城 IBMG集团　**著**	对乐城超市的掌门人及内部员工的采访详细阐释了乐城的经验	**零售：把客流变成购买力** 丁昀　**著**	通过大量的实际案例对中国零售业态的升级转型之路提出思考
餐饮新营销 杨勇　程绍珊　**著**	聚焦餐饮企业转型，系统的餐饮企业营销管理体系	**电影院的下一个黄金十年** 李保煜　**著**	介绍了中国电影产业的运作模式及电影院的开发、设计思路
餐饮企业经营策略第一书 吴坚　**著**	阐述餐饮企业产品之道、市场之道、顾客之道及盈利之道	**赚不赚钱靠店长，从懂管理到会经营** 孙彩军　**著**	注重专卖店的经营思路拓展，门店管理细节方面能力提升
时装买手自学通 范敏娜　**编著**	从流行趋势调研、商品企划、采购渠道、数据管理到店铺销售等时装买手需要具备的能力与操盘技巧	**美容院/养生馆高盈利经营模式** 陈鹏飞　**著**	5步实现店铺高盈利方法与策略
农牧业			
一、农资			
饲料营销有方法 陈石平　**著**	饲料营销的7大核心命题	**农资营销实战全指导** 张博　**著**	在农资市场行之有效的营销策略和工具
新农资如何弯道超车 刘祖轲　**著**	农业产业化、互联网转型、行业营销与经营突破		
二、农牧企业			
中国牧场管理实战 黄剑黎　**著**	对牧场管理标准、管理制度、操作规程做出剖析和指引	**中小农业企业品牌战法** 韩旭　**著**	农业企业需要全产业链视野，更需要品牌实战方法
变局下的农牧企业9大成长策略 彭志雄　**著**	为农牧企业量身打造了9个立足现在、展望未来的成长策略	**农产品营销实战第一书** 胡浪球　**著**	针对33个农产品营销的核心问题提供具体招数
农产品全网营销 吴之　**著**	帮助全国农业合作社、家庭农场打造农产品品牌		
地产·汽车			
一、地产			
中国城市群房地产投资策略 吕俊博　刘宏　**著**	挖掘主要城市群的现状特征、发展因子、演化趋势、竞争关系等，给出分析建议	**产业园区/产业地产：规划、招商、实战运营** 阎立忠　**著**	从认知、规划、招商、运营四方面系统解读产业园区的建设精要和运营技巧
人文商业地产策划 戴欣明　**著**	“全球化视野（创意）”+“人文+”思维	**产业园区/产业地产2：系统化经营与操盘攻略** 阎立忠　**著**	全方位系统解析产业园区运营策略
从零开始打造产业园区 刘晓君　**著**	全流程，系统化，注重细节，多角度教你打造产业园区		

续表

二、汽车			
书名	内容	书名	内容
商用车经销商运营实战 杜建君　著	对商用车经销商的经营与管理、4S店运营做了全方面的系统总结	**汽车配件这样卖** 俞士耀　著	适合轮胎、机油、维修、快保、美容、洗车等汽车服务业态销售实操办法
润滑油销售：这样说，这样做更有效 张金荣　著	总结润滑油销售面对三大客户常遇到的200余个营销问题解决方法	**润滑油品牌营销** 张金荣　著	没有说教，只有方法，适合小微企业、代工品牌、经销商、营销人阅读
投资理财·收购资本			
交易心理分析 马克·道格拉斯 【美】　著	一语道破赢家的思考方式，并提供了具体的训练方法	**财报背后的投资机会** 蒋豹　著	零基础轻松掌握财务报表的相关知识，快速入门
写给企业家的公司与家庭财务规划 周荣辉　著	以企业的发展周期为主线，介绍各阶段企业与企业主家庭的财务规划	**分股合心** 段磊　周剑　著	围绕股权激励，详细介绍相关知识和实行方法
成功并购300问 浩德并购军师联盟　著	系统学习资本运作和企业并购知识的金融工具书	**并购名著阅读指南** 叶兴平　著	从全球5000多本并购图书中精选200本并进行评价
避开股权合伙这些坑 苏雯静　著	根据创始合伙人、外部合伙人、内部合伙人等方面的实际案例做归纳和梳理	**产业并购操盘手** 张军杰　著	15个案例，11个范本，38个图表，拿来即用
科创板IPO上市全流程指导 丁先云　刘海旭　著	不仅有各项制度的深入剖析，更有各种问题和解决方案的详细论述，配合案例，轻松操作		
阿米巴			
阿米巴经营的中国模式 李志华　著	基于阿米巴经典理念提出了适合中国本土的员工自主经营的“1532”模型	**集团化企业阿米巴实战案例** 初勇钢　著	作者在某酒厂推行阿米巴经营模式的心得
中国式阿米巴落地实践之激活组织 胡八一　著	划分原则、裂变与整合、组织管控、重新定位、巴长竞聘和组阁	**中国式阿米巴落地实践之从交付到交易** 胡八一　著	从6个方面阐述经营会计，从交付到交易是成功实施阿米巴的标志
中国式阿米巴落地实践之持续盈利 胡八一　著	企业做成平台、平台做成阿米巴、阿米巴做成合伙制		
人力资源管理			
一、绩效·薪酬			
回归本源看绩效 孙波　著	从目的和概念帮助企业梳理绩效管理与经营的关系	**走出薪酬管理误区** 全怀周　著	从7个常见的薪酬误区入手为企业提供一套系统解决方法
曹子祥教你做绩效管理 曹子祥　著	作者核心授课课程的还原，掌握绩效管理的核心内容	**曹子祥教你做激励性薪酬设计** 曹子祥　著	作者28年咨询经验总结，如何进行科学的薪酬体系设计
把招聘做到极致 远鸣　著	资深招聘经理多年工作心得的提炼	**把招聘做到极致2：灰度招聘全攻略** 黄渊明　李佳倩　著	从实战需求出发，兼容并包各种优秀的招聘理论、方法、经验与工具，并进行创新性的应用

续表

二、招聘·面试·培训			
书名	内容	书名	内容
把面试做到极致 孟广桥　著	一套实用的确定岗位招聘标准，提升面试官技能方法	**世界500强资深培训经理人教你做培训管理** 陈锐　著	构建培训体系、培训组织、培训文化、开发培训资源，教你做培训管理
人才评价中心漫画版 邢雷　著	用漫画形式写成的人才测评专业书籍		
三、HR高管·劳动法			
经营型HRD 黄渊明　著	总结企业HRD如何支撑企业经营，抓好七件关键事情	**人才供应链：实现高绩效均衡的人才管理模式** 许锋　著	打造人才供应链的四大支柱、十项修炼的完整体系
新任HR高管如何从0到1 新海　著	到互联网创业型企业担任HRVP，从0到1建立较完善的HR体系	**人力资源体系与e－HR信息化建设** 刘书生　陈莹　王美佳　著	6大框架、28个关注点、5大目标、6大优势、166个交付物咨询体系和盘托出
集团化人力资源管理实践 李小勇　著	针对集团型企业人力资源管理的问题提出科学建议	**我的人力资源管理笔记** 张伟　著	第三方咨询视角跳出"技术方法"看人力资源管理
人力资源的5分钟劳动法 李皓楠　著	入职管理、在职管理、离职管理中遇到的劳动法问题及应对	**海外人力资源管理：帮企业成功"走出去"** 黄渊明　著	弥补了中国企业海外人力资源管理实践体系建设的空白，具有开创性意义
从零开始学：胜任力模型建模与应用 林丽萍　著	手把手教你做胜任力建模，并通过大量的企业案例拆解介绍模型在各个方面的落地应用	**上市公司总经理助理工作笔记** 黄娜　著	40个案例，教你从小白助理到资深总助
用好任职资格体系 杨序国　著	以某企业为案例，系统地介绍了企业HR如何通过任职资格体系帮助员工成长		
四、HRBP			
HRBP是这样炼成的之菜鸟起飞 黄渊明　著	作者在初步转型HRBP两年时间里摸索实践的亲身经历与总结	**HRBP是这样炼成的之中级修炼** 黄渊明　著	结合作者亲身从事HRBP的工作经历，总结HRBP的作战故事
HRBP高级修炼 黄渊明　著	故事方式，HRD角度深度呈现运用HRBP的思维、方法		
企业文化			
企业文化落地本土实践 王祥伍　著	华夏基石"知信行"模型描绘企业文化落地路线图	**企业文化的逻辑** 王祥伍　著	从文化起源深刻剖析文化、效率、企业、企业文化联系
企业文化定位·落地一本通 王明胤　著	企业文化理念传播和落地聚焦的17种方法，解读了近100个实战案例	**36个拿来就用的企业文化建设工具** 海融心胜　著	汇集整理了36个通用的企业文化实践工具
企业文化激活沟通 宋杼宸　安琪　著	系统阐述沟通与企业文化的关系，给予企业提升沟通效能的企业文化解决方案	**企业文化建设超级漫画版** 邢雷　著	用漫画形式写成的企业文化建设专业书籍，理论体系和29个具体的操作方法
在组织中绽放自我 朱仁建　著	个人与组织之间的关系，文化对组织化形成的影响	**用企业文化提升经营绩效** 彭剑锋　尚艳玲　主编	企业要想在竞争中利于不败之地，就不能没有能打胜仗的企业文化与领导力
流程管理			
营销·研发·供应链业务架构与流程管理 谭勋晖　著	营销、研发、供应链三大业务流程变革实践经验总结	**打造集成供应链** 王春强　著	第一用力在"集成"上，梳理内外部相关模块及其依赖关系
人人都要懂流程 金国华　余雅丽　著	50幅流程管理漫画，内部对流程价值理念的高度共识	**用流程解放管理者** 张国祥　著	8个板块构成，共66篇文章，14幅流程管理图
用流程解放管理者2 张国祥　著	对中小企业规范化流程管理进行系统的阐述	**跟我们学建流程体系** 陈立云　罗均丽　著	在《跟我们做流程管理》的基础上丰富了标杆实践案例

续表

质量管理			
书名	内容	书名	内容
16949 质量管理体系落地与全套文件汇编 谭洪华　著	对 IATF16949 每个条款讲解采用理解、作用、落地、模板、成功案例模块解析	**ISO9001：2015 制造业文件模板全集** 贺红喜　著	五篇内容组成的完整的质量管理体系工具文件
精益质量管理实战工具 贺小林　著	四个方面对精益质量管理进行了全方位介绍和解读，并提供大量的方法工具	**五大质量工具详解及运用案例** 谭洪华　著	APQP、FMEA、MSA、SPC、PPAP 五大质量工具的具体运用
IATF16949 质量管理体系详解与案例文件汇编 谭洪华　著	针对 IATF16949 的标准原文做详细解说，同时提供大量的表单案例	**SA8000：2014 社会责任体系认证实战** 吕林　著	将 SA8000 多版本及 10 多年的体系实战经验汇编成书
ISO9001：2015 新版质量管理体系解读与案例文件汇编 谭洪华　著	对 ISO9001：2015 新版标准理解和运用操作进行详细解读	**ISO14001：2015 新版环境管理体系解读与案例文件汇编** 谭洪华　著	ISO14001：2015 改版后的差别和操作运用进行详细讲解
我在世界 500 强做供应商质量管理 宋华　著	分享汽车行业成熟的供应商质量管理体系和方法，都是作者的亲身经历	**ISO45001 职业健康安全管理体系落地＋全套案例文件** 谭洪华　著	每个条款清晰讲解，内容完全落地，轻松运用
五大质量工具之 FMEA（2019 第五版）详解及运用落地 谭洪华　著	对 2019 年 6 月修订的第五版 FMEA 标准进行详解，提供落地操作方法和全部案例文件，可直接套用		
精益生产			
一、精益·JIT·IE			
精益思维：超越对手的力量 刘承元　著	以尊重人性的精益思想为切入点，分别从管理者的精益理念、精益思维、精益实践、精益中国制造等方面进行独到的分析	**比日本工厂更高效** 刘承元　著	管理提升无极限＋超强经营力＋精益改善里的成功实践
计划与物流精益改善之道 于晓光　著	围绕“计划与物流战略咨询的方法论”进行解析，提供方法论和案例	**300 张现场图看懂精益 5S** 乐涛　著	通过日本丰田、上市企业案例，用 300 张现场图系统讲解 5S 管理
3A 顾问精益实践 1：IE 与效率提升 党新民　苏迎斌 蓝旭日　著	系统、全面地介绍 IE 工厂管理技术，提高效率创造价值	**3A 顾问精益实践 2：JIT 与精益改善** 肖智军　党新民　著	系统、全面地介绍 JIT 生产方式，并加入实践案例
高员工流失率下的精益生产 余伟辉　著	从三方面论述推行精益管理时如何应对员工流失	**让员工爱上 6S 管理** 肖智军　著	提供了众多企业的原版资料、案例，还汇集了一些企业骨干的推行感想、感悟及反思
200 张图表学精益管理：IE 工厂效率提升方法 刘秀堂　著	IE 工程师视角，全是一线经验。精益落地的实操方法，大量图表工具让你上手就能做		
二、生产管理			
化工企业工艺安全管理实操 黄娜　著	围绕化工工艺安全 14 要素来展开分析	**手把手教你做专业生产经理** 黄娜　著	生产经理如何在信息流、物流、资金流三大流中开展工作

续表

书名	内容	书名	内容
欧博心法：好工厂　靠管理 曾伟　著	从管人篇和管事篇帮助读者解决人难管、事难控	**欧博工厂案例 1：生产计划管控对话录** 曾伟　曾子豪　著	工厂管理生产计划管控模块的 8 个全景细节大案例
欧博工厂案例 2：品质技术改善对话录 曾伟　曾子豪　著	工厂管理品质、技术、效率管理模块的 10 个全景细节大案例	**欧博工厂案例 3：员工执行力提升对话录** 曾伟　曾子豪　著	工厂管理人员管控模块的 5 个全景细节大案例
工厂管理实战工具 曾伟　著	中国传统文化指导下的工厂管理工具	**制造业成本倍减 42 法** 王天江　著	42 种经过实际验证有效的成本降低方法，用 61 个真实案例说明
制造企业上 10 亿其实并不难 杨小林　著	年产值 1 亿～10 亿元中小制造企业在工厂经营和管理上的业务指导		
三、班组长			
全能型班组：城市能源互联网与电力班组升级 国网天津电力公司　著	从互联网时期的班组转型升级出发，对新型班组组织模式和运行机制进行设想	**国网天津电力全能型班组建设实务** 国网天津电力公司　著	聚焦天津电力公司在探索全能型班组转型升级时的优秀实践
车间人员管理那些事儿 岑立聪　著	从小事入手把基层车间管理者头疼的事务打包解决		
咨询·培训师			
培训师事业长青之道 廖信琳　著	培训师自我管理的“洋葱模型”、十项内容与五个层级	**管理咨询师的第一本书** 熊亚柱　著	深度剖析初级入行咨询师在工作中遇到的问题
资深管理咨询顾问工作心得 张国祥　著	使用手册讲述咨询师如何操作项目、老板如何选择咨询师、企业如何自主落地	**手把手教你做顶尖企业内训师** 熊亚柱　著	从开、控、收、编、制、用的角度去履行培训师的职责
TTT 培训师精进三部曲上 廖信林　著	手把手教你“深度改善现场培训效果”的一招一式	**TTT 培训师精进三部曲中** 廖信林　著	建构一整套培训课程设计与开发的认知架构和方法体系
TTT 培训师精进三部曲下 廖信林　著	通过“沉淀职业功力的六度模型”，帮助培训师在职业技能上持续精进		
产品·研发			
研发体系改进之道 靖爽　陈年根 马鸣明　著	取材数十家企业研发改进的咨询实践，提炼一套实操的改进步骤与工具	**新产品开发管理，就用 IPD（升级版）** 郭富才　著	把产品经营的思想凝结在新产品开发管理机制中，升级版更丰富
产品开发管理：方法·流程·工具 任彭枞　著	结合超过 300 家企业的实际研发管理方法，总结问题和方法，大量表格	**资深项目经理这样做新产品开发管理** 秦海林　著	采用过程管理方法，对新产品开发的四大过程进行分析，主要针对小电器产品
产品炼金术Ⅰ：如何打造畅销产品 史贤龙　著	打造畅销产品的四个方法	**产品炼金术Ⅱ：如何用产品驱动企业成长** 史贤龙　著	从经营者视角重新认识产品，快速诊断产品现状
快消品产品开发方法：打造快消爆品 张荣举　著	提供整套实战性的思维、方法、技能和工具，直接带有表格及公式，一看就能上手		